뉴욕 홀리데이

뉴욕 홀리데이

2014년 1월 20일 초판 1쇄 펴냄
2017년 8월 23일 개정 2판 2쇄 펴냄

지은이	위지원
사진	유영서
발행인	김산환
책임편집	정보영, 송유선
디자인	윤지영
지도	글터
영업 마케팅	정용범
펴낸곳	꿈의지도
인쇄	두성 P&L
종이	월드페이퍼
주소	경기도 파주시 광인사길 217, 3층
전화	070-7535-9416
팩스	031-955-1530
홈페이지	www.dreammap.co.kr
출판등록	2009년 10월 12일 제82호

ISBN 979-11-86581-87-2
ISBN 979-11-86581-33-9(세트)

지은이와 꿈의지도 허락 없이는 어떠한 형태로도 이 책의 전부, 또는 일부를 이용할 수 없습니다.
※ 잘못된 책은 바꾸어 드립니다.

NEW YORK
뉴욕 홀리데이

글 위지원 | 사진 유영서

꿈의지도

프롤로그

세계의 많은 도시를 걷고 느끼고 눈에 담아봤지만 그중에서도 가장 매력적인 도시는 뉴욕이라고 말하고 싶다. 타임스 스퀘어로 대표되는 화려함, 그러나 껍질을 한 겹 벗기면 나타나는 독특함과 자유로움. 무지개처럼 다채롭고 크리스마스처럼 반짝거리고 한여름 햇빛처럼 뜨거운 도시, 뉴욕.
새로운 곳에 대한 설렘과 약간의 두려움을 나 또한 항상 느꼈기에 더 친절하고 솔직한 뉴욕을 보여주고 싶었다. 그래서 가장 보편적인 시각에서 경험하고 맛보며 객관적인 정보를 적어두려 노력했다. 뉴욕에서의 색다른 하루를 꿈꾸는 당신이라면, 특별한 도시 뉴욕을 온 마음으로 즐길 준비가 된 당신이라면 기꺼이 이 책을 선택해도 좋다.

〈뉴욕 홀리데이〉가 당신의 소중한 여행의 똑똑한 이정표가 되길 바란다.

Special Thanks to

롱아일랜드의 끝, 몬탁의 바닷바람과 분위기가 생생하게 기억나는 오늘입니다.
응원과 격려를 아끼지 않은 가족들과 친구들,
이 책의 징검다리가 되어준 효주,
저를 믿고 도와주신 꿈의지도 출판사,
좋은 친구이자 파트너인 지원과 영서,
마지막으로 소중한 인연들을 이어준 뉴욕시티.
이 모두에게 진심으로 감사하다는 말씀을 전하고 싶습니다.

2016년 가을 위지원, 유영서

〈뉴욕 홀리데이〉 100배 활용법

뉴욕 여행 가이드로 〈뉴욕 홀리데이〉를 선택하셨군요. '굿 초이스'입니다. 뉴욕에서 뭘 보고, 뭘 먹고, 뭘 하고, 어디서 자야 할지 더 이상 고민하지 마세요. 친절하고 꼼꼼한 베테랑 〈뉴욕 홀리데이〉와 함께라면 당신의 뉴욕 여행이 완벽해집니다.

1) 뉴욕을 꿈꾸다
❶ STEP 01 » PREVIEW를 먼저 펼쳐보세요. 뉴욕의 환상적인 풍경과 함께 당신이 뉴욕에 왔다면 꼭 봐야 할 것, 해야 할 것, 먹어야 할 것, 사야 할 것을 알려줍니다. 놓쳐서는 안 될 핵심요소들을 사진으로 정리했어요.

2) 여행 스타일 정하기
❷ STEP 02 » PLANNING을 보면서 나의 여행 스타일을 정해보세요. 뉴욕 여행이 단순 관광인지, 쇼핑이나 전시 관람인지. 또는 누구와 함께 갈 건지, 얼마나 있을 건지, 가서 무엇을 가장 해보고 싶은지에 따라 여행 계획이 달라집니다.

3) 할 것, 먹을 것, 살 것 고르기
여행의 밑그림을 다 그렸다면 구체적으로 여행을 알차게 채워갈 단계입니다.
❸ STEP 03 ENJOYING에서 ❹ STEP 05 SHOPPING까지 펜과 포스트잇을 들고 꼼꼼히 체크해 두세요. 먹어보고 싶은 음식, 꼭 가보고 싶은 곳, 꼭 사오고 싶은 쇼핑아이템까지 찜해놓으면 됩니다.

4) 숙소 정하기
어디서 자느냐가 여행의 절반을 좌우합니다. 숙소가 어디냐에 따라 여행 일정이 달라집니다. ❺ STEP 06 SLEEPING을 보면서 내가 묵고 싶은 뉴욕 숙소들을 찜해놓으세요. 교통비와 이동 시간, 안전까지 고려해 숙소를 제시합니다.

5) 지역별 일정 짜기
먹고, 보고, 즐길 거리들을 정했다면 이제 그 리스트를 지역별로 나눠봅니다. ❻ NEW YORK BY AREA에서는 뉴욕 도심의 각 구역별로 나눠 가봐야 할 명소와 식당들을 알아보기 쉽게 보여줍니다. 또 여행 일정이 허락된다면 ❼ SPECIAL IN WASHINGTON, D.C.를 통해 추가 일정을 따로 짜볼 수 있을 거예요.

6) D-day 미션 클리어
여행 일정까지 완성했다면 책 마지막의 ❽ 여행준비 컨설팅을 보면서 혹시 빠뜨린 것은 없는지 챙겨보세요. 여행 80일 전부터 출발 당일까지 날짜별로 챙겨야 할 것을 꼼꼼히 알려줍니다.

7) 홀리데이와 최고의 여행 즐기기
이제 모든 여행준비가 끝났으니 〈뉴욕 홀리데이〉가 필요 없어진 걸까요? 여행에서 돌아올 때까지 내려놓아서는 안 돼요. 여행일정이 틀어지거나, 계획하지 않은 모험을 즐기고 싶다면 언제라도 〈뉴욕 홀리데이〉를 펼쳐야 하니까요. 〈뉴욕 홀리데이〉는 당신의 여행을 끝까지 책임집니다.

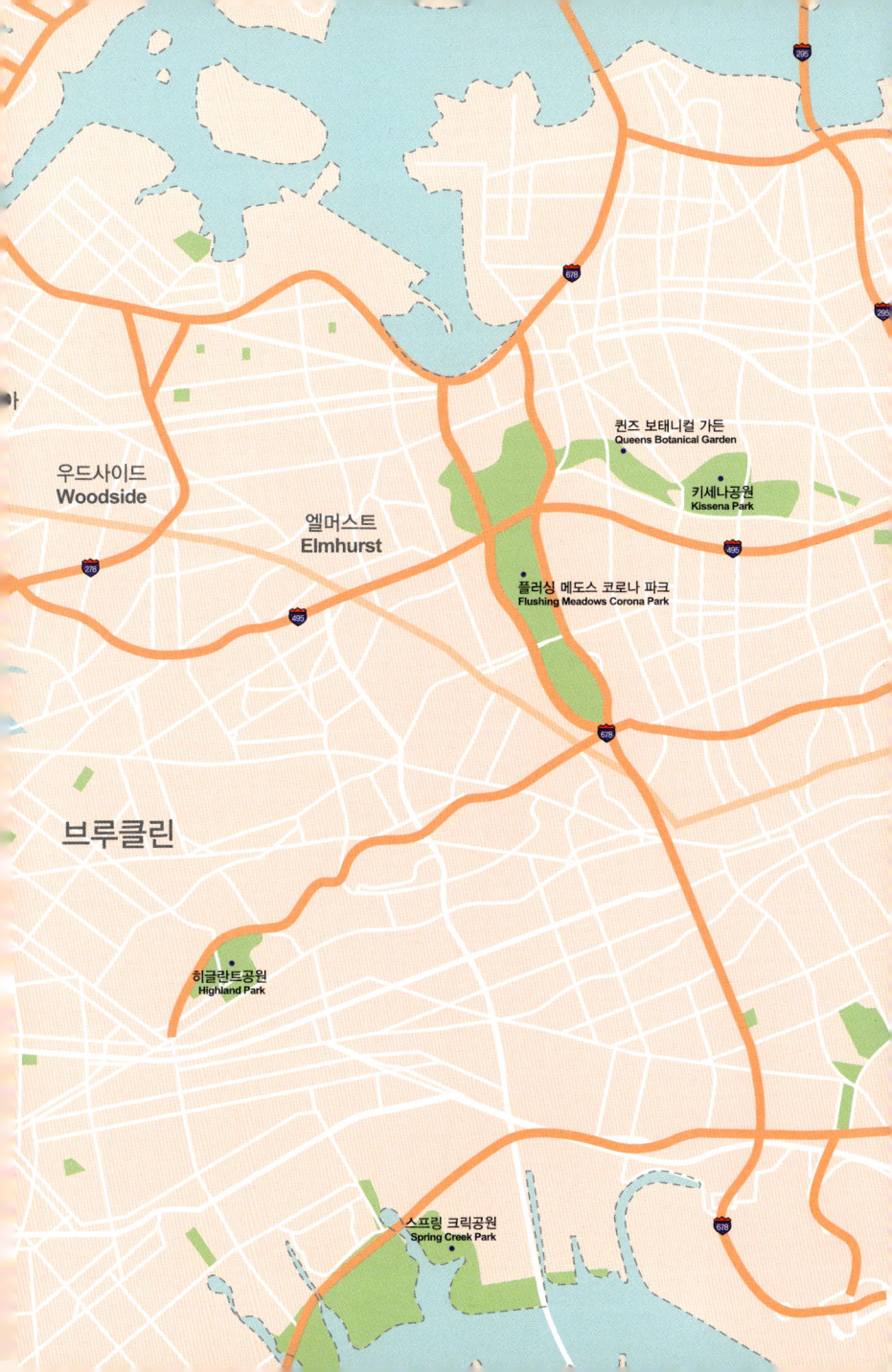

CONTENTS

- 008 프롤로그
- 010 100배 활용법
- 012 뉴욕 지도
- 014 맨해튼, 브루클린 주요 지하철 노선

NEW YORK BY STEP
여행 준비 & 하이라이트

STEP 01
PREVIEW
뉴욕을 꿈꾸다

- 022 01 뉴욕 MUST SEE
- 026 02 뉴욕 MUST DO
- 030 03 뉴욕 MUST EAT
- 032 04 뉴욕 MUST BUY

STEP 02
PLANNING
뉴욕을 그리다

- 036 01 뉴욕 여행 계획 DIY하기
- 038 02 진짜 뉴욕을 느낄 수 있는 공통 5일 코스
- 041 03 가족을 위한 +2 DAYS
- 042 04 커플을 위한 +2 DAYS
- 043 05 친구들을 위한 +2 DAYS
- 044 06 나 혼자만의 시간 +1 DAY
- 045 07 뉴욕을 한눈에, 시티투어버스
- 046 08 뉴욕의 365일
- 048 09 뉴욕 여행 만들기
- 050 10 뉴욕 대중교통 이용하기

STEP 03
ENJOYING
뉴욕을 즐기다

- **054** 01 뉴욕 명소 BEST 5
- **056** 02 뉴욕의 뮤지엄 5
- **058** 03 브로드웨이 한눈에 보기
- **066** 04 황홀한 뉴욕의 밤, 나이트 라이프
- **068** 05 빠트릴 수 없는 뉴욕 포토 스폿
- **070** 06 뉴요커처럼 하루 살기
- **072** 07 로맨틱 영화 속 뉴욕 찾기

STEP 04
EATING
뉴욕을 맛보다

- **076** 01 미리 알면 너무 쉬운 뉴욕 식당 A to Z
- **078** 02 뉴요커가 사랑하는 맛집 7
- **080** 03 차원이 다른 뉴욕 버거 5
- **082** 04 명성이 자자한 베스트 스테이크 3
- **084** 05 아침을 더 풍성하게 만들어주는 뉴욕 브런치 4
- **086** 06 뉴욕에서의 근사한 식사, 분위기 있는 레스토랑 5
- **088** 07 달콤한 뉴욕을 맛보다, 디저트 핫 플레이스
- **090** 08 보기에도 좋고 맛도 좋은 컵케이크
- **092** 09 뉴욕에서 만나는 다른 나라 음식들
- **094** 10 마이 페이버릿 뉴욕피자
- **095** 11 뉴욕 최고의 베이글은? 에사 베이글 VS 머레이스 베이글
- **096** 12 커피 향으로 가득한 뉴욕
- **098** 13 뉴요커처럼 장보기, 뉴욕 마켓 3

STEP 05
SHOPPING
뉴욕을 사다

- **102** 01 뉴욕에서 알뜰한 쇼핑하기
- **104** 02 이월상품도 신상처럼! 뉴욕의 아웃렛
- **106** 03 신상품으로 가득한 뉴욕의 백화점
- **108** 04 걷는 재미가 쏠쏠한 뉴욕의 쇼핑거리
- **110** 05 놓치지 말자, 잇 브랜드!
- **112** 06 내 집의 품격을 높이는 리빙 브랜드 5
- **114** 07 숨겨진 보물창고, 뉴욕 서점 투어
- **116** 08 워너비 패셔니스타, 패션 소품 숍
- **118** 09 아기자기한 기념품 숍

STEP 06
SLEEPING
뉴욕에서 자다

- **122** 01 뉴욕 숙소 알뜰하게 예약하기
- **124** 02 특별한 뉴욕의 밤, 호텔
- **126** 03 다양한 만남이 있는 곳, 유스호스텔

CONTENTS

NEW YORK BY AREA
뉴욕 지역별 가이드

01 미드타운

- 132 PREVIEW
- 133 TWO FINE DAY
- 134 MAP
- 136 SEE
- 150 EAT
- 157 BUY
- 164 SLEEP

02 어퍼 웨스트사이드 & 어퍼 이스트사이드

- 168 PREVIEW
- 169 TWO FINE DAY
- 170 MAP
- 172 SEE
- 184 EAT
- 191 BUY
- 195 SLEEP

03 첼시 & 그리니치 빌리지

- 198 PREVIEW
- 199 ONE FINE DAY
- 200 MAP
- 201 SEE
- 209 EAT
- 220 BUY
- 223 SLEEP

04 유니언 스퀘어 & 이스트 빌리지

- 226 PREVIEW
- 227 ONE FINE DAY
- 228 MAP
- 229 SEE
- 232 EAT
- 240 BUY

05 소호 & 차이나타운 & 리틀 이태리

- 246 PREVIEW
- 247 ONE FINE DAY
- 248 MAP
- 249 SEE
- 251 EAT
- 258 BUY

06 로어 맨해튼

- 264 PREVIEW
- 265 ONE FINE DAY
- 266 MAP
- 267 SEE
- 273 EAT
- 275 BUY

07 브루클린

- 278 PREVIEW
- 279 ONE FINE DAY
- 280 MAP
- 282 SEE
- 288 EAT
- 293 BUY
- 295 SLEEP

SPECIAL IN 워싱턴 D.C.

- 298 PREVIEW
- 299 ONE FINE DAY
- 300 MAP
- 302 SEE

- 308 여행준비 컨설팅
- 320 인덱스

Step 01
PREVIEW

뉴욕을 꿈꾸다

01 뉴욕 MUST SEE
02 뉴욕 MUST DO
03 뉴욕 MUST EAT
04 뉴욕 MUST BUY

STEP 01
PREVIEW

1
뉴욕의 심장 타임스 스퀘어,
전 세계가 주목하는 이곳

PREVIEW 01
뉴욕 MUST SEE

화려함과 유니크함이 공존하는 도시, 뉴욕.
한 걸음 내딛는 순간, 스크린으로만 접하던 그곳을 만날 수 있다!

2
뉴요커들의 오아시스,
도심 속 휴식처 센트럴 파크

3 미국의 자유와 희망을 상징하는
여신의 횃불, 자유의 여신상

4 세계의 명품은 이곳에 다 모였다!
찬란한 명품 거리 5번가 애비뉴

5 뉴욕의 낭만을 담고 있는 현수교.
직접 걸어봐야 그 진가가 느껴지는 브루클린 브리지

6 뉴욕의 상징 엠파이어 스테이트 빌딩에서 내려다보는 뉴욕은 은하수처럼 반짝인다

7 뉴욕이 세계의 중심인 또 다른 이유, 월 스트리트

8 젊은 뉴요커들의 열기를 마음껏 느껴볼 수 있는 공간, 유니언 스퀘어

9 강 건너 이스트 리버 스테이트 파크에서 바라보는 아름다운 맨해튼의 뷰. 그리고 뉴욕

10 뉴욕 패션을 이끄는 트렌디한 쇼핑 거리, 소호

STEP 01
PREVIEW

PREVIEW 02

뉴욕
MUST DO

할 것도 많고 볼 것도 많은 뉴욕. 후회 없이 뉴욕을 즐기기 위한 당신만의 리스트.

1 뉴욕의 야경이 특별한 이유는 고층 빌딩들이 만들어내는 맨해튼의 스카이라인 덕분. 여러 장소에서 볼 수 있는데 모두 다른 느낌이라 더욱 매력적!

3 과자공장이었던 건물이 뉴욕의 핫한 쇼핑몰 첼시마켓으로 변신했다. 식사부터 디저트, 쇼핑까지 한 곳에서 모두 해결 가능!

2 날씨 좋은 토요일 브루클린에서 열리는 푸드마켓, 스모가스버그!
국적도 종류도 제각각인 음식들이 한가득!

4 뉴욕의 자유로움과 예술적 감각이 한가득 묻어나는 그림들.
담벼락 곳곳에 그려진 그래피티 아트 앞에서 치즈~ 하고 사진을 찍어보자.

STEP 01
PREVIEW

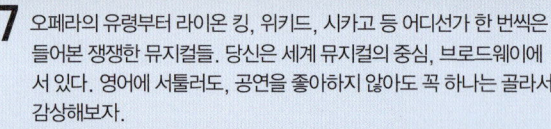

5 길을 걷다가 햇빛이 가장 좋은 시간, 공원에 앉아보자. 산책하는 뉴요커들과 공연하는 사람들로 가득한 공간에서 그들과 함께 햇살을 즐기자. 뉴요커들이 왜 그리도 공원을 사랑하는지 그 매력에 푹 빠지게 될 것이다!

7 오페라의 유령부터 라이온 킹, 위키드, 시카고 등 어디선가 한 번씩은 들어본 쟁쟁한 뮤지컬들. 당신은 세계 뮤지컬의 중심, 브로드웨이에 서 있다. 영어에 서툴러도, 공연을 좋아하지 않아도 꼭 하나는 골라서 감상해보자.

6 예술의 도시 뉴욕에서 무료 입장 날짜에 맞춰 박물관 앞에 줄을 서보자.
줄을 서 있으면 앞, 뒤, 옆에 서 있는 뉴요커들이 말을 걸어온다. 그들과 언어,
문화는 다르지만 예술을 사랑하는 마음 하나만으로 좋은 친구가 될 수 있다!

8 겨울이 되면 뉴욕의 주요 공원들은 야외 아이스링크를 개장한다.
야외 스케이팅을 즐기며 로맨틱 크리스마스를 기다리는 뉴요커들!
따뜻하게 챙겨 입고 스케이트를 타러 브라이언트 파크에 가보자.
물론 스케이트는 대여 가능하다.

STEP 01
PREVIEW

가장 간단하면서도 든든한
한 끼 식사, 수제버거
셰이크 쉑(150p)

한국까지 소문난 뉴욕의 맛,
두툼한 스테이크를 한입에 쏙
스미스 앤 울랜스키(151p)

PREVIEW 03
뉴욕 MUST EAT

아침을 더욱 더 풍성하고 여유롭게
만들어주는 뉴욕의 브런치
카페 모가도르(238p)

스트레스를 한 번에 날리는 달콤한 그 맛
모모푸쿠 밀크 바(235p)

한 모금에 녹아내리는 부드러운 라테의 맛
블루 보틀(154p)

신선한 랍스터를 그 자리에서 바로!
탱글탱글한 속살이 자꾸 생각나는
랍스터 플레이스(210p)

다양한 문화만큼 다양한 맛을 가진 뉴욕.
이 정도는 맛을 봐야 "나 뉴욕 다녀왔어!"라고
자신 있게 말할 수 있다.

뉴요커를 사로잡은 진한 치즈케이크의 맛
주니어스(156p)

취향 따라 알차게 즐기는 뉴욕 베이글
에사 베이글(152p)

STEP 01
PREVIEW

디즈니가 자유의 여신상으로 변신했다.
뉴욕에서만 만나볼 수 있는 디즈니 아이템은
사랑스러운 기념품이다

뉴욕의 스타벅스에서만 구입할 수 있는
뉴욕시티 컬렉션!

PREVIEW 04
뉴욕 MUST BUY

세계 유명 화장품 브랜드가 입점된 화장품
백화점 세포라. 브랜드 자체 상품들이
다양하며 품질도 좋고 가격도 착하다

환경을 생각하는 뉴요커들이 애용하는 에코백.
아기자기한 디자인부터 거리의 시선을 한 몸에
받는 화려한 디자인까지 고르는 재미가 있다

국내에서 값비싼 배송료를 내면서까지
구입했던 빅토리아 시크릿의 바디용품을
훨씬 저렴한 가격에 구입할 수 있다

뉴욕의 모습을 담은 마그넷은
여러 개 사도 부담이 없다

소소한 기념품부터 내 피부를 한 단계 업그레이드시켜줄 바디용품까지,
뉴욕에 왔다면 꼭 구입해야 할 머스트 해브 아이템!

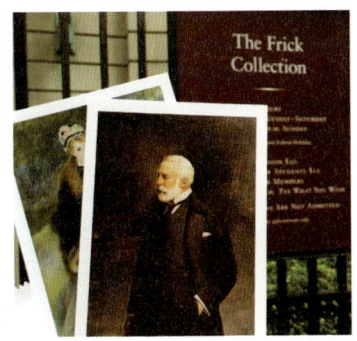

오래 기억하고픈 명작, 박물관
기프트숍에서 엽서로 구입해보자

이스라엘 사해 소금을 원료로 만든
바디 스크럽. 사봉에서 부동의
1위를 지키는 제품

01 뉴욕 여행 계획 DIY하기
02 진짜 뉴욕을 느낄 수 있는 공통 5일 코스
03 가족을 위한 +2 DAYS
04 커플을 위한 +2 DAYS
05 친구들을 위한 +2 DAYS
06 나 혼자만의 시간 +1 DAY
07 뉴욕을 한눈에, 시티투어버스
08 뉴욕의 365일
09 뉴욕 여행 만들기
10 뉴욕 대중교통 이용하기

STEP 02
PLANNING

PLANNING 01
뉴욕 여행 계획 **DIY하기**

미국의 대표 관광도시 뉴욕. 뉴욕에 방문한 모두가 꼭 가야 하는 관광지를 우선순위로 두고 관광을 시작하자. MUST SEE, DO, EAT은 꼭 즐겨야 할 필수 코스! 5일 이상의 관광이 가능하다면 PLANNING 공통 5일 코스를 중심으로 꼼꼼하게 둘러보자. 그 이상의 관광이 가능하다면 아래를 참고해 자신에게 맞는 여행코스를 더하고 빼도 좋다. 뉴욕은 언제, 어디를 방문하는지에 따라 당신에게 다른 의미의 도시가 된다.

1. 당신의 숙소는 어디인가?

숙소가 어디냐에 따라 여행일정이 달라진다. 생각해보자. 뉴욕에 온 첫 날부터 집에서 1시간 걸리는 먼 곳으로 일정을 짠다면 당신의 여행은 피곤해진다. 숙소에서 가까운 곳부터 뉴욕을 천천히 익혀 나가면 지하철로 오랜 시간이 걸리는 곳도 당신의 손바닥 안이다.

NEW YORK AREA 파트를 참고해 일정을 구성해보자.

2. 뉴욕, 왜 가니?

단순 관광이 아닌, 쇼핑이나 전시 관람, 뮤지컬 감상 등 목적을 가지고 간다면 그 일정 또한 달라진다. 뉴욕 방문의 목적, 그중에서도 우선 순위를 정해 일정을 짜보자.

STEP 03 ENJOYING, 04 EATING, 05 SHOPPING을 참고해 계획하자.

4. 얼마나 오래 가니?

가장 추천해주고 싶은 일정은 여행기간에 따라 계획을 짜는 것이다. 출장 때문에 뉴욕을 3일만 즐겨야 한다면? 또는 마음 놓고 2주 이상 뉴욕에 머물 수 있다면? 아래와 같이 당신에게 꼭 맞는 코스를 더하고 뺄 수 있다.

3일의 짧은 일정이라면?
STEP 01 PREVIEW를 중심으로!

5일의 일정이라면? STEP 02 PLANNING 공통 5일 코스를 따라가자.

조금은 빠듯한 일주일의 일정은
STEP 02 PLANNING 공통 5일 코스+가족, 커플, 친구, 혼자 2일 코스를 알맞게 추가하자.

뉴욕을 즐기기에 가장 좋은 2주일 코스는
STEP 파트+AREA 파트+뉴요커의 하루로 구성하는 것을 추천한다. STEP 파트에서 원하는 목적지를 체크해두고 지역에 표시하면 동선을 짜는 데 더 유리하다!

2주 이상의 장기 일정은 앞의 2주 코스+영화, 드라마 코스+워싱턴 D.C.로 짜면 더 많이 보고 즐길 수 있다.

테마 코스 STEP 03 ENJOYING, STEP 04 EATING, STEP 05 SHOPPING 참고

뉴요커의 하루 070p 참고

영화 속 뉴욕 072p 참고

지역 코스 미드타운, 어퍼 웨스트사이드, 어퍼 이스트사이드, 첼시, 유니언 스퀘어, 이스트 빌리지, 그리니치 빌리지, 소호, 차이나타운, 리틀 이태리, 로어 맨해튼, 브루클린

근교여행 워싱턴 D.C., 몬탁 296p 참고

3. 누구랑 가니?

연인, 친구, 어린아이. 누구랑 함께 하느냐에 따라서도 뉴욕은 얼마든지 달라질 수 있다. 어린아이가 함께하는데 계속 걷기만 한다면 일정을 모두 따를 수 없을 것이다. 따라서 동행인의 체력과 특성에 따라 동선을 체크하는 것은 필수!

STEP 02 PLANNING의 가족, 커플, 친구, 혼자 2일 코스를 참고하자.

PLANNING 02

진짜 뉴욕을 느낄 수 있는 **공통 5일 코스**

뉴욕에 왔다면 꼭 봐야 하는 알짜배기 관광코스들로 구성했다. 각 장소를 방문하기 적절한 시간을 제시해놓았으니 그에 맞춰 방문한다면 관광이 훨씬 더 수월하다. 혹시 한 번의 방문으로는 아쉬움이 남는 장소라면 여유 있는 기간에 또 다시 찾아도 좋다.

Day 1

- **09:00** 자유의 여신상(272p)에서 뉴욕 여행 시작!
  ≫ 도보 8분
- **11:20** 배터리 파크(271p), 월 스트리트(269p)를 거닐어보자. 재복을 가져다준다는 황소가 있는 보울링 그린(270p)도 좋다. ≫ 도보 1분
- **11:40** 〈다빈치코드〉와 〈내셔널 트레저〉의 촬영지, 트리니티 교회(269p) 둘러보기. ≫ 지하철 15분
- **12:30** 매디슨 스퀘어 파크의 셰이크 쉑(150p)에서 점심 식사! ≫ 도보 18분
- **13:30** 천장에 아름다운 별자리가 그려져 있는 그랜드 센트럴 터미널(141p) 구경. ≫ 도보 5분
- **14:30** 아름답고 기품 있는 뉴욕 공립 도서관(139p)으로 이동하자. ≫ 도보 1분
- **15:00** 브라이언트 파크(140p)에서 잠시 휴식. 블루 보틀(154p)의 라테와 함께라면 더 좋다.
  ≫ 도보 7분
- **16:00** 수많은 사람들로 북적거리는 타임스 스퀘어(136p). ≫ 도보 20분
- **18:00** 스테이크 맛집 스미스 앤 울랜스키(151p)로 출발!
  ≫ 도보 20분
- **20:00** 어두운 밤 더 빛을 발하는 타임스 스퀘어에서 여행 첫 날을 마무리하자.

Day 2

09:00 에사 베이글(152p)에서 든든한 아침식사.
　》 도보 18분
10:00 가벼운 차림으로 센트럴파크(172p) 곳곳을 걸어보자. 》 지하철 13분+도보 7분
13:00 첼시 마켓(201p)을 둘러보고 랍스터 플레이스(210p)에서 점심식사. 》 도보 2분
14:30 아름다운 하이라인 파크(203p)를 걷는다. 느낌 있는 거리 미트패킹(203p)도 함께 걷자.
　》 도보 15분
16:00 조용한 쇼핑 거리 그리니치 빌리지(206p) 구경.
　》 도보 15분
17:30 젊음의 거리, 유니언 스퀘어(229p)를 둘러보자. 출출해지면 사이공 마켓(234p)으로!
　》 지하철 13분+도보 12분
19:30 베스트 포토스폿으로 유명한 덤보(284p)에서 기념사진! 》 도보 10분
20:00 브루클린 브리지(285p)를 걸어서 맨해튼으로 돌아오기.

Day 3

11:00 이스트 빌리지의 카페 모가도르(238p)에서 브런치. 후식으로는 모모푸쿠 밀크 바(235p)의 시리얼 밀크가 최고! 》 도보 12분
12:30 이스트 빌리지(231p)를 둘러보며 워싱턴 스퀘어 파크(207p)로 향한다. 》 도보 10분
14:00 쇼핑 거리 소호(249p) 걷기.
　》 지하철 8분+도보 10분
16:00 원 월드 트레이드 센터(267p). 혹은 맞은편의 센추리 21(275p)에서 쇼핑!
　》 지하철 13분+도보 10분
17:30 스타 셰프 장조지의 프렌치 레스토랑 조조(187p)에서 근사한 저녁식사. 》 도보 10분
19:00 루즈벨트 아일랜드 트램(183p) 타기.
　》 지하철 6분+도보 20분
20:30 더 프레스 라운지(149p)에서 달콤한 칵테일을 마시며 마무리!

STEP 02
PLANNING

Day 4

11:00 토요일 오전에 열리는 브루클린의 푸드마켓 스모가스버그(288p). ≫ 도보 1분
12:30 아기자기한 상점들이 자리 잡고 있는 윌리엄스버그(282p)를 둘러보자. ≫ 지하철 20분+도보 5분
15:00 맨해튼이 한눈에 보이는 엠파이어 스테이트 빌딩(138p). ≫ 지하철 12분+도보 12분
18:00 뉴요커들의 야경명소, 갠트리 플라자 주립공원.
19:30 맨해튼이나 숙소 근처로 이동해서 저녁 식사.

갠트리 플라자 주립공원
가는 법 지하철 7선 타고 버논 블러바드 역 하차, 도보 7분
주소 4-09 47th Rd, New York, NY 11101
전화 718-786-6385
홈페이지 www.gantrypark.com

Day 5

10:30 뉴욕 현대 미술관(142p)에서 작품 감상. ≫ 도보 1분
13:00 뉴요커들이 사랑하는 별미 할랄 가이즈(153p)! ≫ 도보 1분
14:00 여러 브랜드의 쇼핑을 즐길 수 있는 5번가 애비뉴(157p)를 거닐어보자. ≫ 도보 5분
16:00 아름다운 크리스마스트리와 아이스링크로 유명한 록펠러 센터(147p) 방문. ≫ 도보 1분
17:00 역사 깊은 세인트 패트릭 성당(146p). ≫ 지하철 15분
18:00 스트랜드(240p)에서 기념품 구입 후 유니언 스퀘어의 ABC키친(232p)에서 저녁 식사! ≫ 지하철 11분
20:00 스타벅스 타임스 스퀘어 지점(163p)에서 머그컵, 텀블러 등을 둘러보자. ≫ 도보 1분
21:00 뉴욕의 중심, 타임스 스퀘어(136p)에서 5일간의 뉴욕여행 마무리.

PLANNING 03
가족을 위한 +2DAYS

사랑하는 아이와 부부가 함께하는 가족여행! 우리 아이에게 더 넓은 세상을 보여주고 싶다면 일정에 이틀의 가족코스를 추가하자. 가족과 함께했던 뉴욕에서의 기억은 후에 아이가 성장하면서 밑거름이 될 것이다.

Day 1

- **10:00** 자연사 박물관(177p)으로 출발! 박물관이 살아 있다, 우리 아이가 즐거워한다! ≫ 지하철 8분
- **15:00** 콜롬비아 대학교. 우리 아이도 아이비리그에 갈 수 있다! ≫ 지하철 25분(지하철 1호선 레드선을 타고 116St 콜롬비아대학교 역 하차)
- **16:00** 뉴욕의 대표적 사립대학인 뉴욕 대학교(230p). ≫ 도보 5분
- **18:00** 맥스 브레너(233p). 달콤한 초콜릿 피자와 퐁듀로 저녁식사.

Day 2

- **10:00** 메트로폴리탄 박물관(179p). 교과서에 나오는 유명한 미술작품들을 직접 만나볼 수 있는 소중한 기회. ≫ 도보 20분
- **13:00** 루크 랍스터(190p)에서 맛있는 랍스터롤을 먹어보자. ≫ 지하철 7분+도보 10분
- **14:00** 유엔 본부(144p). 반기문 사무총장의 사진이 걸려 있다. ≫ 지하철 7분+도보 10분
- **16:00** 레고 스토어(160p), 디즈니 스토어(161p) 등 아이들이 사랑하는 기념품점에 들러보자.

PLANNING 04

커플을 위한 +2DAYS

좋은 기억으로 오래오래 남기고 싶은 커플여행. 남들 다 가는 코스만 가서 뭔가 아쉬웠다면 이틀간 커플코스를 즐겨보자.

Day 1

10:00 센트럴 파크(172p)의 보트하우스에서 로맨틱한 보트 데이트! ≫ 도보 20분
13:00 미슐랭 2스타 레스토랑 마레아(184p)에서 즐기는 환상적인 해산물 요리. ≫ 도보 15분
15:00 조용하고 쇼핑하기 좋은 매디슨 애비뉴(194p) 걷기. ≫ 도보 20분
17:00 LOVE 조각상(149p) 앞에서 다정한 포즈로 찰칵! ≫ 도보 20분
18:00 세렌디피티 3(188p)에서 프로즌 핫 초콜릿과 간단한 저녁식사 즐기기.
  ≫ 지하철 8분+도보 7분
20:00 은은한 조명이 있는 브라이언트 파크(140p)의 야경은 언제 봐도 아름답다.

Day 2

11:00 부베트(213p)의 달콤한 브런치로 하루를 시작! 식사 후엔 그리니치 빌리지(206p)를 천천히, 꼼꼼하게 걸어보자.
13:00 두 사람의 뉴욕여행을 아름답게 남겨줄 스냅사진을 촬영해보자. 뉴욕 현지에는 커플 스냅사진 작가가 많다.
16:00 아모리노(235p)에서 꽃잎처럼 예쁜 아이스크림 한 송이를 한 입씩 나눠먹자.
  ≫ 도보 12분
18:00 근사한 레스토랑 라파예트(236p)에서 파스타와 디저트로 저녁식사를.
  ≫ 지하철 2분+도보 15분
20:00 르 뱅 루프톱 바(208p)에서 둘만의 칵테일 타임.

PLANNING 05
친구들을 위한 +2DAYS

친구와 서로에게 잘 어울리는 아이템을 골라주며 쇼핑을 즐겨보자. 친구와 신나게 뛰면서 즐기는 공연 '푸에르자 부르타'는 뉴욕 여행에서의 잊지 못할 추억이 될 것이다.

- **10:30** 소호의 핫플레이스, 루비스(251p)에서 간단한 브런치! ≫ 도보 5분
- **12:30** 오프닝 세레모니(258p), 탑 샵(259p) 등 다양한 브랜드에서 즐기는 쇼핑 타임. ≫ 도보 5분
- **14:30** 조금 출출해지는 이 시간! 카페 하바나(252p)에서 마약 옥수수로 간식을 먹자. ≫ 도보 10분
- **15:30** 소호에서 쭉 걸어 나오면 리틀 이태리(249p)와 차이나타운(250p)이 보인다. 뉴욕에서 또 다른 나라를 구경해보자. ≫ 도보 10분
- **17:00** 슬슬 배가 고파온다면 오랜 전통의 롬바르디스 피자(258p)로 향하자. ≫ 도보 15분
- **18:30** 워싱턴 스퀘어 파크(207p)에서 저녁 산책! ≫ 도보 12분

- **11:00** 브라이언트 파크(140p)에서 요가 클래스나 연주회(여름), 또는 아이스 스케이팅(겨울) 타기. ≫ 도보 1분
- **13:00** 스타벅스나 블루 보틀(154p)에서 음식을 포장해 브라이언트 파크 벤치에서 간단한 점심식사. ≫ 지하철 28분+도보 5분
- **14:30** 뉴요커로 가득한 브루클린의 아름다운 프로스펙트 파크(286p)를 천천히 걸어보자. ≫ 도보 1분
- **15:30** 아름답기로 유명한 브루클린 공립도서관(287p)의 외관을 구경하고 바로 옆의 브루클린 미술관(287p)으로 향한다. ≫ 지하철 23분+도보 10분
- **19:00** 근처에서 간단히 식사를 하고 르 뱅 루프톱 바(208p)로 향하자. 미트패킹의 펍에서 간단히 맥주를 즐겨도 좋다.

PLANNING 06
나 혼자만의 시간 +1DAY

혼자 즐겨도 지루함이 없는 뉴욕. 온갖 맛있는 음식과 황홀한 볼거리로 에너지를 충전해보자. 혼자이기에 충동적으로 스케줄을 바꿔도 좋고, 마음에 드는 장소를 또 방문해도 좋다. 잊지 말자. 뉴욕은 누구와 어떻게 다니는가에 따라 다른 느낌으로 다가온다.

Day 1

- 12:00 조셉 레오나드(216p)에서 브런치 즐기기. 바 좌석이 있어 혼자라도 부담이 없다. » 도보 3분
- 13:30 다양한 매장이 가득한 그리니치 빌리지(206p) 이곳저곳을 구경해보자. » 도보 20분
- 15:00 첼시 갤러리(205p)를 둘러보며 현대예술작품을 감상해보자. » 지하철 5분+도보 15분
- 17:30 브로드웨이(148p)에서 로터리 러쉬 응모하기. 이번엔 꼭, 당첨되게 해주세요! » 도보 5분
- 19:00 브로드웨이 근처 아마데우스 피자(155p)에서 저녁식사. » 도보 5분
- 20:00 설레는 마음으로 브로드웨이 공연 감상!

PLANNING 07

뉴욕을 한눈에,
시티투어버스

모든 명소들을 직접 찾아갈 시간적 여유가 없다면 빨간 시티 투어버스를 타보자. 아침부터 저녁까지 뉴욕의 관광명소들을 버스로 빠르게 방문할 수 있다는 점이 가장 큰 장점! 크게 다운타운, 어퍼 이스트사이드&어퍼 웨스트사이드, 할렘, 브루클린으로 나뉘어 원하는 지역을 관광한다. 한 장소를 오래 볼 수는 없지만 2층 버스를 타고 바람을 맞으며 시원하게 뉴욕 시내를 둘러볼 수 있다는 점에서 인기가 좋다. 치안 때문에 가기 망설여지는 할렘도 버스에 앉아 편하게 둘러볼 수 있다. 영화 <섹스 앤 더 시티>의 핫스폿이나 드라마 <가십걸>의 명소만 하루 동안 돌아보는 스페셜 투어도 있다. 가격은 일정과 시간에 따라 다른데, 보통 44달러부터 시작된다. 미리 인터넷 검색을 통해 후기를 살펴보고 원하는 스케줄과 동선을 고려해 티켓을 구입하면 된다.

그레이 라인 newyorksightseeing.com
시티 사이트싱 citysightsny.com
동부관광 dongbutour.com

PLANNING 08

뉴욕의 365일

일 년 내내 볼거리, 즐길 거리, 먹을거리로 가득한 뉴욕! 관광객도 즐길 수 있는 행사들을 안내한다.

1월 레스토랑 위크 겨울시즌
착한 가격으로 스타 셰프의 음식을 즐길 수 있다!
nycgo.com

2월 뉴욕 패션 위크
올해의 트렌드가 결정되는 순간! 매년 2월과 9월에 뉴욕에서 열리는 패션 행사.
nycfashioninfo.com

4월 부활절 퍼레이드
부활 주일, 세인트 패트릭 성당(146p)에서 시작한다.

6월 뮤지엄 마일 페스티벌
둘째 주 화요일, 뮤지엄 마일 페스티벌에 참여하는 박물관 무료 관람. 페스티벌 기간과 참여 박물관은 056p에서 확인하자.
www.museum milefestival.org

7월 독립기념일 불꽃놀이
7월 4일 독립기념일에 열리는 불꽃놀이. 메이시스 백화점에서 주최하는 행사로 맨해튼 웨스트의 허드슨 강 쪽에서 펼쳐진다.

뉴욕 필하모닉 콘서트, 셰익스피어 연극
한여름 밤, 센트럴 파크(172p)에서 펼쳐지는 아름다운 콘서트. 셰익스피어 연극을 공연하는 행사도 열린다.

레스토랑 위크 여름시즌
스타 셰프의 고급 레스토랑을 좀 더 저렴하게 즐긴다.
nycgo.com

9월 브로드웨이 위크
티켓 2장을 1장 가격에!
nycgo.com

11월 추수감사절 퍼레이드
새벽부터 줄 서서 구경하는 대규모 퍼레이드. 커다란 풍선 인형들이 인상적이다. 매년 코스가 조금씩 바뀌므로 추수감사절 3일 전쯤 구글에서 퍼레이드 루트를 확인하자.

록펠러센터 크리스마스트리 점등
뉴욕의 크리스마스 시즌을 알리는 작은 축제.

12월 크리스마스 마켓
유니언 스퀘어(229p), 콜럼버스 서클, 브라이언트 파크(140p)에서 열리는 크리스마스 마켓.

타임스 스퀘어 볼 드롭
12월 31일 자정에 타임스 스퀘어(136p)에서 열리는 일 년 중 최고의 행사. 카운트다운과 키스타임, 그 5분을 즐기기 위해 추운 겨울 10시간 이상 줄을 서 자리를 맡아야 한다. 유명 셀러브리티들과 함께하는 해피 뉴이어 행사로 2012년 12월 31일 행사에는 싸이와 무한도전 멤버들이 참여했다.

뉴욕 여행 만들기

가깝고도 먼 도시, 뉴욕! 뉴욕을 후회 없이 제대로 즐기려면 꼼꼼한 준비는 필수! 기간, 예산에 맞춘 항공권 예약부터 시작해보자.

1. 뉴욕 여행 스케줄 짜기

인천국제공항에서 뉴욕까지 약 13~14시간의 비행시간이 소요된다. 장시간 비행이기 때문에 각자의 건강, 예산에 맞춰 미리 항공권 예약을 완료해야 편안한 여행이 시작된다. 뉴욕 여행의 성수기는 6~8월, 그리고 12~2월이다. 여름 휴가 시즌엔 항공권을 구하기가 어렵다. 때문에 최소 3개월 전에는 예매해두는 것을 추천한다. 12월 크리스마스 시즌도 뉴욕의 크리스마스를 즐기기 위한 관광객들로 항공권 예약이 힘든 시기. 성수기 항공권은 3개월 전에 알아보고 예매하는 것을 잊지 말자. 인천국제공항에서 뉴욕 JFK공항까지 직항으로 운행하는 항공사는 두 곳. 국적기 아시아나와 대한항공이다. 그 외의 항공사를 통해 뉴욕으로 오려면 최소 한 곳에서 두 곳 이상 경유해야 한다. 비행기 사이의 대기 시간이 길지 않고 가격이 저렴하다면 경유 노선을 추천한다. 그러나 장시간 비행을 원하지 않고 가격에 크게 구애받지 않는 여정이라면 편안히 갈 수 있는 직항을 추천한다. 항공권 구입 시에는 환불, 취소 조건을 잘 알아보고 마일리지 적립 여부도 알아봐야 한다.

아시아나항공

인천 → 뉴욕			
편명	출발시간	도착시간	요일
OZ 222	10:50	10:50	매일 1차례 운항

뉴욕 → 인천			
편명	출발시간	도착시간	요일
OZ 221	13:00	16:10	매일 1차례 운항

대한항공

인천 → 뉴욕			
편명	출발시간	도착시간	요일
KE 081	10:00	10:00	매일 2차례 운항
KE 085	19:30	19:30	매일 2차례 운항

뉴욕 → 인천			
편명	출발시간	도착시간	요일
KE 086	00:50	05:15	매일 2차례 운항
KE 082	12:00	16:25	매일 2차례 운항

2. 미국 화폐와 여행예산

뉴욕에서는 미국 화폐인 달러를 사용한다. 달러는 국내 은행에서 손쉽게 환전할 수 있다. 분실이나 도난의 위험이 있으므로 장기간 여행이라면 지나치게 많은 달러를 소지하지 않는 것이 좋다. 따라서 신용카드와 체크카드를 적절히 이용하는 방법을 추천한다. 신용카드는 마스터와 비자카드 등을 사용할 수 있다. 대부분 편의점이나 대형마트에서는 사용이 가능하지만 소규모 상점이나 음식점에서는 사용이 되지 않을 수도 있으니 주문 전에 'Cash Only' 매장인지 잘 살펴보자.

3. 1일 여행비용은 얼마?

숙박을 제외한 하루 경비는 약 110달러가 적당하다. 뉴욕 물가를 기준으로 한 끼에 25~30달러를 잡았을 경우, 관광지의 입장료와 교통비까지 고려한 금액이다. 만약 스테이크를 먹거나 고급 식당을 방문할 경우라면 하루 예산을 180달러 이상까지 잡는 것이 좋다.

4. 뉴욕을 알아보자

뉴욕은 미국의 주State의 하나이며 맨해튼manhattan, 퀸즈queens, 브루클린brooklyn, 브롱스bronx, 스테이튼 아일랜드staten island 등 5개 행정구가 뉴욕시New York City를 이루는 것이다. 애플, 고담시티 또는 잠들지 않는 도시라는 별명이 있다. 뉴욕의 중심 맨해튼은 어퍼 웨스트사이드&어퍼 이스트사이드, 미드타운, 다운타운, 로어 맨해튼, 할렘으로 나누어진다. 브롱스와 브루클린은 치안이 좋지 않으니 안전하지 않은 곳이면 방문하지 않도록 하자. 퀸즈도 부분적으로 안전하지 않은 지역이 있다.

5. 뉴욕에서 길 찾기

스트리트와 애비뉴로 이루어진 맨해튼은 비교적 도시 구성이 잘된 곳이다. 관광지 대부분은 맨해튼에 있으니 이 점만 잘 익혀두어도 길 찾기가 훨씬 수월해진다. 가로는 스트리트, 세로는 애비뉴라 부르며, 보통 코너에 해당 스트리트와 애비뉴를 표시하는 표지판이 있다. 스트리트는 숫자로 표시하는데 남쪽에서 북쪽으로 올라갈수록 스트리트의 숫자가 커진다. 애비뉴는 숫자로도 표시하지만 파크 애비뉴, 매디슨 애비뉴 등 명칭이 따로 있기도 하다. 동쪽에서 서쪽으로 갈수록 애비뉴 숫자가 커진다. 또 브로드웨이를 기준으로 동쪽EAST, 서쪽WEST로 구분되어 있다. 자세히 주소를 알지 못해도 몇 스트리트 몇 애비뉴에 위치해 있는지만 안다면 해당 장소를 찾는데 큰 무리가 없으니 이 점을 꼭 기억해두자. 길치라면 구글지도를 반드시 이용하자. 직접 찾는 것보다 훨씬 빠르고 정확하다.

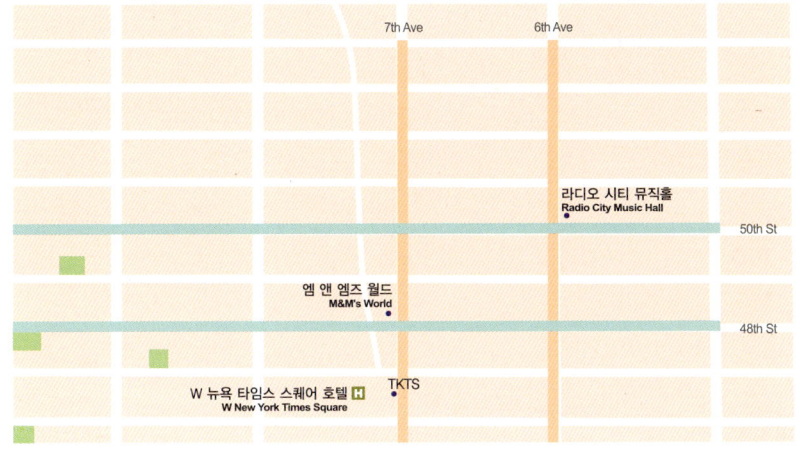

PLANNING 10
뉴욕 대중교통 이용하기

대중교통에서도 뉴욕의 매력이 물씬 느껴진다. 지하철 안에서는 다양한 공연을 감상할 수 있으며, 100년이 넘은 지하철의 역사를 생각하면 복잡한 노선도를 읽는 일도 즐겁게 느껴진다. 지하철은 최첨단 버스와 환승도 가능하다.

1. 지하철 Metro

뉴욕의 지하철 탑승 시 두 가지만 기억하면 된다. 업타운과 다운타운. 모든 지하철은 한 방향으로만 운행되기 때문에 내가 있는 곳에서 목적지까지 업타운인지, 다운타운인지만 생각해보자. 익스프레스와 로컬로 운행되는 지하철은 장거리 이동 시 시간이 단축되는 편리함이 있다. 다섯 정거장 이상 이동할 경우 익스프레스를 탑승하여 보자. 환승역 구간에서만 정차하기 때문에 목적지까지 금방 도착할 수 있다. 지하철역 입구에 업타운 또는 다운타운만 적혀 있다면 잘 보고 들어가야 한다. 아무것도 쓰여 있지 않고 역 이름만 쓰여 있다면 두 방향 다 탈 수 있는 역이다. 메트로카드는 지하철과 버스 모두 사용가능하다. 메트로카드는 지하철역 내부에서 현금과 카드로 구입 가능하며 환불이 어렵다. 싱글 라이드, 페이 퍼 라이드는 1회만 탑승 가능하며 주로 많이 걸어 다니는 날 하루에 한두 번 정도만 사용할 때 구입하는 것이 좋다. 하지만 하루에 지하철 또는 버스를 여러 번 이용할 때는 일주일 동안 사용 가능한 언리미티드 라이드를 구입하도록 하자. 참고로 처음 구입 시 카드값 1달러를 추가로 지불해야 한다. 따라서 쓰던 카드로 충전해야 돈을 아낄 수 있다.

2. 버스

버스 역시 가로와 세로로 운행되기 때문에 지하철이 가지 않는 애비뉴와 애비뉴의 끝까지 이동할 수 있다. 이동 시 밖의 거리 풍경을 볼 수 있지만 지하철보다 시간이 오래 걸린다는 단점이 있다. 버스 정류장 앞에 버스 탑승권 머신이 있는 곳에서는 반드시 메트로티켓으로 버스 탑승권을 프린트한 뒤 탑승해야 한다. 탑승할 때 버스 티켓을 보여줄 필요는 없으나 무임승차가 적발될 경우 벌금을 내야 한다. 머신이 없는 곳은 버스를 탈 때 메트로카드를 버스 내의 카드 리더기에 투입하여야 한다. 버스 역시 로컬과 익스프레스가 있다. 로컬일 경우 맨해튼의 약자 M이, 익스프레스는 X가 버스전광판 앞에 표시된다. 하차 방법은 한국과 같은 벨을 누르는 것이나 벨이 노란선 형태로 창문과 창문 사이에 있기 때문에 줄을 잡아당긴 후 뒷문을 손으로 직접 밀어야 한다.

3. 택시

정확한 번지수와 스트리트만 이야기하면 된다. 비가 오거나 러시아워 등의 시간에는 50센트씩 추가되기도 하며, 잔돈이나 운행요금의 10%는 팁으로 주는 것이 관례이다. 일반 승

용차처럼 보이는 고급 승용차 링컨차량으로도 택시가 운행되고 있다. TLC(Taxi Limousin Company) 차량으로 옐로캡보다 두 배 이상 비싸며, 미터기가 없기에 부르는 게 값이다. 탑승을 추천하진 않지만 부득이하게 탑승할 경우 가격을 먼저 흥정하고 팁까지 포함되어 있는지 확인 후 탑승하도록 한다.

1 양방향 모두 탈 수 있는 입구
2 업타운 방향만 탈 수 있는 입구
3 플랫폼이 움직이니 멈추는 순간까지 기다려야 하는 곳

Tip 공항에서 맨해튼으로 이동하기

뉴욕으로 오는 많은 비행기는 J.F.K공항, 라과디아공항, 뉴저지에 있는 뉴왁공항 세 곳에 도착한다. 한국에서 출발한 직항편은 모두 J.F.K로, 경유편을 이용한 비행편은 세 개의 공항 중 한 곳에 도착하게 된다.

에어트레인 Air Train
공항끼리 연결되어 있는 에어트레인은 9개의 터미널을 이어주는 열차이며 맨해튼까지 갈 수 있는 지하철로 이동이 가능하다. 에어트레인 티켓은 메트로 티켓과는 별개로 판매되므로 지하철, 버스 탑승에 사용할 수 없다. 공항에 방문할 때만 일회권을 구입하도록 한다. 에어트레인을 타고 지하철역까지 이동 후 파란색 E선을 타면 맨해튼으로 빠른 이동이 가능하다.

슈퍼 셔틀 Super Shuttle
택시와 버스의 중간. 예약된 인원 모두를 동선에 따라 목적지까지 데려다주는 소형 밴 서비스다. 요금이 저렴하지만 많은 사람들을 태우고 내려주기 때문에 목적지까지 시간이 꽤 소요된다. 미리 인터넷으로 시간과 픽업장소를 예약할 수 있다. 맨해튼에서 J.F.K 공항, 라과디아 공항까지 편도 약 25달러.
홈페이지 www.supershuttle.com

NYC 에어포터 NYC Airporter
슈퍼 셔틀보다 큰 대형버스로 운행되며, 그랜드 센트럴 터미널, 포트 어서리티 버스 터미널, 펜실베니아 역, 브라이언트 파크 네 곳에서 정차한다. 매일 새벽 5시부터 밤 11시 30분까지 운행되고, 맨해튼까지 약 1시간 30분이 소요된다. J.F.K 공항 편도 18달러, 왕복 34달러, 라과디아 공항은 편도 15달러, 왕복 28달러.
홈페이지 www.nycairporter.com

택시 Taxi
맨해튼 진입 시 가장 편리한 교통수단. 저렴하진 않지만 짐이 많거나 일행이 있다면 택시를 이용하는 것이 더 편리하다. 맨해튼까지 약 50분이 소요되며 출국장 택시라인에서 대기 후 노란색 택시를 탑승하면 된다. 톨게이트 요금은 택시 요금과 별도로 지불해야 하니 이 점 알아둘 것. 택시요금과 톨게이트 요금, 그리고 기사 팁까지 더해 약 60달러 선에서 탑승이 가능하다. 옐로 캡(노란 택시)이나 한인택시 외에도 개인택시가 있는데, 사기일 경우에는 엄청난 바가지요금을 지불해야 하니 꼭 옐로캡이나 보험에 가입된 한인 택시를 이용하도록 하자.

Step 03
ENJOYING
뉴욕을 즐기다

01 뉴욕 명소 BEST 5
02 뉴욕의 뮤지엄 5
03 브로드웨이 한눈에 보기
04 황홀한 뉴욕의 밤, 나이트 라이프
05 빠트릴 수 없는 뉴욕 포토 스폿
06 뉴요커처럼 하루 살기
07 로맨틱 영화 속 뉴욕 찾기

STEP 03
ENJOYING

ENJOYING 01
뉴욕 명소 BEST 5

뉴욕에서 당신에게 허락된 시간이 얼마 없다면 그중 꼭 가봐야 하는 다섯 개의 스폿을 소개한다. 뉴욕의 심장 타임스 스퀘어부터 낭만적인 현수교 브루클린 브리지까지. 지금부터 가장 뉴욕다운 뉴욕이 당신의 눈앞에 생생하게 펼쳐진다.

뉴욕의 낭만을 잇는 현수교
브루클린 브리지 Brooklyn Bridge

뉴욕의 로맨틱함을 더해주는 그곳. 1883년 개통될 당시 세계에서 가장 긴 다리로 화제가 되었다. 수많은 영화와 화보에 등장한 장소로 도시적인 디자인을 뽐내고 있다. 낮에 건너면 브루클린 브리지의 상징인 가운데의 아치를, 저녁에 건너면 맨해튼 남쪽의 아름다운 야경을 감상할 수 있다. 285p

뉴욕의 심장
타임스 스퀘어 Times Square

뉴욕의 심장으로 불리며 수백 개의 광고판들이 시시각각으로 바뀌는 곳. 지도상으로 보면 별로 크지도 않은 이 거리 곳곳에서 날마다 크고 작은 행사가 열리고 다국적 관광객들의 방문으로 정신없이 붐빈다. 가장 현대적이지만 그래서 더 뉴욕스러운 곳. 세계의 트렌드를 주도하는 타임스 스퀘어다. `136p`

뉴욕을 대표하는 초고층 마천루
엠파이어 스테이트 빌딩 Empire States Building

뉴욕을 대표하는 3대 빌딩 중 하나. 410일이라는 단기간에 지어진 102층의 빌딩으로 뉴욕 전망을 감상하기 위해 많은 여행객들이 찾는 곳이다. 뉴욕의 나침반이라고도 불리는 이 빌딩의 꼭대기는 기념일이나 행사를 축하하기 위해 다양한 색으로 바뀌곤 한다. 오늘, 당신이 마주할 엠파이어는 어떤 색일까. `138p`

뉴욕의 오아시스
센트럴 파크 Central Park

세계적으로 유명한 도심 공원. 자본주의 이미지로 대표되는 뉴욕, 그것도 맨해튼 주요지점에 위치한 공원이라는 점에서도 센트럴 파크는 커다란 의미와 가치를 가진다. 작은 동물원과 아름다운 분수, 드넓은 잔디밭. 그 안에서 뛰어노는 아이들의 웃음소리와 잠깐의 휴식을 즐기는 뉴요커들. 이 모든 것들이 센트럴 파크를 특별한 공간으로 만들어내고 있다. `172p`

세계를 비추는 자유
자유의 여신상 Statue of Liberty

미국, 그리고 뉴욕의 상징. 미국 독립 100주년을 축하하기 위해 프랑스에서 선물한 동상으로 자유의 나라, 이민의 나라 미국을 상징한다. 작가 프레데릭 오귀스트 바르톨디가 만들었으며 그의 어머니를 모델로 조각했다고 알려져 있다. 1984년 유네스코 세계문화유산으로 지정되었다. `272p`

ENJOYING 02
뉴욕의 뮤지엄 5

뉴욕의 뮤지엄에서는 다양한 국가와 시대를 아우르는 여러 작품들을 만나볼 수 있다. 소규모의 개인 전시관부터 하루를 몽땅 써도 다 보지 못할 만큼 대규모 박물관까지, 이 모든 것들이 뉴욕이 세계 미술의 핫플레이스임을 보여준다. 뉴욕에서 떠나는 예술 여행은 어떤 느낌일까.

뉴욕의 중심에서 감상하는 모던 아트
뉴욕 현대 미술관 The Museum of Modern Art

명품 거리 5번가 애비뉴 한가운데에 위치한 미술관. 줄여서 부르는 MOMA라는 이름이 더 익숙한 곳. 반 고흐, 모네 등 거장의 명작들을 한 곳에서 감상할 수 있다. 특별전시나 오래된 예술 영화를 상영하기도 하니 미리 홈페이지를 통해 알아보고 방문하는 것을 추천한다. 매주 금요일 오후 4시 이후로 무료입장이 가능하다.

Tip 뮤지엄 마일 페스티벌

어퍼 이스트사이드의 5번가 애비뉴5th Ave를 쭉 따라 내려오면 메트로폴리탄 박물관, 구겐하임 미술관, 노이에 갤러리까지 많은 박물관들을 만날 수 있다. 이렇게 보석 같은 박물관들이 자리 잡은 이 길을 '뮤지엄 마일'이라고 한다. 뮤지엄 마일 페스티벌은 1978년 시작되었으며 매년 6월 둘째 주 화요일 저녁 6시부터 9시까지 열린다. 주변의 교통이 통제되어 자유롭게 통행할 수 있고 길거리에서는 다양한 예술행사들이 펼쳐진다. 또한 이 거리에 위치한 여러 박물관들이 무료로 개방된다.

아트 컬렉터들의 로망
프릭 컬렉션 The Frick Collection

미국의 사업가 프릭이 대가의 그림들을 수집해 자신의 저택을 전시공간으로 꾸며두었다. 전시실 하나하나가 고급스러워 그 자체만으로도 예술적 가치가 느껴지는 곳으로 건물 내부에는 중앙정원, 본관 오른쪽 외부에는 연못정원이 있다. 편안하고 우아한 느낌의 회화작품이 많다. **180p**

세계 명작이 한 자리에
메트로폴리탄 미술관
The Metropolitan Museum of Art

센트럴 파크의 동쪽과 맞닿아 있는 미술관. 뉴요커들은 줄여서 MET이라 부른다. 고대 오리엔트 미술부터 이집트, 유럽회화, 미국회화 등 엄청난 양의 작품들이 전시되어 있다. 특별히 감상을 원하는 작품이 있다면 미리 전시실의 위치를 숙지하고 방문하자. 도네이션 티켓을 구입하면 저렴한 가격에 입장이 가능하다. **179p**

생동감 넘치는 자연사 학습장
자연사 박물관
American Museum of Natural History

센트럴 파크의 서쪽에 위치한 박물관으로 여러 영화에 등장한 곳이다. 세계 각지에서 수집한 식물, 곤충, 천문학 등 다양한 분야의 전시품들을 한 자리에서 만나볼 수 있다. 전시실이 많고, 공간 또한 지나치게 넓어 스마트폰 어플리케이션의 도움을 받으면 편리하게 관람할 수 있다. **177p**

떠오르는 핫플레이스
휘트니 미술관
The Whitney Museum of American Art

미국 현대미술에 큰 역할을 했던 거트루드 휘트니가 설립한 미술관. 유럽과 확실히 구분되는 미국 미술의 특성을 널리 알리려 노력했으며, 다양한 기획전을 선보이고 있다. 2015년 미트패킹 지역으로 이전하면서 뉴요커들의 핫플레이스로 부상하고 있다. 맨해튼 뷰를 내려다볼 수 있는 고층 발코니가 있다. **204p**

ENJOYING 03
브로드웨이 한눈에 보기

브로드웨이는 바둑판 모양의 맨해튼을 세로로 관통하는 길을 말한다. 하지만 보통은 미국의 연극, 뮤지컬계를 뜻하는 말로 쓰인다. 타임스 스퀘어 주변 극장들을 중심으로 상업적 연극, 뮤지컬이 활발하게 공연되고 있다. 뉴욕여행의 필수 코스라고 불리는 브로드웨이. 작품의 질에 비해 과대평가된 작품들에 반대하는 개념으로 오프 브로드웨이가 생겼지만, 여전히 브로드웨이의 명성은 대단하다.

브로드웨이 공연 스케줄 이해하기

일반적으로 공연은 화요일~토요일 오후 7시 또는 8시의 '커튼 공연', 수요일, 토요일, 일요일 낮의 '마티네 공연' 스케줄을 따른다. 마티네 공연은 수요일, 토요일에는 오후 2시, 일요일에는 오후 3시에 시작한다. 월요일에는 공연이 없어 극장은 'dark'라 표시하고 휴식을 가진다. 항상 관람객으로 붐비며, 크리스마스 같은 기념일에는 미리 예매하지 않으면 보기 힘들 정도다.

티켓 구입 방법

브로드웨이 티켓은 크게 세 곳에서 구입할 수 있다. 해당 공연의 극장에서 직접 구입하는 박스오피스, 인터넷 예매, 그리고 당일 티켓을 할인 판매하는 TKTS다. 할인 티켓인 '러쉬 티켓'은 해당 공연의 박스오피스에서 구입할 수 있다.

1. 박스오피스

보고 싶은 공연을 하고 있는 극장으로 찾아가자. 극장 입구의 매표소가 바로 박스오피스. 이곳에서 원하는 날짜와 시간, 그리고 좌석을 선택해 구입할 수 있다. 오래 줄을 서지 않아도 되어 편리하지만 정가에 구입해야 하기 때문에 가격적으로 부담이 될 수 있다.

2. 인터넷 예매

broadway.com이나 ohshow.net에서 가능하다. 오쇼는 한국 사이트라 구매가 편리하다. 그러나 예매가능한 자리가 정해져 있으므로 특별히 원하는 좌석이 있다면 다른 방법을 추천한다.

3. TKTS

전날까지 팔리지 않은 공연 좌석을 당일에 한해 20~50%까지 저렴하게 판매하는 티켓부스다. 타임스 스퀘어 지점과 브루클린, 사우스 스트리트 시포트 총 3개 지점이 있지만 위치상 타임스 스퀘어 지점이 방문하기 편리하다.

타임스 스퀘어 지점
Data 지도 134p-B
주소 47St Broadway, 빨간 계단 아래
운영시간 낮 공연 수, 목, 토 10:00~14:00, 일 11:00~15:00 / 저녁 공연 월, 수, 목, 금, 토 15:00~20:00, 화 14:00~20:00, 일 15:00~19:00

브로드웨이 저렴하게 즐기기

1. 러쉬 티켓 Rush Ticket

값비싼 브로드웨이 뮤지컬을 저렴하게 볼 수 있는 가장 쉬운 방법! 할인 티켓인 러쉬 티켓을 구입하는 것이다. 러쉬 티켓은 공연마다 다른데, 일반 러쉬, 학생 러쉬, 로터리 러쉬로 나뉜다. 해당 극장의 박스오피스에서 구입, 추첨이 가능하다. 대부분의 박스오피스는 오전 10시에 오픈한다.

① 일반 러쉬 General Rush

보통 선착순 판매로 이루어진다. 박스오피스에 먼저 와서 줄을 서 있는 순서대로 좋은 좌석을 저렴한 가격에 판매한다. 공연마다 판매 매수가 정해져 있으므로 일찍 가는 것이 가장 좋다.

② 학생 러쉬 Student Rush

학생을 대상으로 할인해 판매하는 러쉬 티켓이다. 학생증을 꼭 지참해야 하며, 한국 학생증일 경우 국제학생증을 가져가는 것을 추천한다. 간혹 한국 학생증을 인정해주는 직원도 있으나, 후에 곤란한 상황을 겪지 않으려면 국제학생증을 준비할 것! 학생을 대상으로 하지만 박스오피스에 먼저 도착하는 순서대로 좋은 좌석을 판매하며, 선착순 판매이니 일찍 가는 것을 추천한다.

③ 로터리 Lottery

할인 티켓을 추첨하는 것이다. 할인 티켓을 원하는 사람들이 극장 박스오피스 앞에 모여 자신의 이름과 매수를 적은 종이를 넣는다. 추첨 시간이 되면 정해진 매수를 추첨해 좋은 좌석을 저렴하게 판매한다. 이때 꼭 사진이 부착되어 있어야 하고 영어 이름이 나와 있는 신분증(여권 또는 국제학생증)을 준비해야 하며, 이름을 쓸 때는 닉네임이 아닌 신분증에 나온 영어 이름을 그대로 써야 한다. 공연에 따라 현금만 받는 곳이 있으므로 미리 준비해 가도록 하자. 보통 공연이 열리기 2시간 30분 전에 응모를 시작하며, 응모 30분 뒤에 추첨을 시작한다. 한국 이름이 어려워 직원들이 발음을 어설프게 할 수도 있으니 귀를 쫑긋 세워 듣도록 하자.

④ 온라인 로터리 Online Lottery

오프라인에서 진행했던 로터리를 온라인에서 진행하는 형태다. 보통 해당 공연의 전날 저녁 오픈되어 공연 당일에 마감된다. 인터넷 사이트에 접속해 이름과 원하는 매수, 이메일 주소를 기입하면 되는데 이름을 쓸 때는 닉네임이 아닌 신분증에 나온 영어 이름을 그대로 써야 한다. 직접 극장까지 가지 않아도 된다는 점이 편리하지만 오프라인 로터리만이 가지는 활기찬 분위기와 짜릿함이 없어 조금 아쉽기도 하다. 많은 뮤지컬들이 오프라인 로터리에서 온라인 로터리로 전환해가는 추세다. 구글에서 각 공연 로터리 링크를 검색해 로터리에 참여할 수 있다. 당첨된다면 티켓 픽업을 위해 사진이 부착되어 있고 영어 이름이 나와 있는 신분증(여권 또는 국제학생증)을 가져가도록 하자.

2. 입석 티켓 Standing Room

인기가 많아 전 좌석이 매진된 공연의 경우 입석 티켓을 판매한다. 장시간의 공연을 봐야 하니 추천하고 싶지 않지만, 그 시간의 그 공연을 꼭 봐야 한다면 한 번쯤은 괜찮다.

공연 이름	할인 티켓	입석 티켓
몰몬의 책 The Book of Mormon	로터리(공연 2시간 30분 전 응모, 2시간 전 추첨)	로터리 이후 박스오피스에서 구입
시카고 Chicago	일반 러쉬(박스오피스 오픈부터 선착순 판매)	전 좌석 매진 시 박스오피스에서 구입
알라딘 Aladdin	온라인 로터리(공연 전날부터 온라인 추첨)	
라이언 킹 The Lion King	온라인 로터리(공연 전날부터 온라인 추첨)	
오페라의 유령 The Phantom of the Opera	온라인 로터리(공연 전날부터 온라인 추첨)	전 좌석 매진 시 박스오피스에서 구입. 28석 제한
위키드 Wicked	온라인 로터리(공연 전날부터 온라인 추첨) 당첨되면 1시간 안에 결제해야 함.	
캣츠 Cats	온라인 로터리(공연 당일 오전에 온라인 추첨)	

3. 브로드웨이 위크

일 년에 두 번, 티켓 2장을 1장 가격에 판매하는 '브로드웨이 위크'가 열린다. 이 기간에는 유명 뮤지컬 티켓을 50%나 저렴하게 구할 수 있지만 2장 단위로 구입해야 하기 때문에 동행이 있어야 구입이 가능하다. 자세한 공연목록이나 날짜는 뉴욕관광청(nycgo.com)에서 확인할 수 있다. 1월 중순에서 2월 초까지, 그리고 9월에 열리는 행사로, 고민하다가는 금방 매진될 수 있으니 미리 염두에 두고 검색하자. 날짜는 조금씩 달라지니 이 기간에 뉴욕관광청 홈페이지에 자주 드나드는 것이 좋다.

브로드웨이 핫 뮤지컬 7

꾸준히 사랑받고 있는 뮤지컬 중 관광객도 부담 없이 즐길 수 있는 공연 7개를 선정했다. 공연 스케줄은 변동되는 경우가 많으니 broadway.com에서 미리 확인하자. 뮤지컬을 보기전, 미리 공연의 원작인 소설을 읽거나 영화를 보고 가는 것이 좋다. OST를 미리 들어보거나 출연 배우에 대해 알아보는 것도 큰 도움이 된다. 그럴 시간도 없이 바쁘다면 줄거리라도 꼭 읽어보고 가는 것이 공연에 대한 예의!

동화에 상상을 더하다
위키드 Wicked

오즈의 마법사 그 전의 이야기. 브로드웨이에서 라이온 킹과 1, 2위를 다투는 인기 절정의 뮤지컬이다. 대사가 많기에 미리 줄거리를 숙지하고 가는 것이 필수! 로터리 러쉬에 당첨된다면 30달러에 제일 앞자리에 앉는 행운의 주인공이 될 수 있다. 위키드 공연이 열리는 극장에서 음료를 마시고 싶다면 '엘파바 주스'를 먹어볼 것. 주인공 엘파바가 초록색 피부를 가졌다는 특징을 살려 연두색 사과주스를 위키드 컵에 담아 판매하고 있다. 맛은 다른 사과 주스와 다르지 않지만 귀여운 위키드 컵에 담긴 주스를 마시면 꼭 엘파바처럼 초록색으로 변할 것 같은 기분에 더 짜릿해질 것이다. 공연을 보는 내내 동화 속 세상에 데려다주는 뮤지컬.

Data 가격 79달러부터

디즈니의 야심작
라이언 킹 Lion King

1997년에 시작한 이후 어른부터 아이까지 모두가 열광하는 브로드웨이 넘버원 뮤지컬. 디즈니 뮤지컬 특유의 아기자기함과 현란한 퍼포먼스를 갖추고 있다. 가족 단위 관객이 많고, 성인이 보기에는 살짝 유치한 감이 있지만, 캐릭터들의 열정적인 연기로 브로드웨이의 명성을 확인시켜주는 뮤지컬. 인기가 워낙 많아 관람을 원하면 예매를 서두르는 것이 좋다. 인터넷과 박스오피스에서 티켓 구입이 가능하다.

Data 가격 92달러부터

화려한 볼거리의 향연
알라딘 Aladdin

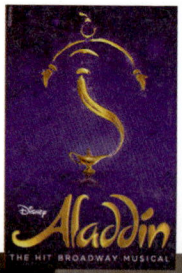

알라딘, 그리고 램프의 요정 지니와 함께하는 2시간 30분의 즐거운 여행. 화려하면서도 정교한 무대장치와 상상만 하던 그 장면을 생생하게 표현해내는 배우들의 연기는 감탄을 자아내기에 충분하다. **Data** 가격 50달러부터

브로드웨이의 강자
몰몬의 책 The Book Of Mormon
2011년 토니 어워드 베스트 뮤지컬로 선정된 몰몬의 책. 두 명의 젊은 몰몬교 선교사가 우간다에 선교를 가게 되면서 벌어지는 코미디다. 미국 애니메이션 〈사우스 파크〉의 제작자들이 참여한 어른을 위한 뮤지컬로, 공연 내내 미국 정치, 사회, 문화 등에 대한 신랄한 풍자가 이어진다. 종교적 내용도 어느 정도 있으니 미리 몰몬교에 대해 알아보고 가면 쉽게 이해할 수 있다. 연일 매진 중인 브로드웨이 인기 절정의 코미디 뮤지컬이지만 영어에 서툴다면 다른 작품을 선택하는 것을 추천한다. **Data** 가격 99달러부터

찬란하고도 슬픈 사랑이야기
오페라의 유령 Pantom Of The Opera

가스통 루르의 소설 『오페라의 유령』이 원작인 뮤지컬. 1988년 브로드웨이에서 초연된 이후 2012년 9월, 브로드웨이 사상 최장기 공연으로 기네스북에 등재되었다. 크리스틴을 사랑한 오페라의 유령과 라울의 이야기를 담고 있다. 러브스토리를 뒷받침하는 아름다운 음악과 화려한 의상, 무대장치들은 세계인들에게 높은 평가를 받고 있다. 뮤지컬의 본고장 브로드웨이에서 만나보는 오페라의 유령은 또 다른 감동으로 다가올 것이다. **Data** 가격 40달러부터

화려한 군무와 무대매너가 매력적인
시카고 Chicago
여자 죄수들이 모여 있는 카운티 교도소. 그곳에서 주목받는 두 죄수 록시 하트와 벨마 켈리가 주인공인 뮤지컬이다. 검은색 옷에 매혹적인 빨간 립스틱을 바른 배우들이 펼치는 열연에 당신도 열광하게 될 것이다. 무대 가운데에 계단 형식으로 오케스트라가 배치되어 있어 배우들과 오케스트라의 센스 있는 호흡도 볼 수 있다. 공연장이 조금 낡았다는 점이 아쉽지만 질 높은 퍼포먼스 덕분에 티켓 값이 아깝지 않을 정도다. 미리 영화를 감상하고 간다면 스토리 이해가 더 쉬워진다. **Data** 가격 50달러부터

돌아온 전설
캣츠 Cats
국내에도 잘 알려진 뮤지컬 명작 〈캣츠〉가 화려하게 돌아왔다. 개성 넘치는 고양이들의 연기를 눈앞에서 생생하게 만나보자. 이미 여러 번 내한했던 캣츠팀이지만 브로드웨이에서 만나보는 공연은 또 다른 매력을 선사한다. 공연 전, 미리 등장하는 고양이들의 정보를 알고 간다면 두 배로 즐거운 시간이 될 것이다. **Data** 가격 59달러부터

브로드웨이와는 또 다른 특별함, 오프 브로드웨이

상업성을 추구하는 브로드웨이에 반대되는 오프 브로드웨이는 예술성과 작품성을 추구하고 있다. 문화적 가치나 사회성 있는 작품들을 주로 공연하며, 무대 기술적 측면에서도 실험적이면서 참신한 것이 특징이다. 따라서 기존 공연과는 다른 차별화된 공연들을 만나볼 수 있다는 장점이 있다. 아래 소개하는 블루 맨 그룹, 애비뉴 Q는 오프 브로드웨이의 대표작들이다. 공연 예매와 자세한 정보는 broadway.com의 오프 브로드웨이 카테고리에서 확인할 수 있다.

수상한 세 남자
블루 맨 그룹 Blue Man Group

온몸에 파란색을 뒤집어쓴 수상한 세 남자가 보여주는 즉흥적인 퍼포먼스! 특별한 스토리는 없지만 그들이 보여주는 몸짓에 어느덧 배꼽 빠지게 웃고 있는 자기 자신을 발견하게 된다. 브로드웨이의 유명 공연들과는 180도 다른 색다른 시간을 선사한다. 공연 후 블루맨들과 함께 하는 셀카 타임을 잊지 말자.

Data 가격 49달러부터

오랜 시간 사랑받는
애비뉴 Q Avenue Q

큰 꿈을 가지고 뉴욕에 온 순진한 젊은이와 그 이웃들의 따뜻한 이야기를 담아낸 공연. 국적을 뛰어넘어 모두가 공감할 수 있는 이야기들을 인형과 함께 노래한다. 사람과 함께 무대에 올라 공연하는 인형들은 애비뉴 Q의 매력 포인트! 오랜 시간 뉴요커들에게 사랑받고 있다.

Data 가격 75달러부터

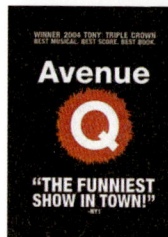

> **Tip** 오프 브로드웨이 위크 시즌에는 티켓 1장의 가격으로 2장을 구매할 수 있다. 보통 1월 말~2월 초, 9월 말~10월 초에 열리며, 자세한 날짜는 nycgo.com에서 확인 가능하다.

심금을 울리는 멜로디
뉴욕 필하모닉 오케스트라 New York Philharmonic

미국에서 가장 전통 깊고 세계적인 명성을 가진 교향악단이다. 베를린 필하모닉, 빈 필하모닉 오케스트라와 함께 '세계 3대 오케스트라'로 불린다. 1842년 창단 이후 드보르작의 교향곡 〈신세계로부터〉 등 명곡들을 미국 내에서 초연하고 주요 현대 음악가들의 곡을 제일 먼저 소개하는 등 160여 년간 미국 클래식 음악계를 이끌어왔다. 클래식 음악에 관심 있는 이들이라면 모두 한번쯤 참석하고 싶어 하는 콘서트. 매년 여름에 센트럴 파크에서 뉴욕시민을 위한 무료 콘서트가 열린다. 한여름 밤, 잔디밭에 누워 감상하는 뉴욕 필하모닉 오케스트라 연주는 최고라고 말하고 싶다. 실내 공연에서는 공연 전 엄격한 촬영과 녹음 금지 규정을 알려주니 미리 알아두어 실수하는 일이 없도록 하자.

Data **가는 법** 지하철 1선 타고 66St 링컨센터 역 하차, 바로 역 앞 **주소** 10 Lincoln Square #132, Avery Fisher Hall, New York, NY 10023 **가격** 공연과 좌석마다 가격이 다름

Tip 학생들은 인터넷 홈페이지와 박스오피스에서 스튜던트 러쉬 티켓을 구입할 수 있다. 가격은 18달러이며, 학생증 지참은 필수다.

눈을 뗄 수 없는 우아한 몸짓
뉴욕 시티 발레 New York City Ballet

1948년 미국 뉴욕에서 설립된 세계적으로 유명한 발레단이다. 링컨 커스틴과 러시아 유명 무용수 게오르게 발란친이 함께 설립한 발레단으로, 미국 발레의 수준을 한 차원 높였다는 평가를 받고 있다. 기성 작품의 재공연보다 창작을 중심으로 활동해왔다. 1950년 이후 세계 순회공연을 통해 그 명성을 드높였으며 유명한 무용수도 많이 배출했다. 이 수준 높은 발레단의 공연을 뉴욕 링컨센터에서 만나볼 수 있다.

Data **가는 법** 지하철 1선 타고 66St 링컨센터 역 하차 **주소** 20 Lincoln Center Plaza, W 63rd St, New York, NY 10023 **가격** 공연과 좌석마다 가격이 다름

ENJOYING 04
황홀한 뉴욕의 밤, 나이트 라이프

일상에 지친 뉴요커들이 더욱 활동적으로 변하는 밤! 황홀한 뉴욕의 밤을 더욱 특별하게 즐기고 싶은 당신을 위해 준비했다.

Tip 모든 클럽과 바에서는 아이디(Identification)를 확인하므로 여권을 반드시 지참한다. 복사본 아이디를 허용하지 않는 곳도 있으니 주의.

고급스러운 야경명소
더 프레스 라운지 The Press Lounge

미드타운 서쪽 끝에 위치한 더 프레스 라운지. 야외 테라스 가운데에 푸른색 조명으로 장식된 풀은 이 밤과 당신을 더욱더 화려하게 빛내준다. 일몰 전에 미리 가서 맨해튼 전경을 감상한 뒤, 칵테일을 즐기며 밤까지 기다리는 것을 추천한다. 드라마 〈패션왕〉에서 유아인이 등장했던 장소로도 유명하다. 다른 루프톱에 비해 고급스러운 분위기이므로 점잖은 옷차림으로 방문해야 한다. **149p**

아름다운 이 밤, 자유로운 미트패킹에서
르 뱅 Le Bain

스타일리시한 뉴요커들로 붐비는 미트패킹의 핫플레이스. 근사한 조명 아래서 바라보는 뉴욕의 야경은 말할 수 없이 매력적이다. 신나는 음악과 함께 실내 풀장을 즐길 수도 있고 야외 테라스에 나가면 허드슨 강변과 탁 트인 맨해튼 야경을 볼 수 있다. 첼시 주변에 고층건물이 없어 저 멀리 있는 프리덤 타워까지 감상할 수 있다는 점이 더욱 좋다. 셀프 바에서 칵테일을 주문한 다음, 원하는 자리에 앉아 즐기면 된다. **208p**

> **Tip** 야경명소 갠트리 스테이트 파크
>
> 아름다운 맨해튼의 야경을 강 건너에서 볼 수 있는 곳. 관광객들에게는 잘 알려지지 않아 근처에 사는 뉴요커들이 즐겨 찾는 휴식공간이다. 맨해튼에서도 멀지 않아 지하철을 이용해 찾아갈 수 있다. 조금 이른 저녁식사를 마치고 천천히 걸어 해가 지기 직전에 방문하는 것을 추천한다. 손에 닿을 듯 가까워 보였던 고층빌딩의 불빛들이 천천히 강 위에 떠오르면서 색다른 야경을 선물할 것이다. (갠트리 스테이트 파크 가는 법 040p 참고))

작은 콘서트가 열리는
락우드 뮤직 홀 Rockwood Music Hall

보다 액티브한 뉴욕의 밤을 즐기고 싶다면, 좋은 공연과 맥주의 조화를 원한다면 락우드 뮤직 홀을 선택하자. 작고 아담한 공간에 무대와 오락공간이 모두 자리 잡은 이곳! 덕분에 공연을 아주 가까이서 감상할 수 있다. 재즈공연이 대부분이지만 가끔은 컨트리, 팝, 크로스오버 등의 공연을 하기도 한다. 젊은 뉴요커들이 즐겨 찾는 공간으로 음료와 스낵의 가격도 매우 저렴하고 드레스 코드 자유로운 편이라 부담이 없다. 무료인 공연도 많지만 입장료를 내야 하는 공연도 있으니 참고해두자. `250p`

뉴욕에 젊음을 더하다
팻 캣 Fat Cat

그리니치 빌리지에 자리한 유니크한 공간. 입장료 3달러로 꽤 괜찮은 재즈공연을 접할 수 있다. 젊은 뉴요커들이 즐겨 찾는 곳으로 포켓볼, 체스, 탁구 등 간단한 오락공간도 마련되어 있다. 자주 붐빈다는 단점이 있지만 많은 사람들과 함께 호흡하며 능동적으로 분위기를 즐길 수 있다는 점에서 추천하고 싶다. 락우드 뮤직 홀과 비슷한 느낌. `208p`

ENJOYING 05
빠트릴 수 없는 **뉴욕 포토 스폿**

활짝 웃으며 찍는 사진도 예쁘지만, 가끔은 뉴요커처럼 선글라스를 쓴 채 시크하게 찍어보는 것은 어떨까. 여행이 끝나고 일상으로 돌아갔을 때, 당신을 다시 뉴욕으로 데려다줄 근사한 사진이 될 것이다.

뉴욕의 사랑을 전하는
LOVE 조각상

거리 한가운데 서 있는 LOVE 조각상. 뉴욕에 관한 사진이라면 빠지지 않는 유명 작품이 되었다. 새빨간 조각의 'LOVE'라는 단어가 강렬한 느낌을 주는 그곳에서 활짝 웃으며 사진을 찍어보자. 그 순간을 사랑하는 당신의 모습을 가득 담아. **149p**

〈무한도전〉 멤버들처럼
덤보

멋있게 수트를 입고 런웨이처럼 덤보를 걷던 〈무한도전〉의 다섯 남자들! 그들처럼 한껏 분위기를 잡고 사진을 찍어보자. **284p**

100년의 역사와 함께
그랜드 센트럴 터미널 내부

보자르 양식의 건물인 그랜드 센트럴 터미널. 약간 노르스름한 조명이 분위기 있다. 많은 사람들 틈에서 바쁘게 그곳을 지나가는 척 사진을 찍어보자. 세계 최대의 기차역에서 찍는 이 사진에 여행의 설렘을 한가득 담아 찰칵! **141p**

로맨틱 플레이스
센트럴 파크

싱그러운 초록색으로 가득한 그곳, 센트럴 파크. 연인이라면 보트하우스 앞에서, 혼자라면 베데스다 분수 앞에서 사진을 찍어보자. 영화와 드라마에 자주 등장하는 이곳은 센트럴 파크의 명소다. **172p**

우아한 포즈와 함께
루프톱 바

뉴욕의 멋진 뷰를 배경을 사진에 담아보자. 미리 맞춰온 드레스 코드에 칵테일 한 잔까지 들고 여유로운 표정을 짓는 당신은 이미 200% 뉴요커! **149p**

ENJOYING 06
뉴요커처럼 하루 살기

08:00
기상 후 센트럴 파크(172p)에서 조깅
편한 신발에 간편한 운동복을 챙겨 입고 뉴요커들과 함께 달려보자!

→

11:00
가벼운 옷차림으로 브런치(084p) 즐기기
혼자라도 주눅 들지 말자. 뉴욕의 식당들은 혼자 온 손님이라도 환하게 웃으며 맞아준다. 책이나 다이어리를 챙기면 좋다!

22:00
바(066p)에 들러 가볍게 한잔 후 집으로!
재즈 바도 좋고 루프톱 바도 괜찮다. 즉흥적인 선택을 해도 언제나 괜찮은 이곳은 뉴욕이다.

←

20:00
뮤지컬(058p) 또는 오케스트라 공연(065p) 보기
문화와 예술을 사랑하는 뉴요커가 되어보자.

←

18:00
근사한 저녁식사 하기
분위기 있는 레스토랑(086p) 또는 스테이크 하우스(082p)에서 저녁을 즐기자.

뉴요커들의 삶도 우리와 크게 다르진 않다. 하지만 그들이 확실하게 하는 일이 있다면, 주어진 시간을 여유 있는 마음으로 더 행복하게 쓴다는 것. 그리고 날씨와 계절에 맞춰 뉴욕을, 자신의 삶을 즐길 줄 안다는 것. 당신도 오늘만큼은 빡빡한 여행 스케줄에서 벗어나 뉴요커처럼 여유롭게 뉴욕을 즐겨보자. 마치 이곳에서 오랜 시간 지냈던 것처럼.

12:00
서점에서 커피 마시며 책 읽기
맥널리 잭슨, 하우징 웍스 북 스토어, 반즈 앤 노블 등의 서점(114p)에는 카페가 있어 책과 커피를 함께 즐길 수 있다.

14:00
휴식시간
디저트(088p)와 함께 오후의 달콤함을 즐기기. 또는 공원에 앉아 거리공연 즐기기.

15:00
가까운 박물관(056p)에 들러 작품 감상하기
한 번에 여러 작품을 다 보려 하지 말고, 좋아하는 작품을 눈에 담을 때까지 충분히 오랜 시간 동안 감상해보자.

17:00
소호(249p)에 들러 쇼핑하기
마음에 드는 옷을 팔에 차곡차곡 걸어 다 입어보자. 입어보고 별로라면 모두 다 구입하지 않겠다고 말해도 It's ok!

로맨틱 영화 속 뉴욕 찾기

스크린 속에 자주 등장하는 뉴욕. 영화와 드라마, 뉴스에서도 뉴욕은 항상 주목받는 도시다. 떠나기 전, 뉴욕에서 촬영한 영화들을 감상해보자. 영화에서 본 장소를 직접 눈으로 마주할 때 그 설렘과 기쁨은 두 배가 된다.

1. 〈비긴 어게인〉

카페 지탄 255p / 워싱턴 스퀘어 파크 207p /
센트럴 파크 보트하우스 172p / 센트럴 파크 베데스다 분수 173p

주옥같은 OST와 아름다운 뉴욕의 풍경들로 화제가 된 영화 〈비긴 어게인〉. 영화 속 그 감성을 그대로 느낄 수 있는 장소들이 있다. 두 주인공이 얘기를 나누던 노천카페부터 열정적으로 노래를 녹음하던 센트럴 파크의 곳곳을 누비며 그때 그 장면을 떠올려보자.

2. 〈악마는 프라다를 입는다〉

스미스 앤 울랜스키 151p

메릴 스트립이 패션지 편집장으로 나와 직원인 앤 해서웨이에게 혹독한 업무를 맡기던 영화. 맨해튼의 바쁘게 돌아가는 일상들을 실감나게 보여준다. 메릴 스트립이 아침 일찍부터 사오라고 주문했던 스테이크는 바로 미드타운 이스트에 위치한 스미스 앤 울랜스키. 실제로도 너무나 맛있는 그곳의 필레미뇽을 먹어보자.

3. 〈레옹〉

루즈벨트 아일랜드 트램 183p

2013년 재개봉한 명작 〈레옹〉. 영화 말미에서 레옹의 죽음 이후 마틸다가 화분을 안고 탄 빨간 케이블카는 바로 루즈벨트 아일랜드와 맨해튼을 연결하는 트램. 지하철 카드를 이용해 탑승할 수 있다. 왕복 10분이 채 걸리지 않는 가까운 거리로 지하철 무제한 탑승권이 있다면 얼마든지 무한 탑승 가능.

4. 〈섹스 앤 더 시티〉

뉴욕 공립 도서관 139p / 매그놀리아 베이커리 212p

영화, 드라마 〈섹스 앤 더 시티〉의 캐리와 세 친구들이 등장한 배경은 바로 뉴욕! 영화에서 캐리가 빅과 결혼하려 했던 장소는 뉴욕 공립 도서관이다. 캐리의 아름다운 비비안 웨스트우드 드레스와 세 친구들이 도서관 건물을 더욱 더 근사하게 빛내주었다. 그녀들이 즐겨 찾던 '매그놀리아 베이커리'는 이미 많은 관광객과 뉴요커들의 핫 플레이스! 섹스 앤 더 시티의 스폿들만 돌아보는 투어도 따로 예약이 가능하다.

5. 〈세렌디피티〉

블루밍데일즈 194p / 세렌디피티 3 188p / 월도프 아스토리아 호텔 164p

크리스마스이브, 각자의 연인에게 줄 선물을 사다가 똑같은 장갑을 선택하게 된 두 사람. 크리스마스의 달콤한 분위기와 서로에게 빠져 잠깐 동안 함께 시간을 보낸다. 서로의 이름도 모르고 엉뚱한 우연에 운명을 맡겨보지만, 결국 둘은 다시 만나지 못한 채 몇 년이 흐른다. 그때, 두 사람이 처음 만나는 백화점이 바로 블루밍데일즈 백화점! 서로에 대해 호감을 가지며 프로즌 핫 초콜릿을 먹은 카페는 세렌디피티 3다. 마지막으로 운명을 시험하며 엘리베이터를 탔던 호텔은 월도프 아스토리아 호텔. 운명을 믿는 당신이라면 한번쯤 꿈꿔봤을 스토리.

6. 〈해리가 샐리를 만났을 때〉

카츠 델리카드슨 257p

우정과 사랑 사이를 오가며 서로의 곁을 지키는 두 주인공 해리와 샐리. 1989년에 개봉했지만 아직도 즐겨보는 이들이 많은 영화. 이 영화 때문에 뉴욕에 여행 왔다는 사람도 있을 정도! 주인공들이 함께 먹던 페스트라미 샌드위치는 카츠 델리 카드슨에서 먹어볼 수 있다. 그들이 앉았던 자리는 아직도 그대로. 천장에 둥근 표지판으로 표시되어 있다.

Step 04
EATING

뉴욕을 맛보다

01 미리 알면 너무 쉬운 뉴욕 식당 A to Z
02 뉴요커가 사랑하는 맛집 7
03 차원이 다른 뉴욕 버거 5
04 명성이 자자한 베스트 스테이크 3
05 아침을 더 풍성하게 만들어주는 뉴욕 브런치 4
06 뉴욕에서의 근사한 식사, 분위기 있는 레스토랑 5
07 달콤한 뉴욕을 맛보다, 디저트 핫 플레이스
08 보기에도 좋고 맛도 좋은 컵케이크
09 뉴욕에서 만나는 다른 나라 음식들
10 마이 페이버릿 뉴욕피자
11 뉴욕 최고의 베이글은? 에사 베이글 VS 머레이스 베이글
12 커피 향으로 가득한 뉴욕
13 뉴요커처럼 장 보기, 뉴욕 마켓 3

EATING 01
미리 알면 너무 쉬운
뉴욕 식당 A to Z

주문하기

뉴욕에서 음식을 주문하는 것은 그렇게 어렵지 않다. 긴장을 풀고 당당하게 식당으로 걸어 들어가자. 단, 한국처럼 서둘러 빈자리를 잡아 앉지는 말자. 대부분 뉴욕 식당의 웨이터는 동행의 수를 물어보고 직접 자리를 안내해준다. 자유롭게 앉는 분위기라면 알맞은 자리를 찾아 앉아도 좋다.

1. 물도 무료, 유료가 있다?

웨이터는 당신에게 물을 원하는지 물어볼 것이다. 이때 한 가지를 명심하자. 뉴욕 식당의 물은 두 가지다. 무료거나 유료거나. 무료로 제공되는 탭 워터Tap Water는 수돗물이다. 수돗물이란 말에 기겁하지는 말자. 뉴욕은 가정에서도 수돗물을 받아 정화해서 먹는다. 따라서 이 물을 마셔도 아무 이상이 없다는 것! 그러나 수돗물을 마시고 싶지 않다면 바틀드 워터Bottled Water를 달라고 말하면 된다. 아무것도 모르고 마냥 OK를 외친다면 그 후유증은 영수증을 타고 올 것이다.

2. 메뉴 선택은 신중하게

미리 생각해둔 메뉴가 있다면 그것을 주문해도 된다. 하지만 서버가 오늘의 메뉴라며 추천한다면 한번쯤은 고민해보길. 한국 사람인 당신의 입맛에 맞지 않는 메뉴일 수도 있다. 혹시 다른 손님들이 다들 같은 메뉴를 먹고 있다면 웨이터에게 물어보자. 또는 베스트 메뉴를 물어봐도 좋다. 식당 방문 전에 미리 그곳의 후기를 검색해보는 것도 좋은 방법. 신중한 메뉴선택은 당신의 식사를 더욱 즐겁게 할 것이다.

3. 주문은 이렇게

아직 메뉴를 정하지 않았는데 주문하겠냐고 물어본다면, "기브 미 어 세컨드Give me a second"라고 확실하게 말하자. 주문할 준비가 되었다면 "캔 아이 오더Can I order~"라고 말하면 된다. 서버가 "이거 할래? 저거 할래?" 하고 물어보면 반드시 돈을 받는 메뉴인지 확인하고 주문할 것. 스테이크는 굽기 정도에 따라 웰던, 미디엄, 레어로 주문하면 된다. 식당에 따라 햄버거도 굽기 정도를 조절해주는 곳이 있다.

지불하기

1. 팁 문화 이해하기

테이블에 앉아 서빙을 제공받은 경우 테이블에서 계산까지 마치게 되며, 이때 음식 값의 최소 18% 이상을 팁으로 주는 게 매너다. 팁은 대부분 서버가 갖는 것이므로 너무 적은 액수를 주거나, 주지 않으면 큰 불만을 표시하기도 한다. 물가상승으로 인해 뉴욕의 대부분의 사람들이 20% 정도를 팁으로 지불하고 있으니 이점 알아두자. 영수증에 적힌 금액에서 택스를 제외한 순수 음식 금액에 대한 비율을 맞춰 계산하면 된다. 가끔 영수증 아래에 권장 팁을 적어놓은 음식점도 있으나 꼭 거기에 맞출 필요는 없다. 그리고 가장 주의해야 할 점! 영수증에 'gratuity included'라고 쓰여 있다면 이미 팁이 포함된 가격으로 계산된 것이니 또 팁을 지불할 필요가 없다. 그러나 'gratuity not included'라고 쓰여 있다면 팁을 지불해야 하니 영수증을 꼼꼼히 살펴서 실수하는 일이 없도록 하자.

2. 지불 방법

식사를 다 마친 후 서버를 불러 "체크 플리즈 Check please"라고 얘기하면 영수증을 가져다준다. 혹시 잘못된 부분은 없는지 꼼꼼하게 따져본 후 지불 방법을 선택하면 된다. 카드로 지불하고자 한다면 카드를 영수증과 함께 돌려주자. 그럼 서버가 알아서 카드를 가져가 결제를 하고 다시 빈칸이 많은 영수증 두 장을 가져다줄 것이다. 팁 적는 칸에 주고픈 팁 금액을 적고 합산해서 최종 금액을 적는다. 마지막에 사인은 잊지 말 것! 두 장을 똑같이 적은 뒤 커스터머 카피Customer copy를 갖고 나머지 한 장은 테이블에 두고 오면 된다. 커스터머 카피 없이 둘 다 똑같은 영수증이라면 아무거나 한 장 가져와도 상관없다. 현금으로 지불하고 싶은 경우도 역시 "체크 플리즈Check please"라고 얘기한다. 서버가 영수증을 가져다주면 금액을 확인한 뒤 주고픈 팁과 음식 값을 함께 두고 나오면 된다. 만약 잔돈이 충분하지 않은 상황이라면 적당한 액수의 돈을 준 뒤 잔돈을 달라고 얘기한다. 이때 서버가 모두 잔돈으로 바꾸어 줄 수도 있고, 음식 값을 뺀 나머지를 가져다줄 수도 있다. 그럼 가벼운 마음으로 팁을 테이블에 올려놓고 나오면 된다.

레스토랑 위크

뉴욕에서는 일 년에 두 번, 레스토랑 위크가 열린다. 레스토랑 위크란 고급 레스토랑의 요리를 점심 3코스 29달러, 저녁 3코스 42달러에 즐길 수 있는 행사다. 물론 팁과 텍스는 포함되지 않은 금액이니 따로 지불해야 한다. 그래도 한 끼에 수백 달러를 호가하는 요리들을 저렴한 가격에 즐길 수 있다는 점에서 매우 매력적인 행사다. 1월과 7월에 열리지만 날짜는 매번 바뀌니 정확한 날짜를 알고 싶다면 뉴욕관광청 홈페이지(nycgo.com)에 접속해보자. 행사 기간 중 nycgo.com에 접속해 레스토랑 위크 알림판을 누른다. 원하는 식당과 날짜를 선택하면 예약 페이지로 이동한다. 예약 페이지는 미국에서 식당 예약을 하는데 자주 쓰이는 오픈테이블(www.opentable.com)이다. 인원과 원하는 시간 선택 후 자신의 연락처와 요구사항을 적으면 예약 완료! 미리 전화해 예약을 확인하는 레스토랑도 있으니 미국 내 연락 가능한 연락처가 없다면 "관광객이라 연락처가 없다. 그러나 꼭 제시간에 가겠다"고 써놓는 것도 좋다. 예약시간에서 15분 이상 늦으면 자동으로 예약이 취소되는 곳도 있다. 레스토랑 위크 때는 빽빽하게 예약을 채워 받기에 당신이 늦으면 많은 이들의 스케줄이 늦춰진다는 점을 꼭 기억하자!

EATING 02
뉴요커가 사랑하는 맛집 7

뉴요커들이 즐겨 찾는 맛집들. 그들이 오랜 시간 길게 줄을 서서 차례를 기다리는 데는 다 이유가 있다. 기다리는 시간조차 즐겁고 행복하게 만드는 뉴욕의 맛집들을 방문해보자.

달콤한 초콜릿 세상
맥스 브레너 Max Brenner

눈으로 보기만 해도 달콤한 초콜릿 냄새가 솔솔 풍겨오는 곳. 초콜릿 셰이크부터 초콜릿 퐁뒤, 초콜릿 피자까지 어린 시절, 상상 속에서 꿈꾸던 초콜릿 세상이 바로 당신의 눈앞에 펼쳐진다. 이름만 들었을 때, 그 맛이 의심되는 초콜릿 피자는 한 번 맛보면 잊을 수 없는 매력적인 메뉴다. 각종 과일과 쿠키, 마시멜로를 세 가지 초콜릿에 찍어 먹는 초콜릿 퐁뒤도 인기메뉴. **233p**

랍스터를 색다르게 즐기는 법
루크 랍스터 Luke`s Lobster

랍스터를 찜으로, 또는 구이로만 먹는다는 편견을 버리자. 맛있는 소스에 버무려진 통통한 랍스터를 바삭하게 구워진 빵과 함께 먹는 그 맛은 먹어본 사람만 안다. 루크 랍스터에서는 랍스터롤과 쉬림프롤, 크랩롤도 함께 판매하는데 모두 맛보고 싶다면 세 가지를 반씩 담아낸 테이스트 오브 메인taste of maine을 주문하면 된다. **190p**

윌리엄스버그의 맛집
카페 콜레트 Cafe Colette

브루클린 윌리엄스버그에 위치한 레스토랑. 브런치부터 저녁식사, 칵테일까지 한 곳에 즐길 수 있도록 다양한 메뉴를 갖추고 있다. 날씨가 좋을 때는 실외 가든을 오픈하는데 그곳에서 햇살을 만끽하며 즐기는 브런치 타임을 적극 추천한다. 브런치 인기 메뉴는 치킨 샌드위치! 소스와 두둑한 치킨패티, 신선한 재료의 조화가 만족스럽다. **291p**

자꾸 생각나는 그 맛
카페 하바나 Cafe Habana

마약 옥수수라 불리는 그릴드 콘을 파는 곳. 단돈 3.5달러면 매콤한 양념이 뿌려진 그릴드 콘을 맛볼 수 있다. 잘 구워진 노란 옥수수 위에 뿌려진 하얀 치즈가루와 양념 때문에 살짝 기침을 하게 될 수도 있지만 한 번 맛을 본다면 그 정도 수고쯤은 기꺼이 감수하게 된다. 자꾸 생각나는 중독성 있는 맛이다. `252p`

머스트 고
랍스터 플레이스 The Lobster Place

첼시 마켓 1층에 위치한 랍스터 플레이스는 신선한 랍스터를 저렴하게 먹을 수 있다는 점에서 인기가 많다. 통통한 랍스터 살에 레몬즙을 뿌리고, 함께 주는 버터에 콕 찍어 먹으며 쫄깃쫄깃한 그 맛을 음미해보자. 저렴한 가격과 신선도 덕분에 항상 만석이니 자리를 빨리 맡아놓는 것은 필수! `210p`

건강한 식사를 즐길 수 있는
웨스트빌 Westville

브런치부터 디너까지 다양한 메뉴로 사랑받는 뉴요커들의 레스토랑. 웨스트빌에서 가장 든든하게 즐길 수 있는 메뉴는 스테이크 샌드위치! 바게트에 잘 구워진 스테이크와 양파, 야채를 넣어 만든 샌드위치인데 한 끼 식사로 손색이 없을 정도로 푸짐하다. 점심, 저녁 어느 시간에 방문하더라도 즐겁게 식사하는 뉴요커들로 가득한 탓에 웨이팅이 꽤 긴 편이다. `215p`

패션피플의 단골집
루비스 카페 Ruby`s Cafe

소호의 패션피플들이 사랑하는 카페. 최근에는 인기 걸그룹이 방문했다고 해서 한국인 사이에서도 유명해진 곳이다. 대표적인 메뉴는 파니니에 고기 패티, 갖은 야채를 곁들인 브론테버거다. 쫄깃한 파니니 빵의 겉면을 바삭하게 구워주는데 아보카도나 샐러드, 베이컨 등 원하는 사이드 메뉴를 추가로 주문해 함께 즐길 수 있다. `251p`

EATING 03
차원이 다른 **뉴욕 버거 5**

미국인은 맥도날드만 먹을 것이란 편견을 버리자. 뉴요커들은 두툼한 패티에 신선한 채소를 가득 담은 수제 버거를 사랑한다. 그 어떤 요리보다 정성스럽게 숙성시킨 패티와 신선한 채소, 그리고 감칠맛 나는 소스로 만들어진 버거는 단연코 뉴욕 최고의 먹거리. 한국으로 돌아가면 더 이상 이 맛을 볼 수 없음에 당신도 슬퍼질 것이다.

모두가 사랑하는
셰이크 쉑 Shake Shack

우리나라에도 얼마 전 매장을 오픈한 그곳, 셰이크 쉑! 뉴욕 본 고장에서 맛보는 그 맛과 분위기는 조금 더 특별하다. 대표 메뉴인 쉑버거는 싱글과 더블, 두 종류로 주문이 가능하다. 채식주의자들을 위한 쉬룸버거의 치즈, 버섯 패티의 조합도 강력추천! 사이드 메뉴로는 따끈한 치즈 프라이와 달콤한 밀크셰이크가 있다. 더운 날엔 시원한 맥주와 곁들여도 좋다. **150p**

호텔에서 즐기는 일품버거
버거 조인트 Burger Joint

"버거 조인트를 빼고 뉴욕의 버거를 논하지 말라." 시간을 가리지 않고 줄 서 있는 뉴요커들로 매장은 발 디딜 틈이 없다. 주문 시 패티의 굽기 정도를 택할 수 있는데 이것에 따라서도 맛은 달라진다. 스테이크처럼 두꺼운 패티에 듬뿍 올린 토마토, 양파까지 더하면 한 입에 넣기 부담스러운 크기가 되지만 야무지게 꼭꼭 씹어 먹으면 절로 감탄사가 나올 것이다. 셰이크 쉑이 가볍게 즐길 수 있는 버거라면, 버거 조인트는 정말 제대로 즐길 수 있는 버거라는 사실! 잊지 말자. **151p**

블루치즈 마니아는 꼭!
슈니퍼스 Schnippers

관광객과 뉴요커가 반반 뒤섞인 셰이크 쉑과는 달리 이곳은 온통 뉴요커! 블루치즈를 먹어보지 않은 사람은 절대 블루치즈버거를 주문하지 말자. 맛이 깊고 고소한 블루치즈는 냄새가 매우 독특하기 때문에 막상 주문을 하고도 먹지 못하는 사람들이 많다. 그러나 블루치즈를 좋아하는 사람이라면 꼭 먹어보길. 메이플 디핑 소스를 곁들여 먹는 고구마튀김은 그 어떤 사이드 메뉴보다 달콤하고 바삭하다. 152p

미국 정통 버거
코너 비스트로 Corner Bistro

코너 비스트로 매장에 들어서면 '내가 맞게 찾아온 건가?' 하는 의문이 생길수도 있다. 정식 버거집이 아닌 바Bar이기 때문이다. 그러나 낮 시간부터 버거를 즐기는 사람들로 가득하니 걱정 말고 들어가자. 신선한 채소를 가득 담은 비스트로 버거는 버거 마니아라면 꼭 먹어봐야 할 메뉴. 고소한 치즈가 들어간 치즈버거도 인기가 좋다. 버거가 오픈된 상태로 서빙되니 취향에 따라 케첩을 더 추가해 먹을 수 있다. 미국 정통 버거를 맛볼 수 있다는 점에서 추천한다. 217p

Hip한 레스토랑
스파티드 피그 Spotted Pig

그리니치 빌리지에서 핫하게 뜨고 있는 레스토랑. 미슐랭 1스타까지 획득하면서 그 명성을 기나긴 웨이팅으로 증명하고 있다. 스파티드 피그의 베스트 메뉴는 블루치즈와 두툼한 패티를 얹은 찰그릴드 버거! 어떤 야채도 없이 빵과 블루치즈, 패티가 전부지만 자꾸만 끌리는 그 맛을 뭐라 설명할 방법이 없다. 함께 나오는 감자튀김은 슈스트링(신발 끈) 프라이라고 부르는데 이름만큼 얇디얇아서 더 매력적인 맛이다. 214p

EATING 04

명성이 자자한 **베스트 스테이크 3**

뉴욕의 스테이크는 특별하다. 그들만의 오랜 노하우로 정성껏 숙성시켜 알맞게 구워낸 스테이크를 입에 넣는 순간, 감탄하게 되는 맛이다. 여러 스테이크 명가 중에서도 한국인 입맛을 사로잡은 베스트 스테이크 하우스 세 곳을 소개한다.

예약 없이 가기 힘든 핫 플레이스
피터 루거 Peter Luger

한국 여행객들 사이에서 베스트 스테이크로 소문난 피터 루거! 예약하지 않으면 기본 한 시간 이상 기다려야 먹을 수 있고, 그것도 운이 좋아야 가능하므로 예약은 필수다. 배부르게 스테이크를 즐기고 싶다면 인원수에 맞춰서, 그렇지 않다면 스테이크는 인원수보다 적게 시키고 사이드 메뉴를 주문하는 게 좋다. 스테이크는 기름이 펄펄 끓는 뜨거운 그릇에 서빙되니 미디엄이나 미디엄 웰던으로 주문하는 것을 추천한다. 슬라이스 토마토&양파를 시켜 함께 먹으면 느끼하지 않아 좋다. 290p

오랜 역사를 자랑하는 스테이크 명가
올드 홈스테드 Old Homestead

1868년부터 미트패킹 한 자리에서 맛과 전통을 지켜온 올드 홈스테드. 맛뿐 아니라 질 좋은 재료, 친절한 응대로 뉴요커들 사이에 정평이 난 곳이다. 얇은 어니언 링을 스테이크 위에 얹어주는 고담 립 스테이크 온 더 본은 가격대비 맛과 양이 아주 훌륭한 메뉴. 이곳에서 반드시 주문해야 하는 또 다른 메뉴는 사이드 메뉴인 크림드 스피니치인데, 부드러운 크림소스와 시금치의 조화가 환상적이다. 많은 양 때문에 스테이크가 약간 질릴 때쯤, 크림드 스피니치 약간을 곁들여 먹으면 새로운 맛의 스테이크를 즐길 수 있다. 209p

악마는 스테이크를 좋아해
스미스 앤 울랜스키 Smith & Wollensky

영화 〈악마는 프라다를 입는다〉에 등장해 더욱 유명해진 맛집. 메릴 스트립이 앤 해서웨이에게 직접 배달시켰던 바로 그곳이다. 매장 전체가 근사하고 깔끔한 분위기라 잘 차려입은 뉴요커들이 즐겨 찾는 곳. 이곳은 필레미뇽(안심 스테이크)이 유명한데, 두툼한 안심 스테이크는 고소한 육즙 덕분에 씹을수록 그 맛이 예술이다. 스테이크가 느끼하다면 시저샐러드와 함께 곁들여 먹어도 좋다. 혼자 가더라도 여유 있게 식사를 즐길 수 있어서 더 좋은, 미드타운 최고의 스테이크집이다. 151p

EATING 05
아침을 더 풍성하게 만들어주는
뉴욕 브런치 4

마음까지 따뜻하게
카페 모가도르 Cafe Mogador

모로칸 스타일의 레스토랑. 샐러드에 들어가는 채소들이 신선하며 식감이 좋다. 이곳의 베스트 브런치 메뉴는 할루미 에그. 다른 곳의 에그 베네딕트와는 또 다른 맛이 있다. 톡 터지는 고소한 맛의 수란과 올리브, 채소들과의 조화가 훌륭하다. 수란을 좋아하지 않는다면 포슬포슬 부드러운 오믈렛을 추천한다. 기본 오믈렛에 기호에 따라 원하는 재료를 추가할 수 있는데 치즈와 버섯을 추가하는 것이 가장 무난하다. 달콤한 음식이 먹고 싶다면 블루베리 팬케이크도 굿 초이스. 유기농우유와 달걀을 사용하기에 더 믿음직스럽다. **238p**

뉴욕 속 작은 파리
부베트 Buvette

그리니치 빌리지의 아담하고 사랑스러운 레스토랑. 셰프인 조디 윌리엄스가 유럽 감성에 영향을 받아 오픈한 곳으로, 매장 인테리어부터 소품 하나하나까지 프랑스 느낌이 물씬 풍겨온다. 실제로 파리에도 부베트 매장이 있다고. 브런치와 식사 메뉴는 시즌에 따라 변동되지만 대부분의 메뉴가 다 맛있어 메뉴 선정이 어렵지 않다. 가장 추천하는 메뉴는 와플 샌드위치. 버터의 풍미가 진하게 느껴지는 버터밀크 와플에 서니 사이드 업 스타일의 달걀, 바삭하게 구워낸 베이컨, 마무리로 뿌려주는 달콤한 메이플 시럽까지 완벽한 조합을 선보인다. **213p**

브런치는 브랙퍼스트Breakfast와 런치Lunch가 더해진 말로, 우리말로는 아점을 뜻한다. 하루의 첫 식사인 만큼 든든하고 영양가 있는 메뉴가 많다. 그러면서도 맛은 자극적이지 않아 부담 없이 즐길 수 있다는 것이 장점. 뉴욕은 특히 브런치 명소가 많기로 소문난 도시다. 뉴요커들이 사랑하는 브런치 카페를 소개한다.

일요일 아침 행복함을 더해주는
조셉 레오나드 Joseph Leonard

일요일 아침, 그리니치 빌리지의 예쁜 하얀 집에 들어가면 옹기종기 앉아 있는 뉴요커들을 만날 수 있다. 부숑 베이커리 출신의 셰프는 가게의 크기만큼 소박하지만 알찬 메뉴를 선보인다. 아보카도의 색다른 매력이 돋보이는 아보카도 토스트가 특히 맛있다. 둥그런 모양의 해시 브라운도 인기메뉴. 겉은 바삭한데 안은 쫄깃해서 더 매력적인 맛이다. 달콤한 음식을 좋아한다면 블루베리가 올라간 토스트를 추천! 어딜 가나 있는 크로크 마담도 여기서는 더욱 풍성하게 나온다. **216p**

뉴욕 브런치의 고유명사
타르탱 Tartine

브런치 시간에는 줄을 서도 못 먹을 정도로 작은 레스토랑으로 뉴요커들의 발길이 끊이지 않는다. 자리에 앉으면 내어주는 오렌지주스를 마시며 메뉴를 천천히 살펴보자. 홈메이드 빵에 햄과 스위스치즈를 넣어 만든 크로크 무슈부터 부드러운 오믈렛까지 정성을 꼭꼭 담아 만든 브런치 메뉴들이 가득하다. 이곳의 에그 베네딕트는 조금 독특하다. 스모크드 햄에 감자조림이 함께 곁들여져 나오는데, 덕분에 양은 더욱 풍성해지고 맛과 영양까지 더해졌다. **217p**

EATING 06
뉴욕에서의 근사한 식사, 분위기 있는 레스토랑 5

한번쯤은 멋진 옷을 차려입고 근사한 레스토랑에서 식사를 해보자. 뉴욕시내의 많은 고급 레스토랑들은 2~3코스의 요리를 저렴한 가격에 즐길 수 있는 프리픽스 메뉴를 운영하고 있다. 고급 레스토랑에서 식사를 하고자 할 때는 미리 예약을 해야 헛걸음하는 수고를 덜 수 있다. 또 너무 간단하거나 격식에 맞지 않는 옷차림은 입장을 거부당할 수 있다. 스니커즈나 짧은 반바지 등은 피해서 입도록 하자.

Cosy한 아메리칸 레스토랑
ABC 키친 ABC Kitchen

모던하면서 코지한 느낌을 주는 레스토랑. 아메리칸 음식을 주 메뉴로 하고 있다. 활기찬 분위기로 젊은 뉴요커들이 즐겨 찾는 곳이다. 인기메뉴로는 짭조름한 게살을 상큼한 레몬과 곁들여 바삭한 토스트에 올린 크랩 토스트와 버섯, 파마산치즈, 오레가노를 조리한 피자에 살짝 익힌 달걀을 올린 머쉬룸 피자가 있다. 할라피뇨를 곁들인 와규 치즈버거도 인기메뉴. 전반적으로 가볍고 부담 없이 즐길 수 있는 메뉴들로 구성되어 있다. **232p**

유명 셰프 장조지의
누가틴 앳 장 조지 Nougatine at Jean Georges

한국에도 유명한 셰프 장 조지. 그의 레스토랑 시리즈 중 캐주얼 다이닝룸에 속하는 누가틴 앳 장 조지이다. 고급 레스토랑인 만큼 적당히 신경 써서 꾸미고 가자. 메뉴가 서빙될 때마다 매니저가 직접 메뉴에 대한 설명과 추천을 해준다. 음료는 상큼한 체리 유즈 에이드가 굿! 일반적인 요리도 이곳에서 주문하면 특별한 맛을 느낄 수 있다. 재료 본연의 맛과 향을 잘 살리면서 감칠맛을 더한 것이 특징이다. **185p**

에브리타임, 에브리데이
라파예트 그랜드 카페 앤 베이커리
Lafayette Grand Café & Bakery

아침을 시작하는 브런치부터 런치, 디너까지 언제와도 정성 가득한 프렌치 요리를 선보이는 곳이다. 브런치 추천 메뉴는 구운 연어와 달걀에 장밋빛 소롱소스를 곁들인 스모크드 살몬 에그 베네딕트. 훈제 연어와 소스가 부드럽게 어우러지는데, 입에 넣자마자 살살 녹는 느낌이다. 또 다른 추천 메뉴 블랙 마카로니는 런치나 디너 때 즐길 수 있는 식사 메뉴로 블랙 마카로니에 새우, 토마토, 마늘로 조리한 파스타다. **236p**

사랑스러운 프렌치 레스토랑
조조 Jo Jo

셰프 장조지 브랜드의 프렌치 레스토랑. 조용한 동네 분위기를 만끽하며 길을 따라 걸어보면 자그마한 주황색 건물이 보인다. 단품으로 시키는 것보다 코스로 구성된 프리픽스 메뉴를 선택하는 것이 더 좋다. 가격차이가 크지 않기 때문이다. 애피타이저로는 튜나 타르트를 추천, 메인 요리로는 슬로우리 베이크드 살몬을 추천한다. 두툼한 생연어를 미디움으로 구운 연어 스테이크인데 촉촉한 연어가 소스와 어우러지며 재료 본연의 맛을 이끌어낸다. 코스의 마지막, 디저트로는 장조지의 시그니처 메뉴 웜 초콜릿 케이크를 잊지 말자. **187p**

시푸드의 황홀한 변신
마레아 Marea

시푸드 전문 레스토랑. 미슐랭 2스타 레스토랑으로도 유명해서 일찍 예약해야 원하는 시간에 식사를 할 수 있다. 에피타이저로는 앤티패스티의 폴리포를, 메인 요리로는 스트로짜프레티 파스타를 추천한다. 폴리포는 구운 문어를 각종 야채와 곁들여낸 메뉴, 스트로짜프레티는 성게와 게살, 바질을 조리한 파스타인데 해산물을 좋아하지 않는 사람도 기꺼이 한 그릇을 다 비우게 하는 맛이다. **184p**

STEP 04
EATING

도미니크 앙셀

모모푸쿠 밀크 바

EATING 07
달콤한 뉴욕을 맛보다,
디저트 핫 플레이스

리얼 뉴욕 치즈케이크부터 우유를 따라 마시는 쿠키, 바삭한 시리얼을 곁들이는 아이스크림까지. 당신의 상상보다 훨씬 더 달콤한 도시 뉴욕의 디저트 향연이 펼쳐진다.

주니어스

르뱅 베이커리

밀피유 베이커리 카페

뉴요커를 애태우는
도미니크 앙셀 Dominique Ansel Bakery

시도 때도 없이 뉴요커들을 줄 서게 한다는 마성의 디저트 가게. 크루아상을 도넛 모양으로 여러 겹 쌓은 크로넛, 컵 모양으로 구운 쿠키에 주문 즉시 우유를 따라주는 디저트 쿠키샷, 주문 즉시 토치로 달궈주는 프로즌 스모어 등이 인기메뉴. 기발하면서도 맛있는 디저트 때문에 도미니크 앙셀은 항상 만원이다. `253p`

응답하라, 아이스크림!
모모푸쿠 밀크 바 Momofuku Milk Bar

아주 추운 날에도 생각나는 그 맛, 진하면서 달콤한 모모푸쿠 밀크 바의 시리얼 밀크 아이스크림이다. 바삭바삭한 콘프레이크가 아이스크림을 360도 감싸면 먹방 고수들은 다 안다는 그 맛, 단짠단짠의 콤보가 완성된다. `235p`

치즈케이크의 절대강자
주니어스 Junior`s

뉴욕 베스트 치즈케이크에 당당히 이름을 올리는 주니어스 베이커리. 이제는 한국에서도 그 맛을 볼 수 있지만 주니어스의 고향인 뉴욕에서 맛보는 것을 추천한다. 모든 종류가 다 맛있지만 특별히 하나만 고르자면 라즈베리 치즈케이크를 추천한다. `156p`

Unbelievable, 초콜릿 칩 쿠키!
르뱅 베이커리 Levain Bakery

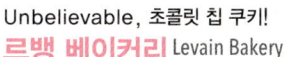

초콜릿 칩 쿠키로 뉴욕을 평정한 베이커리. 커다란 쿠키를 반으로 쪼개면 쿠키 사이에 두툼하게 박혀 있던 초콜릿들이 흘러내린다. 겉은 바삭하고 속은 촉촉하며 쫀득쫀득 달콤한 초콜릿 쿠키는 르뱅만의 전매특허! 2014년에는 허핑턴 포스트에서 선정한 '죽기 전에 먹어야 할 음식 25'에 선정되기도 했다. `186p`

프랑스 감성을 담은 자연주의 베이커리
밀푀유 베이커리 카페 Mille-feuille Bakery Cafe

파리에서 공부한 셰프 올리비에의 철학과 신념을 담아 건강하고 맛있는 프렌치 스타일의 디저트를 선보인다. 대표 메뉴는 밀푀유인데 바닐라, 프랄린, 초콜릿 세 가지 종류가 있다. 밀푀유를 포장하면 예쁜 상자에 담아주는데 선물용으로도 만족스럽다. `185p`

EATING 08
보기에도 좋고 맛도 좋은 컵케이크

누군가의 생일이나 집에서 작은 파티를 여는 날, 뉴요커들은 컵케이크를 준비한다. 알록달록 보기도 좋고 맛도 좋은 컵케이크는 파티에 빠져서는 안 될 메뉴! 오늘 컵케이크를 맛볼 계획이라면 조금 서두르자. 늦으면 텅 빈 쇼케이스만이 당신을 맞을 것이다.

알록달록 레인보우
스프링클 Sprinkles

장식은 심플하지만 맛은 정직한 컵케이크. 날마다 만드는 컵케이크의 종류가 다르니 미리 홈페이지를 확인하고 찾아가면 편하다. 대표적으로 바닐라와 바나나, 딸기 맛이 인기가 좋고, 독특하게 강아지를 위한 도기 컵케이크도 판매 중이다. 스프링클에서는 컵케이크 외에도 아이스크림을 판매하고 있는데, 가장 유명한 아이스크림은 레드벨벳! 스프링클의 레드벨벳 컵케이크와 크림치즈 프로스팅이 차갑고 쫀득한 아이스크림으로 다시 태어났다. 새빨간 콘의 비주얼도 매력적이다.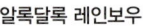

동심을 자극하는
슈가 스위트 선샤인
Sugar Sweet Sunshine

로컬 뉴요커들의 숨은 컵케이크 맛집. 이곳에서 가장 인기 있는 메뉴는 선샤인과 밥. 이름부터 사랑스러운 선샤인은 바닐라 케이크 위에 바닐라 버터크림을 얹은 컵케이크. 크림 색깔은 알록달록 다양하지만 맛은 모두 같다. 밥은 바닐라 케이크 위에 초콜릿 아몬드 버터크림을 얹은 컵케이크로 불량식품 같은 비주얼을 자랑한다. 컵케이크 외에도 레드벨벳, 커피, 바나나 등 다양한 푸딩 종류를 판매하고 있다. **254p**

어퍼 이스트 사이더가 사랑하는
투 리틀 레드 헨스 Two Little Red Hens

주말 저녁이면 줄이 매장 밖까지 이어지는 베이커리. 미니사이즈 컵케이크와 주먹 크기의 컵케이크를 판매하고 있다. 컵케이크의 기본인 레드벨벳도 맛있지만 당근 컵케이크와 보스턴크림 컵케이크를 추천한다. 당근 컵케이크는 크림치즈와 작게 씹히는 당근이 조화를 이루며 독특한 맛을 낸다. 보스턴크림 컵케이크는 안에 슈크림이 가득 들어 있어 달콤하고 부드러운 맛을 느낄 수 있다. 닭과 병아리 소품이 가득한 매장을 둘러보는 재미도 쏠쏠하다. **188p**

포슬포슬한 컵케이크
버터 레인 Butter Lane

이스트 빌리지에 위치한 작은 컵케이크집. 다양한 종류의 아이싱과 컵케이크를 선보이고 있다. 버터 레인에서 컵케이크를 선택할 때 기억해야 할 두 가지가 있다. 빵과 아이싱이다. 어떤 빵에 어떤 아이싱을 올릴지만 결정하면 되는데, 가장 인기 있는 컵케이크는 초코 케이크에 크림치즈 아이싱을 올린 조합이다. 부드러운 아이싱과 포슬포슬한 케이크가 하모니를 이룬다. **237p**

스트레스를 날리는 달콤함
매그놀리아 베이커리
Magnolia Bakery

컵케이크의 바이블이라는 레드벨벳부터 파스텔 톤의 알록달록한 여러 종류의 컵케이크들은 보기만 해도 달콤하고 황홀하다. 그러나 '너무 달다'고 평가하는 사람도 있으니 한 번에 조금씩만 구입해 먹어보도록 하자. 이곳의 또 다른 베스트 메뉴는 달콤하면서도 부드러운 바나나 푸딩. **212p**

EATING 09
뉴욕에서 만나는 다른 나라 음식들

다인종이 살고 있는 뉴욕. 고향의 맛을 그리워하는 그들을 위해 하나둘씩 생겨난 다국적 음식점들이 이제는 뉴욕의 일부가 되었다. 국적만큼 맛도 모양도 다양한 다국적 음식, 은근히 중독성 있는 그 맛에 당신도 푹 빠질 것이다.

베트남을 그대 품 안에
사이공 마켓 Saigon Market

저렴한 가격에 푸짐한 양으로 유명한 사이공 마켓은 퓨전 베트남 요리 음식점이다. 기름지고 느끼한 뉴욕 음식에 질려간다면 사이공 마켓으로 가자. 번쟈오는 새우, 치킨, 소고기 중 하나를 선택할 수 있는 메뉴로, 타이 음식 팟타이라고 생각하면 된다. 추엉누엉(폭찹)도 우리나라의 돼지갈비와 비슷한 맛으로 짭조름해서 밥과 함께 먹으면 든든한 식사가 된다. 정사각형의 큐브 모양 볼루락은 이곳의 베스트 메뉴. 입에 넣고 한입 씹으면 육즙이 가득 나와 마치 스테이크를 먹는 기분이다. `234p`

딤섬의 재발견
놈 와 티 팔러 Nom Wah Tea Parlo

뉴요커들이 오랜 시간 즐겨 찾는 차이나타운 맛집. 동네에서 입소문을 타게 되면서 중국인뿐 아니라 뉴요커들도 놈 와를 찾게 되었고, 지금까지도 차이나타운에서 맛있는 딤섬과 중국요리를 선보이고 있다. 오랜 전통을 가진 딤섬이 이곳의 인기 메뉴인데, 다양한 딤섬이 제공되는 스팀드 딤섬 샘플러 메뉴가 있다. 샘플러에는 포함되지 않지만 스터프드 에그플랜트도 유명한 메뉴. 새우와 쪽파를 튀겨내 가지에 채워 넣고, 소스를 부어낸 음식이다. 쫄깃쫄깃한 새우와 가지, 소스의 조화가 훌륭하다. `256p`

어서 와, 할랄은 처음이지?
할랄 가이즈 The Halal Guys

뉴욕의 작은 핫도그 카트에서 시작된 할랄 가이즈는 이제 길게 줄을 서야만 하는 핫 플레이스가 되었다. 치킨이나 양고기와 밥, 양상추 및 토마토, 피타 빵을 동그란 그릇에 담아주는데, 두 가지 고기를 함께 주문할 수도, 따로 원하는 것만 주문할 수도 있다. 양고기가 익숙하지 않다면 치킨 앤 라이스를 주문해보자. **153p**

당신이 뉴욕을 만났을 때
카츠 델리카드슨 Katzs Delicatessen

클린턴 전 대통령, 제이크 질렌할 등 유명인들이 즐겨 찾는 곳. 원래 유대인 식당으로 문을 열어 지금은 많은 뉴요커들이 몰리는 맛집이 되었다. 유대인들이 즐겨 먹던 카츠 패스트라미 샌드위치가 인기 메뉴! 패스트라미는 소고기의 특정 부위를 양념한 후 소금, 마늘을 비롯한 양념에 문질러 훈제한 고기다. 이 패스트라미를 어마어마한 두께로 넣어 만들어주는 샌드위치가 대표메뉴. 영화 〈해리가 샐리를 만났을 때〉를 촬영한 장소로 유명하다. 당시 그들이 앉았던 자리엔 천장에 표시가 달려 있다. **257p**

뉴욕을 사로잡은 스시
노부 Nobu

까다로운 뉴요커의 입맛을 사로잡은 일식집 노부. 깔끔한 인테리어와 군더더기 없는 담백한 맛이 노부의 장점. 애피타이저는 서양인들도 쉽게 즐길 수 있도록 토마토나 파프리카, 아스파라거스 같은 재료들로 만들어진다. 신선한 재료를 사용해서 더 맛있는 노부! 뉴욕에서 느끼한 양식들만 먹었다면 한 끼 정도는 노부에서 담백한 일식을 만나는 것도 좋겠다. **273p**

캄보디아식 샌드위치
눔 팡 Num Pang

뉴욕에서 만나보는 캄보디아식 샌드위치. 아삭아삭한 오이에 절인 당근, 두툼한 고기, 달콤한 소스까지 더해져 색다른 맛을 자랑한다. 고수풀을 싫어하는 사람도 기꺼이 하나 다 먹게 되는 마성의 음식! 육즙과 소스가 자꾸 흐르니 냅킨으로 돌돌 말아 크게 한 입 먹어보자. 이곳의 인기 메뉴는 풀 두룩 포크 샌드위치다. 2009년 유니언 스퀘어에 오픈한 이후 큰 인기를 얻어 첼시 마켓, 브룩필드 스페이스 등 유명 쇼핑몰에 입점하게 되었다. 단시간에 뉴욕을 사로잡은 그 맛을 경험해보자. **274p**

EATING 10
마이 페이버릿 **뉴욕피자**

미드나 영화를 보면 뉴요커들이 커다란 조각피자를 먹는 장면이 나온다. 피자를 간식으로, 또 식사로 즐겨 먹는 뉴요커들. 뉴욕피자는 어떤 맛일까, 궁금해하던 당신에게 아주 유명한 피자집 롬바르디스와 뉴요커들만 아는 피자집 포르니노를 소개한다.

미국 최초의 피자가게
롬바르디스 피자 Lombardi's Pizza

100년이 넘는 전통을 이어온 맛집답게 항상 사람들로 가득하다. 주문할 때는 피자 사이즈를 먼저 정하고 토핑을 선택하면 된다. 토핑을 너무 많이 올리면 오히려 맛을 해칠 수 있으니 3개 정도가 가장 적당하다. 느끼하지 않고 담백한 맛이 이곳의 장점. 미국 맛집을 평가하는 자갓 서베이에서도 '지상 최고의 맛!'이라 평가했으니 아무리 입 아프게 설명해도 부족할 정도다. `258p`

브루클린을 사로잡은 피자
포르니노 Fornino

브루클린 뉴요커들 사이에 유명한 피자집이 있다는 소문을 듣고 찾아간 곳. 다양한 종류의 피자가 있어 처음 메뉴판을 접하면 당황스러울지 모른다. 메뉴 고르기가 망설여진다면 가장 기본인 마르게리타 클래식 메뉴를 추천한다. 화덕에 구워낸 쫄깃한 도우, 감칠맛 나는 토마토 소스, 모차렐라 치즈의 조화가 매력적이다. 신선한 야채로 그릇을 가득 채워주는 시저샐러드와 함께 먹으면 더욱 맛있다. `292p`

EATING 11
뉴욕 최고의 베이글은?
에사 베이글 VS 머레이스 베이글

뉴요커들의 단골 아침 메뉴 베이글. 가장 기본이 되는 베이글부터 곁들여 먹는 크림치즈 종류까지 다양한 이곳에서 나만의 베이글 레시피를 만들어보자.

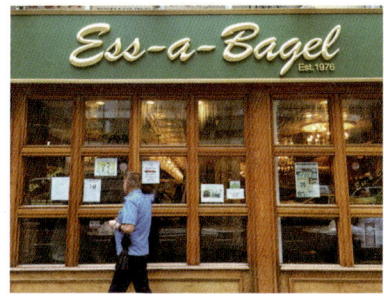

살살 녹는 그 맛
에사 베이글 Ess-a-Bagel

베이글 백화점 같은 곳. 취향에 따라 플레인, 양파, 시나몬, 세서미(깨), 에브리싱 중 선택할 수 있다. 크림치즈 종류 또한 여러 가지. 원하는 베이글과 재료를 조합하여 샌드위치로 만들면 식사대용으로 먹을 수 있다. 에사 베이글의 인기 메뉴는 부드러운 훈제 연어와 크림치즈의 조화가 환상적인 연어 크림치즈 베이글! 베이글을 토스트 해달라고 주문하면 훨씬 더 바삭한 베이글을 즐길 수 있다. **152p**

다양한 크림치즈의 향연
머레이스 베이글 Murray`s Bagel

미드타운에 에사 베이글이 있다면 유니언 스퀘어에는 머레이스 베이글이 있다! 베이글과 크림치즈뿐 아니라 참치, 새우, 랍스터 등 다양한 샐러드 메뉴도 판매하고 있어서 간단히 식사를 즐길 수도 있는 곳. 머레이스 베이글은 딸기 크림치즈가 유명한데, 달콤하면서도 진한 크림치즈 맛에 과육이 씹히는 것이 정말 일품이다. **218p**

STEP 04
EATING

EATING **12**

커피 향으로 가득한 뉴욕

뉴욕에 스타벅스만 가득할 것이라는 편견은 버리자. 오랜 시간 한 자리에서 뉴요커들의 티타임을 책임져왔던 카페들은 과연 어떤 모습일까.

자꾸만 끌리는 카페라테
블루 보틀 Blue Bottle

커피 맛 까다롭기로 유명한 뉴요커를 사로잡은 블루 보틀. 2010년 브루클린에 매장을 오픈하면서 뉴요커들의 입소문을 타기 시작했다. 부드러우면서 깔끔한 맛의 블루 보틀 라테는 달콤한 디저트와 함께 즐기면 좋다. 특히 비 오는 날, 브라이언트 파크 매장에서 공원을 바라보며 마시면 더욱 분위기 있다. 날씨가 좋을 때는 하이라인 파크 안에 있는 지점을 추천한다. **154p**

커피에 행복을 담아주는 곳
스텀프타운 커피 로스터스 Stumptown Coffee Roasters

이른 아침, 커피를 주문하기 위해 길게 줄을 서 있는 사람들, 그리고 그 사이에서 들리는 활기찬 목소리와 주고받는 따뜻한 미소. 커피를 주문하면 행복과 친절까지 함께 담아주는 스텀프타운의 아침 풍경이다. 스텀프타운이 유명한 진짜 이유는 깔끔하면서도 깊이 있는 커피 맛 때문이다. 더운 여름에는 콜드 브루 커피를, 추운 날에는 아메리카노나 라테를 추천한다. **219p**

커피는 아트다
조 디 아트 오브 커피 Joe The Art Of Coffee

'JOE'라고 쓰여 있는 조그만 가게 안이 사람들로 북적인다. 감각적인 인테리어와 아기자기한 소품들도 눈에 띈다. 라테를 주문하면 아주 곱고 미세한 우유거품들이 한가득 담겨 나오는데, 한 모금 마셔 보면 진하면서도 부드러운 그 맛에 감탄할 것이다. 커피도 아트로 승화시킨 조 디 아트 오브 커피. 줄여서는 '조커피'라고 귀엽게 부르기도 한다. '조커피'의 커피 향은 모든 풍경을 라테처럼 부드럽게 그려주는 매력이 있다. **234p**

부드러운 에스프레소 맛이 예술인
나인스 스트리트 에스프레소 Ninth Street Espresso

보통 사람은 쉽게 마시기 망설여지는 에스프레소를 자신 있게 주 메뉴로 판매하는 곳. 에스프레소와 우유의 양에 따라 메뉴가 다양하게 구성되어 있다. 본점은 이스트 빌리지에 있지만 첼시 마켓 지점에서 간단하게 마실 수 있어 첼시 마켓 지점 방문을 권하고 싶다. 에스프레소의 진한 맛을 싫어하는 사람도 그 진가를 알게 되는 마법 같은 에스프레소. **212p**

EATING 13
뉴요커처럼 장 보기, **뉴욕 마켓 3**

조금 비싸더라도 몸에 좋은 음식들이 있다면 기꺼이 찾아가는 뉴요커들. 뉴욕의 집값을 좌우한다는 홀 푸드 마켓부터 저렴한 가격에 선택의 폭이 넓은 트레이더 조, 미드타운 접근성이 좋은 푸드 엠포리엄까지 다양한 마켓을 소개한다.

> **Tip** 거리 곳곳에서 Walgreens, DUANE reade, Rite Aid이란 상호를 발견할 수 있다. 우리나라의 체인 편의점이라고 생각하면 된다. 하지만 편의점보다 규모가 훨씬 크고 판매하는 상품이 다양해서 간단한 생필품이 필요하거나 물, 과자, 초콜릿 같은 제품을 구입할 때 이용하면 편리하다. 가격도 다른 마트에 비해 많이 비싸지 않고 오히려 행사제품을 이용하면 저렴하게 구입할 수 있다.

건강한 뉴요커를 만든다
홀 푸드 마켓 Whole Foods Market

자기 몸은 끔찍하게 생각하는 뉴요커들이 제일 사랑하는 슈퍼마켓. 슈퍼라기엔 규모도 크고 상품 종류도 매우 많다. 그리고 다른 마트에 비해 가격대가 있는 편이다. 유기농 제품을 판매하기 때문. 베이커리 코너도 따로 있고, 집에 가져가 데우기만 하면 되는 요리들도 준비되어 있다. 가장 인기 있는 코너는 입맛대로 골라 무게를 달아 계산하는 샐러드 바. 샐러드 외에도 스프, 볶음밥 등 다양한 메뉴가 준비되어 있으니 풀밭이 아닐까, 하는 걱정은 접어두자. 원하는 메뉴를 적당히 골라 페이퍼박스에 담아 가까운 파크에 앉아 점심을 먹으면 이 순간 당신이 바로 뉴요커! 유기농 생활용품과 탐스 슈즈도 판매하고 있다.

저렴하지만 알찬
트레이더 조 Trader Joe's

홀 푸드 마켓에 비싼 유기농 상품이 대부분이라면 트레이더 조스는 조금 다르다. 홀 푸드 마켓보다 훨씬 저렴하고 다양한 상품들이 가득한 곳으로 물건의 회전이 빨라 신선도와 품질도 좋다. 이곳의 상품이 저렴한 이유는 트레이더 조에서만 판매하는 PB상품 때문이다. 치즈, 요구르트부터 각종 드레싱, 육류 등 종류가 다양해서 이것저것 구경하다 보면 시간이 금방 지나간다. 감자칩에 커피, 차 정도지만 무료 시식 행사에 참여하는 것도 쏠쏠한 재미. 유기농 과일 등도 저렴하게 판매한다. 음식 외에 맥주, 와인, 생필품도 저렴하게 구입할 수 있다.

관광지 근처에서 즐기는 간단 쇼핑
푸드 엠포리엄 The Food Emporium

맨해튼 곳곳에 매장이 있는 푸드 엠포리엄에는 생필품 및 식재료부터 바로 먹을 수 있는 샌드위치와 롤, 샐러드, 그리고 머핀과 케이크까지 다양한 제품이 준비되어 있다. 구입한 음식을 먹고 갈 수 있는 작은 공간도 마련되어 있어 간단한 식사를 즐기기에 손색이 없다. 푸드 엠포리엄에서 가장 추천하는 상품은 버터 럼 머핀이다. 1.5달러에 판매되는 버터 럼 머핀은 저렴한 가격임에도 버터의 풍미가 느껴지는 맛 때문에 제일 먼저 품절되는 메뉴. 따뜻한 아메리카노와 조화가 좋은 간식이다.

Step 05
SHOPPING
뉴욕을 사다

01 뉴욕에서 알뜰한 쇼핑하기
02 이월상품도 신상처럼! 뉴욕의 아웃렛
03 신상품으로 가득한 뉴욕의 백화점
04 걷는 재미가 쏠쏠한 뉴욕의 쇼핑거리
05 놓치지 말자, 잇 브랜드!
06 내 집의 품격을 높이는 리빙 브랜드 5
07 숨겨진 보물창고, 뉴욕 서점 투어
08 워너비 패셔니스타, 패션 소품 숍
09 아기자기한 기념품 숍

SHOPPING 01
뉴욕에서 알뜰한 쇼핑하기

뉴욕엔 각자의 특색을 가진 쇼핑거리, 아웃렛, 숍들이 가득하다. 명품부터 의류, 전자기기까지 가격에 거품을 뺀 물건들이 많으므로 내가 어떤 브랜드를 좋아하고, 어떤 상품에 관심이 있는지 잘 알고 있다면 쇼핑할 장소를 찾는 것은 시간문제. 구입 전 사이즈와 전압 등을 고려해 구매 리스트를 만든 후 가격 비교 과정을 거쳐 계획성 있게 구매하도록 하자.

1. 교환, 환불이 비교적 쉽다
너무 예쁘고 저렴해서 고민도 하지 않고 사버린 물건. 그러나 다음 날 다시 보니 별로라면? 교환, 환불이 자유로운 뉴욕에서는 영수증에 적힌 기간 내에 교환과 환불이 가능하다. 그러나 택을 제거하지 않은 미사용 제품이어야 하며 영수증을 꼭 챙겨야 한다. 그리고 숍의 규정에 따라 세일 상품은 교환, 환불이 되지 않는 경우도 있으니 구매 전에 꼭 확실히 알아볼 것! 환불을 매장에서 사용 가능한 크레딧(포인트)으로만 해주는 경우도 있다.

2. 가격표와 지불 금액이 다른 이유는?
한국과 달리 뉴욕은 세금(Tax)이 따로 부과된다. 2017년 기준으로 의류와 신발 품목을 구입했을 때, 가격이 110달러 이상이라면 8.875%의 세금을 더 내야 한다. 그러나 여러 개의 상품을 더해서 110달러 이상이라면 걱정하지 않아도 된다. 단일 품목이 110달러 이상인 상품에만 적용되기 때문이다.

3. 나라마다 다른 사이즈, 꼼꼼하게 알아두자

여성 의류 사이즈 비교표

한국	44	44 1/2	55	55 1/2	66	66 1/2	77	77 1/2	88	88 1/2
	85		90		95		100		105	
미국 US	XXS	XS	S		M		L		XL	
	0	0	2	4	6	8	10	12	14	16
영국 UK	6		8		10	12	14	16	18	20

남성 의류 사이즈 비교표

한국	90-95	95-100	100-105	105-110	110
미국 US	S	M	L	XL	XXL
영국 UK	1	2	3	4	5

4. 대표적인 뉴욕 세일 기간은?

계절별로 정기 세일기간이 있는 한국과 달리 뉴욕은 한 달에도 두세 번의 세일 기간이 있다. 하지만 세일이라는 표시에 속아 덜컥 카드를 내밀지는 말자. 파격적인 할인율을 자랑하는 빅세일 기간은 정해져 있다. 여기 대표적인 빅세일 기간을 안내한다. 마음에 드는 상품이 있다면 세일 시작과 동시에 달려가야 원하는 물건을 구입할 수 있다.

- **1월 신년 세일** New Year Sale

전년도 상품들을 큰 할인율로 세일하는 기간. 빨리 서두르지 않으면 제품이 없다.

- **5월 메모리얼데이 세일** Memorial Day Sale

주로 봄 제품을 세일하는 기간. 간절기 옷을 구매해두기 좋다. 30~50%의 할인율.

- **7월 독립기념일 세일** Independence Day Sale

7월 4일 미국의 독립기념일 약 일주일 전부터 세일 시작. 상반기 가장 큰 할인율을 자랑한다.

- **9월 노동절 세일** Labor Day Sale

봄, 여름 상반기 제품을 할인하는 세일. 할인율이 크다.

- **11월 추수감사절 세일** Thanksgiving Day Sale

11월 넷째 주 목요일부터 크리스마스까지 지속된다. 30%의 할인율.

- **11월 블랙 프라이데이 세일** Black Friday Sale

추수감사절 다음 날. 1년 중 가장 큰 세일로, 새벽부터 매장 앞에 줄을 서 오픈을 기다린다. 가방이나 신발 등의 제품은 인터넷으로 미리 주문해도 좋다.

- **12월 크리스마스 세일** Christmas Sale

크리스마스 기념 세일. 이 기간부터 신년세일 기간까지 하반기 제품 세일이 계속된다.

SHOPPING 02
이월상품도 신상처럼!
뉴욕의 아웃렛

뉴욕은 시내에 아웃렛이 많다. 고르지 않은 진열에 가끔 태그가 없는 물건들도 있지만 그런 물건을 잘 살펴볼수록 유명 디자이너 제품일 확률이 높다. 미리 유명 브랜드와 제품들을 알아두었다가 아웃렛에서 적극적으로 발품을 팔아보자.

© Tanger Outlets

뉴요커들의 쇼핑명소
탠저 아웃렛 Tanger Outlets

현지 뉴요커들이 자주 찾는 쇼핑몰. 고가의 명품브랜드는 없지만 케이트 스페이드 뉴욕, 제이크루, 캘빈클라인처럼 실용적이면서 잘 알려진 브랜드들이 입점해 있어 쇼핑에 큰 어려움은 없다. 사람이 너무 많아 오랜 시간 기다려야 하는 우드버리 아웃렛에 질렸다면, 꼭 필요한 제품만 알뜰하게 구매하고 싶은 당신이라면 탠저 아웃렛으로 가자. 맨해튼의 펜 스테이션에서 기차로 1시간 20분 정도 소요되는 거리에 위치하고 있으며 DEER PARK 역에 하차한 뒤 탠저 아웃렛 셔틀버스에 탑승하면 된다. LIRR 왕복 티켓 가격은 약 22달러.

Data 가는 법 펜 스테이션에서 LIRR 타고 DEER PARK에서 하차 후 아웃렛 셔틀버스 이용. 약 1시간 20분 소요
주소 152 The Arches Circle Deer Park, NY 11729
전화 631-667-0600
운영시간 월~토 09:00~18:00, 일 10:00~20:00
홈페이지 www.tangeroutlet.com/deerpark

하루가 부족한 쇼핑몰
우드버리 커먼 프리미엄 아웃렛
Woodbury Common Premium Outlets

한국에도 있는 프리미엄 아웃렛이지만 우드버리에서는 한국보다 다양한, 그리고 고가의 명품 브랜드를 만나볼 수 있다. 하루 종일 쇼핑해도 모든 매장을 다 방문하기엔 역부족이니 방문 전, 지도를 인쇄하고 관심 있는 브랜드를 표시하면서 동선을 짜면 훨씬 편리하다. 포트 어서리티 터미널에서 우드버리행 표를 구입할 때는 쿠폰북을 포함한 티켓 가격이 더 비싸므로 쿠폰북이 필요 없다고 말하면 더 저렴하게 표를 구입할 수 있다.

Data 가는 법 지하철 A, C, E선 포트 어서리티 터미널에서 버스로 약 1시간 소요
주소 498 Red Apple Ct, Central Valley, New York, NY 10917
전화 845-928-4000
운영시간 09:00~21:00(세일 기간 오픈시간은 홈페이지 참고)
홈페이지 www.premiumoutlets.com/woodburycommon

창고세일을 연상케 하는
센추리 21 Century 21

뉴욕에만 총 5개의 지점을 가지고 있는 센추리 21은 중저가 브랜드부터 고가의 브랜드까지 두루두루 갖추고 있다. 특정 브랜드 제품뿐 아니라 침구부터 신발, 의류, 가방, 각종 액세서리까지 갖추고 있으며 물건들의 종류도 매우 다양하다. `192p`

있을 건 다 있다
티제이 맥스 T.J maxx

센추리 21보다 매장 규모는 작지만 맨해튼 내에 고루고루 퍼져 있는 티제이 맥스. 같은 제품이 센추리 21보다 저렴할 때도 있다. 다른 아웃렛 매장들에 비해 디스플레이가 산만하고 사이즈가 많이 없는 대신, 잘 찾으면 좋은 물건을 저렴한 가격에 구입할 수 있다.

생활용품부터 패션소품까지
마샬 Marshalls

디자이너 브랜드의 의류와 가방부터 머그, 선반 등 생활용품까지 한 곳에서 구입할 수 있는 아웃렛. 과자, 향신료 등 다양한 식품도 판매하고 있다. Clearance 코너에서 수량이 얼마 남지 않은 제품을 최저가에 판매하곤 한다.

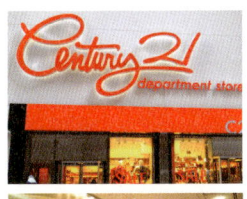

가까이에서 즐기는 알뜰쇼핑
저지 가든 몰 The Mills at Jersey Gardens

비가 오거나 더운 날에도 쾌적하게 실내에서 쇼핑할 수 있는 아웃렛. 뉴욕에서 버스로 30분 거리에 있다. 포트 어서리티 터미널 창구에서 '저지 가든 몰'행 티켓을 달라고 하면 왕복 티켓과 버스 시간표를 준다. 왕복 티켓은 약 14달러로 총 2장인데 1장은 잃어버리지 않게 잘 보관해두었다가 돌아올 때 내야 한다. 코치, 마이클 코어스, 랄프로렌, 팀버랜드 등 약 200개의 브랜드가 입점해 있다.

`Data` 가는 법 포트 어서리티 터미널에서 버스로 약 30분 소요 주소 651 Kapkowski Rd, Elizabeth, NJ 07201-4901 전화 908-436-3005 운영시간 월~토 10:00~21:00, 일 11:00~19:00 홈페이지 www.simon.com/mall/the-mills-at-jersey-gardens

SHOPPING 03
신상품으로 가득한 뉴욕의 백화점

특별히 구입할 것이 없더라도 뉴욕의 백화점엔 꼭 들러보자. 최신 상품으로 디스플레이되어 있는 매장과 시즌별로 아름답게 장식된 로비가 있는 곳. 뉴요커들이 사랑하는 백화점은 어떤 모습일까.

뉴욕의 명물
메이시스 Macy`s

세계에서 가장 큰 백화점이었던 메이시스. 백화점 한 층을 도는 데만 해도 시간이 꽤 걸린다. 직원이 계속 따라다니며 도와주려는 우리나라와 달리, 미국은 백화점에서도 자율적인 모습. 이것저것 고르다가 도움이 필요하면 직원을 부르자. 직원은 신상품을 걸쳐본 당신에게 엄지손가락을 치켜들며 이렇게 외칠지도 모른다. "It`s yours!" 메이시스 정문 앞 광장에서 유명 가수의 콘서트나 다양한 행사가 진행되기도 한다. **158p**

다양한 디자이너 브랜드가 있는
블루밍데일즈 Bloomingdale`s

미국에서는 '블루미'라고도 불리는 미국을 대표하는 백화점 중 하나. 맨해튼에는 어퍼 이스트 사이드 쪽 렉싱턴 애비뉴와 소호, 두 곳에 지점이 있다. 영화 <세렌디피티>에서 주인공들이 첫 만남을 하게 된 장소로도 유명하다. 국내에서 인기를 끌고 있는 레베카 밍코프, 이큅먼트, 커런트 엘리엇 등 디자이너 브랜드 제품을 구입할 수 있다. **194p**

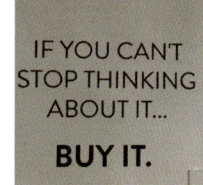

뉴욕 전통의 백화점
삭스 핍스 애비뉴 Saks Fifth Avenue

록펠러 센터와 5번가 애비뉴 근처에 위치한 백화점. 1층은 각종 화장품과 명품관이 입점해 있다. 여러 브랜드의 제품들을 한 자리에서 비교하기 쉽다는 것이 장점. 백화점 자체 상품을 제작해 판매하기도 한다. 삭스 핍스 애비뉴의 인터넷 쇼핑몰은 한국으로 배송도 가능하기에 해외 구매를 할 수도 있다. 교외 아웃렛에 방문했을 때 삭스 핍스 애비뉴 매장이 있다면 그냥 지나치지 말자. 마치 작은 백화점처럼 다양한 브랜드의 제품이 당신을 맞이할 것이다. **159p**

가십걸의 쇼핑 스폿
헨리 벤델 Henri Bendel

가십걸의 어퍼 이스트 사이더 주인공들이 쇼핑하던 헨리 벤델 플래그십 스토어. 화장품, 액세서리를 한 곳에서 만나볼 수 있는 편집매장이다. 백화점이라기엔 조금 아담한 규모지만 여성들의 취향에 꼭 맞게 인테리어된 매장 곳곳이 사랑스럽다. 헨리 벤델에서 유명한 상품은 유니크한 매력의 액세서리들이다. 별처럼 반짝이는 헤어밴드부터 팔찌, 목걸이까지 어느 하나 눈길이 가지 않는 상품이 없다. 정신을 바짝 차리지 않으면 지갑이 무장해제 되는 곳. **159p**

SHOPPING 04
걷는 재미가 쏠쏠한 **뉴욕의 쇼핑거리**

같은 브랜드 매장이라도 쇼핑거리마다 디스플레이가 조금씩 다른 이유는 바로 거리 각자의 특색과 느낌이 다르기 때문이다. 화려하고 근사한 5번가 애비뉴부터 활기가 느껴지는 소호, 붐비지 않아 더 여유롭고 쇼핑하기 좋은 그리니치 빌리지까지. 뉴욕 쇼핑 거리는 수십 가지 얼굴로 당신을 맞이할 것이다.

세일도 비켜가는 명품의 강자 5번가
5번가 애비뉴 5th Ave

뉴욕에서 가장 유명한 명품 쇼핑 거리로 핍스 애비뉴라 불리는 곳. 고급 백화점부터 명품 브랜드숍으로 가득해 마치 커다란 실외 백화점에 방문한 기분이다. 입구에서 빛나는 조명은 이곳의 야경을 더욱 특별하게 만들어주는 포인트. 고디바 초콜릿 매장이나 자라 같은 SPA 브랜드 매장도 있다. 맞은편 플라자 호텔 푸드홀에서 간단히 식사와 디저트를 즐길 수도 있다. 157p

아기자기한 거리
그리니치 빌리지 Greenwich Villege

자그마한 마을 같은 웨스트 빌리지. 그 한쪽을 차지하고 있는 그리니치 빌리지도 센스 있는 뉴요커들이 선호하는 쇼핑거리다. 5번가 애비뉴나 매디슨 애비뉴처럼 쭉쭉 뻗은 고층 건물은 없지만, 소박한 1층짜리 건물에 신상품을 가득 진열해놓은 매장들이 줄을 서 있다. 아기자기하면서도 세련된 맛에 그리니치 빌리지만 찾는 뉴요커들도 있을 정도. 브런치 맛집이 많아 쇼핑과 식사를 함께 즐기기에 좋다. 206p

눈으로 즐기는 사치
매디슨 애비뉴 Madison Ave

5번가 애비뉴에 비해 관광객들에게 덜 알려져 훨씬 조용하고 한적한 분위기로 현지 뉴요커들이 많이 방문하는 곳. 그러나 매장 분위기나 디스플레이, 크기는 5번가 애비뉴에 뒤지지 않는다. 길에 사람이 많지 않아 뉴욕에서의 스냅사진을 찍기도 좋다. 할리우드 스타처럼 파파라치 콘셉트로 한 장 찍어보는 건 어떨까. 194p

명품과 빈티지의 조화
소호 Soho

뉴욕의 젊은 패셔니스타들이 모인 쇼핑 플레이스. 본래 예술가의 거리였던 이곳에 감각적인 고급 부티크와 갤러리들이 들어서면서 더욱 유명세를 타게 되었다. 트렌디하고 젊은 브랜드들로 가득하지만 고급 브랜드들도 많아 각자의 취향과 수준에 맞는 쇼핑을 한 곳에서 즐길 수 있다. 다양한 노선의 지하철이 있어 교통이 편리하다는 장점이 있다. 249p

STEP 05
SHOPPING

SHOPPING 05
놓치지 말자, 잇 브랜드!

일상으로 돌아가서 꺼내보면 두고두고 흡족한 물건들. 한국보다 훨씬 더 알뜰하게 구입할 수 있는 잇 브랜드 제품을 소개한다.

언더웨어와 바디용품의 일인자
빅토리아 시크릿 Victoria`s Secret

수십 개의 바디용품과 아름다운 란제리로 전 세계 여성을 사로잡은 브랜드. 저렴하진 않지만 세일을 자주, 그것도 확실하게 한다. 왠지 빅토리아 시크릿 제품을 사용하면 그 모델들처럼 아름다워 질 것만 같은 예감에 사로잡힌다. 친구들에게 줄 귀국 선물로도 부담 없는 가격이다. 162p

패셔니스타가 되고 싶다면
탑샵 Top Shop

젊은 여성 패션의 트렌드를 이끄는 영국의 SPA 브랜드숍. 국내에서도 서인영, 소희, 제시카 등 여러 패셔니스타들이 입으며 유명세를 얻었다. 질에 비해 가격은 비싼 편이지만 과감하고 트렌디한 디자인이 돋보이는 브랜드. 아기자기한 제품부터 독특한 제품까지 다양하게 판매하고 있다. 남성 의류 매장 탑맨도 함께 입점해 있어서 커플쇼핑에도 안성맞춤인 곳. 259p

뷰티 마니아의 필수 코스
세포라 Sephora

한국에선 눈치 보여 테스트하기 망설였던 명품 화장품들을 이곳에선 마음껏 바르고 또 발라볼 수 있다. 더 좋은 점은 한국보다 신상품이 빠르게, 더 다양하게 출시된다는 것. 한국에 없는 브랜드와 제품을 한 자리에서 만나볼 수 있다는 장점이 있다. 세포라 자체의 프로모션을 통해 저렴하게 구입할 수도 있으니 관심 가는 상품이 있다면 눈을 크게 뜨고 살펴보자. 번화가마다 매장이 있어 방문이 편리하다. 163p

실크 같은 부드러움을 내 몸에
사봉 Sabon

전 세계에서 각광받고 있는 바디용품 전문점. 일단 매장 안에 들어가면 점원이 묻지도 따지지도 않고 손을 씻겨준다. 말로 백 번 설명하는 것보다 한 번 경험해보는 것이 낫다는 뜻이리라. 원하는 향을 골라 왕소금만큼 알갱이가 큰 스크럽제로 손을 씻으면 손이 비단처럼 부드러워진다. 한바탕 마술이 지나간 손에 크림을 발라주며 웃는 점원에게 당신도 모르게 "이거 살게요!"를 외치게 될지도 모른다.

SHOPPING 06

내 집의 품격을 높이는 **리빙 브랜드 5**

직구로 유명한 리빙 브랜드 제품들을 직접 만지고 비교해보자. 조명이나
소품 하나만 바꿔도 내 집의 품격이 달라지는 마법을 경험할 수 있다.

앤티크한 리빙소품숍
앤스로폴로지 Anthropologie

각종 의류, 침구류부터 생활용품까지 다양하게 판매하는 브랜드. 유니크하면서도 앤티크한 느낌의 제품이 많다. 아기자기하고 여성스러운 분위기를 좋아한다면 의류와 액세서리를 추천한다. 향수와 비누 제품의 패키지가 예뻐 선물용으로도 좋다. **홈페이지** www.anthropologie.com

홈 인테리어의 바이블
웨스트 엘름 West Elm

2002년, 브루클린에서 탄생한 브랜드로 고객 개개인의 스타일을 살리는 홈 인테리어를 지향한다. 고객이 직접 보고 만지며 소재를 고를 수 있도록 다양한 패브릭 제품을 매장에 진열해두었다. 스타일링이 어렵다면 매장에 있는 디자인 랩에서 조언을 구해보자. **홈페이지** www.wesTelm.com

주부들의 핫 플레이스
윌리엄 소노마 Williams-Sonoma

캘리포니아에서 쿡웨어숍으로 시작했던 브랜드. 주부들의 시선을 빼앗을 제품들만 쏙쏙 골라 판매 중이다. 세계 각국의 유명 주방용품부터 테이블 웨어, 커트러리까지 주방의 A to Z를 만나볼 수 있는 곳. 고급스러운 디자인의 앞치마 제품을 추천한다. **홈페이지** www.williams-sonoma.com

센스 있는 디스플레이
크레이트 앤 배럴 Crate & Barrel

가구부터 조명, 침구, 식기까지 다양한 제품을 판매하는 곳. 개성 넘치면서도 기본 이상으로 제 기능에 충실한 제품들이 준비되어 있다. 테이블 웨어에 관심 많은 젊은 주부에게 추천하는 브랜드. 센스 있는 디스플레이를 구경하는 재미가 쏠쏠하다. **홈페이지** www.crateandbarrel.com

모던함과 고급스러움 그 사이
포터리반 Potterybarn

국내에는 키즈 제품으로 잘 알려진 브랜드. 모던하고 정갈한 느낌의 홈 데코 브랜드다. 과하지 않으면서도 고급스러운 제품들이 돋보인다. 다양한 러그와 침구류가 많은 사랑을 받고 있다. **홈페이지** www.potterybarn.com

SHOPPING 07
숨겨진 보물창고,
뉴욕 서점 투어

때론 화려한 디지털보다 잔잔하고
감성적인 아날로그가 끌리는 법.
커피 향과 책장 넘기는 소리가
잘 어울리는 그곳,
뉴욕 서점을 소개한다.

뉴요커들의 조용한 북 카페
맥널리 잭슨 McNally Jackson
소호에 위치한 북 카페. 아기자기한 서점 안쪽으로 들어가면 귀여운 책 모양 조명이 가득 달린 북 카페가 보인다. 책 구입 외에도 간단한 커피타임을 즐기는 뉴요커들로 가득한 곳. 유명 작가를 직접 만나거나 그들과 함께하는 다양한 이벤트가 열린다. 259p

뉴욕의 대형서점
반즈 앤 노블 Barnes & Noble
미국에서 가장 큰 체인 서점. 매장 내에 스타벅스가 있어 책을 읽으며 티타임을 즐길 수 있다. 새 책을 구입하고 싶다면, 현재 미국의 서점 동향이 궁금하다면 반즈 앤 노블로 향하자. 곳곳에 비치된 컴퓨터로 원하는 책을 빠르고 쉽게 찾을 수 있다. 241p

시간이 쌓인 공간
머서 스트리트 북스 앤 레코드
Mercer Street Books & Records

25년이 넘은 중고서점. 영화 〈그 여자 작사, 그 남자 작곡〉에서 두 주인공의 발걸음을 멈추게 했던 그 서점이다. 작은 서점 문을 열면 포근한 냄새와 함께 잔잔한 음악이 들려온다. 활짝 웃어주는 마음씨 좋은 주인할아버지와 깨끗하게 정리된 헌책, LP판이 당신을 기다린다. `260p`

빨간 간판의 매력에 빠져보세요
스트랜드 Strand

뉴욕 최대의 중고서점. 웬만한 책은 거의 다 있을 정도로 많은 책을 보유하고 있다. 달력이나 컵, 에코백, 카드, 마그넷 등 여러 기념품도 함께 판매하는데 디자인이 독특하고 저렴해 선물용으로 좋다. 구입하려는 책을 미리 홈페이지에서 검색해 재고여부와 위치를 파악한 후 방문하면 편리하게 책을 구입할 수 있다. `240p`

가치 있는 예술서적
타센 스토어 뉴욕
TASCHEN Store New York

독일의 예술서적 전문 출판사 타센. 미술, 디자인, 사진, 영화 등 다양한 예술 분야의 책을 출판, 판매하고 있다. 타센의 책은 도서 그 자체의 가치를 넘어 하나의 작품으로 평가될 정도로 훌륭한 퀄리티를 자랑한다. 책 페이지를 촬영하는 것은 금지되어 있으니 이 점 주의하자. `260p`

따뜻한 마음이 모이는 곳
하우징 웍스 북 스토어 카페
Housing Works Book Store Cafe

중고 의류, 가구를 판매하는 곳으로 유명한 하우징 웍스 재단이 운영하는 북 스토어 카페. 수익금들을 에이즈 환자나 홈리스를 위해 사용한다니 같은 서적도 이곳에서 구입하면 더 뿌듯한 마음이 든다. 각종 음반도 정가의 50~70%에 판매한다. 원하는 책을 읽으며 카페에서 간단한 음료와 간식을 즐길 수 있다. `261p`

SHOPPING 08
워너비 패셔니스타, **패션 소품 숍**

한국에서는 쉽게 구할 수 없는 제품부터 다양한 디자이너 제품을 한 곳에서 만나볼 수 있는 곳, 뉴욕. 패셔니스타인 당신이 꼭 참고해야 할 소품 숍을 소개한다.

 | TALK |
조금 더 알뜰하게 즐기는 샘플세일

샘플세일을 통해 인기 브랜드 상품을 최소 20~80%까지 할인된 가격에 구입할 수 있다. 샘플세일 덕분에 뉴욕은 365일 세일 중인 도시라 해도 과언이 아니다. 아침 일찍부터 가서 줄을 서야 하고, 현금만 받기에 현금을 가득 인출해 가야 하는 귀찮음이 따르지만 좋은 상품을 매우 저렴한 가격에 구입할 수 있다. 샘플세일 정보는 인터넷으로 미리 알아보고 가는 것이 좋다. 위치와 브랜드, 일정이 계속 바뀌기 때문. 소호 일대에서 샘플세일이라고 크게 붙여놓은 곳은 진짜 샘플세일이 아닐 가능성이 크니 꼼꼼하게 의심하고 따져보자. 저렴한 가격 때문에 교환 환불이 되지 않는 곳이 대부분이니 신중한 선택은 필수다. 샘플세일 페이지를 방문해 메일링 리스트에 추가하면 메일로 샘플세일 정보를 빠르게 받아볼 수 있다. 이월 상품이 아닌 진짜 디자이너의 샘플들을 구입하게 되는 경우도 있는데 옷에 크게 도장이 찍혀 있거나 하자가 있는 제품일 수도 있다. 꼼꼼하게 지워지는 도장인지, 이 하자로 더 할인을 받을 수 있는지 직원에게 확인해보자.

Tip 샘플세일 매장 대부분은 탈의실이 없거나, 수십 명이 한꺼번에 들어가는 탈의실이 마련되어 있다. 때문에 쉽게 입고 벗기 좋게 적당한 이너를 챙겨 입고 가는 것을 추천. 현금만 받거나 카드만 가능한 곳도 있다.

샘플세일 안내 사이트
www.260samplesales.com / www.clothingline.com / www.topbutton.com

슈즈 백화점
DSW Designer Shoe Warehouse

여러 종류의 디자이너 슈즈를 판매하는 곳. 스티브 매든, 나인 웨스트, 빈스 카뮤토 등의 대중적인 브랜드부터 럭셔리 브랜드의 슈즈까지 다양한 제품들을 직접 신어보고 구입할 수 있다. 구두 하나를 구입하더라도 비슷한 높이, 디자인, 색상까지 한 곳에서 여러 슈즈를 비교할 수 있어 더욱 좋은 곳. 마음에 드는 제품이 있다면 직원에게 따로 부탁할 필요 없이 직접 꺼내 신어볼 수 있다. 매장 가장 안쪽의 clearance 코너에 가면 사이즈별로 최저가 할인을 적용해 판매 중이다. **242p**

세계 패션을 선도하는
오프닝 세레모니 Opening Ceremony

뉴욕에서 론칭되었던 편집숍. 현재는 뉴욕을 넘어 홍콩, 유럽, 전 세계의 패셔니스타들이 오프닝 세레모니를 주목하고 있다. 남성복, 여성복, 그리고 신발, 액세서리까지 감각적이고 다양한 제품들을 한 곳에서 만나볼 수 있다는 점이 가장 매력적이다. 오프닝 세레모니만의 독특함이 가득 담긴 힙한 매장 인테리어가 포인트. 친구처럼 편안하고 친근한 직원들이 쇼핑을 적극적으로 도와주는 점도 만족스럽다. **258p**

조던 마니아라면 당연히
플라이트 클럽 Flight Club

슈즈 마니아라면 꼭 방문해야 할 곳! 쉽게 구할 수 없는 나이키, 조던 슈즈들이 한쪽 벽면을 빼곡하게 채우고 있다. 희귀 제품은 300만 원이 훌쩍 넘지만 괜찮은 가격대의 제품도 있으니 가벼운 마음으로 둘러보자. 슈즈 외에 독특한 디자인의 모자, 의류도 판매 중인데 판매된 모자의 자리에 새빨간 'SOLD OUT' 캡을 씌워둔다. 마니아 공간인 만큼, 스웨그 넘치는 뉴요커들이 즐겨 찾는 공간. **241p**

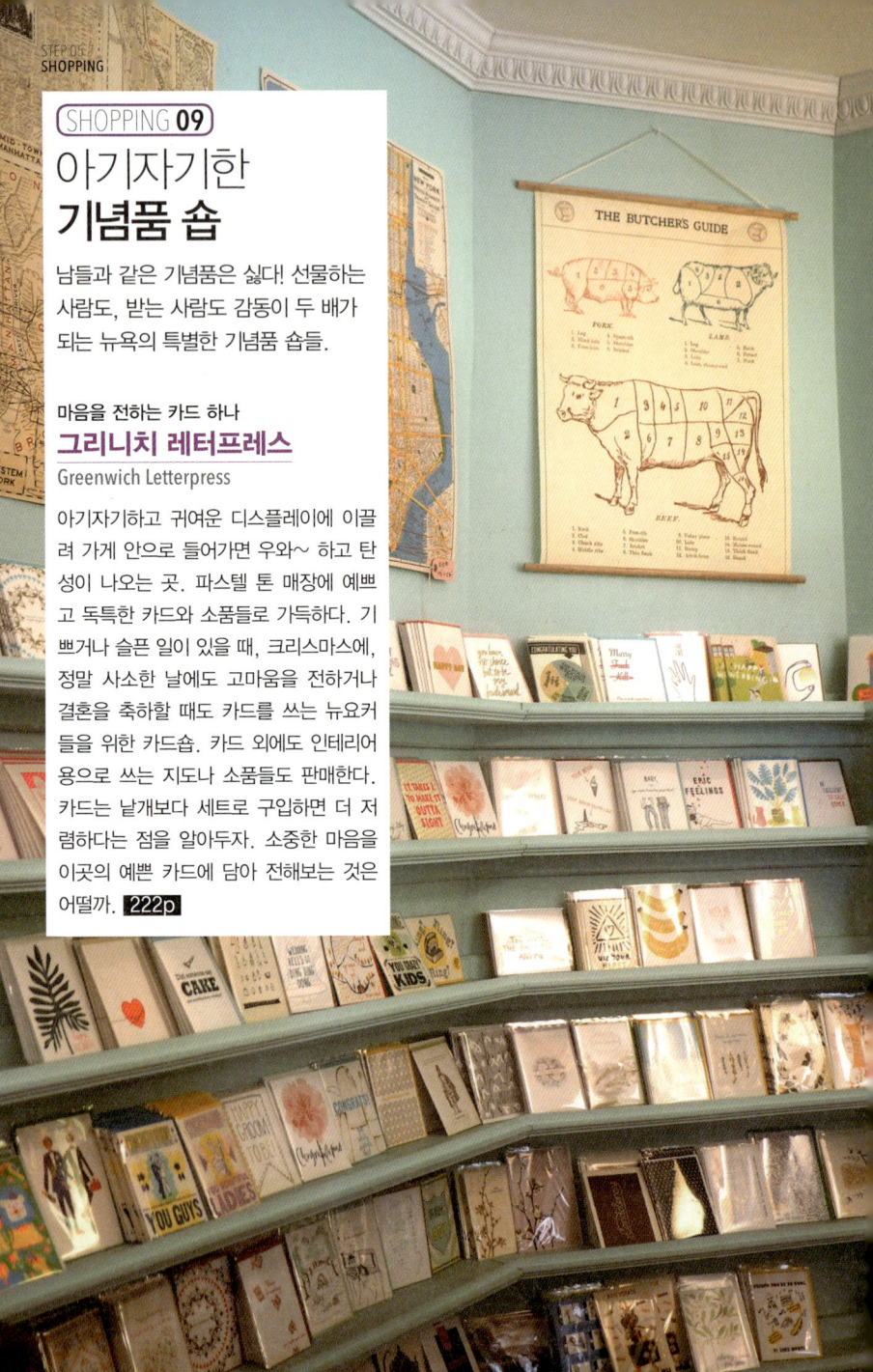

SHOPPING 09
아기자기한 기념품 숍

남들과 같은 기념품은 싫다! 선물하는 사람도, 받는 사람도 감동이 두 배가 되는 뉴욕의 특별한 기념품 숍들.

마음을 전하는 카드 하나
그리니치 레터프레스
Greenwich Letterpress

아기자기하고 귀여운 디스플레이에 이끌려 가게 안으로 들어가면 우와~ 하고 탄성이 나오는 곳. 파스텔 톤 매장에 예쁘고 독특한 카드와 소품들로 가득하다. 기쁘거나 슬픈 일이 있을 때, 크리스마스에, 정말 사소한 날에도 고마움을 전하거나 결혼을 축하할 때도 카드를 쓰는 뉴요커들을 위한 카드숍. 카드 외에도 인테리어용으로 쓰는 지도나 소품들도 판매한다. 카드는 낱개보다 세트로 구입하면 더 저렴하다는 점을 알아두자. 소중한 마음을 이곳의 예쁜 카드에 담아 전해보는 것은 어떨까. **222p**

마크 제이콥스의 소품 숍
북마크 Bookmarc

디자이너 브랜드 마크 제이콥스에서 처음 론칭한 북 숍. 아티스트와 다양한 예술작품에 대한 책과 소품들을 판매한다. 책 외에도 문구류부터 휴대폰 케이스, 노트북 파우치까지 마크 제이콥스의 여러 제품을 구입할 수 있다. 열쇠고리와 립스틱 모양 펜은 선물로 인기 만점. 매장은 작지만 빼곡하게 채워진 소품을 구경하는 재미가 있다. `222p`

스테이셔너리의 모든 것
페이퍼 프레젠테이션
Paper Presentation

스테이셔너리 전문 매장. 색깔, 재질, 크기가 제각각인 종이들부터 카드, 파티 소품까지 다양한 문구류를 판매하는 곳이다. 입체적인 뉴욕 소품들도 판매하고 있는데 타 기념품 숍에 비해 합리적인 가격의 제품들이 많다. 크리스마스나 할로윈 시즌에 방문하면 독특한 시즌 소품들을 구입할 수 있다. 연도별로 다른 생일 카드나 심플하면서도 고급스러운 감사카드 등 다양한 카드를 판매하고 있다. `243p`

마니아라서 더 당당하다
포비든 플래닛 Forbidden Planet

가게 이름을 듣는 순간 느낌이 오는 곳. 만화부터 공상 과학 소설, 장난감, 피규어 등 세계의 다양한 수집품을 판매하는 곳이다. 마블 코믹스, 스타워즈 시리즈를 좋아하는 사람이라면 꼭 방문해보길. 어른, 아이 할 것 없이 모두를 만화 속 주인공으로 만들어주는 포비든 플래닛. 미국에서만 구할 수 있는 제품들도 많이 보유하고 있으며, 피규어와 제품의 퀄리티도 우수해 소장, 전시용으로 구입하는 것도 좋다. `242p`

Step 06
SLEEPING
뉴욕에서 자다

01 뉴욕 숙소 알뜰하게 예약하기
02 특별한 뉴욕의 밤, 호텔
03 다양한 만남이 있는 곳, 유스호스텔

SLEEPING 01
뉴욕 숙소 알뜰하게 예약하기

비싸기로 소문이 자자한 뉴욕 숙박, 조금 더 알뜰하고 똑똑하게 예약하는 방법이 있다!
해외 결제 가능한 카드가 준비되었다면 지금부터 Follow me!

1. 뉴욕에서 갖는 내 방, 서블렛

생활비뿐 아니라 렌트비 또한 고가인 뉴욕에서는 일주일 이상 집을 비우는 경우, 서블렛 형태로 빌려주기도 한다. 방학 동안 집을 비우는 유학생들에게 집을 빌려 저렴하게 지내보자. 집을 빌리는 것이니 꼼꼼하게 따져보고 중요한 사항은 계약서에 명시해야 나중에 골치 아픈 일을 방지할 수 있다. 집 안에 있는 물건 중 어떤 것을 사용해도 되는지, 혹시 아파트 관리자를 마주쳤을 때는 집주인과 어떤 관계로 소개해야 하는지, 집주인의 신원은 분명한지 등을 분명히 체크해두자. 집주인들은 대부분 디파짓(예치금)을 요구한다. 따라서 처음에 여러 사항들을 조율해둬야 마지막에 디파짓까지 깔끔하게 돌려받을 수 있다.

Tip 서블렛 구하기
www.heykorean.com 사이트에 접속 후 부동산 〉 서블렛 게시판을 이용한다.

2. 현지 뉴요커들을 만날 수 있는 B&B

B&B는 Bed and Breakfast의 줄임말로 로컬에 있는 민박 형태의 숙소이다. 최근 국내에서도 B&B 문화가 확산되면서 해외여행에서도 이용 빈도가 높아지고 있다. 주인이 함께 생활하면서 집 안의 방만 빌려주거나 또는 집 전체를 빌려주는 형식이다. 잘 찾아보면 한국인 호스트도 있지만 실제 뉴욕에 거주 중인 외국인 호스트가 대부분. 문화가 다르기에 생활하면서 다소 불편할 수도 있지만 잘 맞는 사람을 만난다면 누구보다 소중한 인연이 될 수도 있다.

숙소를 고를 때는 기존 방문객들의 후기를 꼼꼼히 살펴봐야 한다. 값비싼 청소비를 요구하는지, 취사는 가능한지, 집에 애완동물이 있는지, 무료 와이파이를 이용할 수 있는지 등등 필요한 사항을 철저하게 체크해보자. 특히 숙소의 위치가 가장 중요한데, 브루클린이나 할렘 쪽에 가까이 있다면 아무리 후기가 좋아도 배

제하도록 하자. 예전보다 치안이 좋아졌다고는 하지만 브루클린에서는 아직도 크고 작은 사고가 빈번하게 일어난다. 안전한 지역인지 체크한 뒤, 집주인과의 충분한 대화를 통해 숙소를 예약하도록 하자.

에어비앤비 홈페이지 www.airbnb.com

3. 프라이스라인 이용하기

프라이스라인이라는 호텔 예약 사이트에서 비딩과 익스프레스 딜을 이용해 매우 저렴한 가격에 호텔을 예약할 수 있다. 이 메뉴를 이용하면 저렴한 가격에 호텔숙박이 가능한 대신, 원하는 호텔이나 객실은 지정할 수 없다. 이 점 참고해서 원하는 지역과 등급을 선택하도록 하자.

프라이스라인 홈페이지 www.priceline.com

1) 비딩 이용하기

프라이스라인에서의 '비딩'은 고객이 원하는 숙박가격을 제시하고, 해당 호텔에서 그 금액을 받아들이면 숙박이 성사되는 시스템이다. 일단 프라이스라인 사이트에 가입을 한 뒤 Hotel Bid Now(또는 Name Your Own Price)를 클릭한다. 숙박을 원하는 지역과 날짜, 인원, 그리고 지역을 체크한다. 그 다음 원하는 호텔 등급과 최대 숙박금액을 써넣고 사이트에서 요구하는 개인정보를 넣으면 비딩이 된다. 보통 호텔의 위치와 등급은 공개되어 있지만 이름은 블라인드 처리가 되어 있다. 낙찰이 되면 입력한 카드 정보로 결제가 진행된다. 이때 세금과 서비스 요금, 조식 요금 등은 포함되지 않은 가격이니 정확히 체크하자.

2) 익스프레스 딜 이용하기

줄여서 '익딜'이라고 부르기도 한다. 원하는 날짜와 지역, 호텔 등급을 선택하면 예약할 수 있는 호텔과 가격을 보여준다. 비딩과 달리 숙박가격이 명시되어 있어 내가 직접 비교하며 고를 수 있다는 장점이 있지만 역시 호텔 이름은 블라인드 처리 되어 있다. 어디쯤에 위치한 몇 등급 호텔인지만을 알려줄 뿐이다. 중심지에 위치한 4성급 호텔도 200달러대의 저렴한 가격에 예약할 수 있다는 메리트가 있다.

3) 주의할 점

❶ 취소가 불가하다
원칙적으로 취소가 불가한 시스템이다. 상담원에게 호소한 끝에 환불받았다는 후기도 종종 있긴 하지만 정말 특별한 이유가 아니고서는 취소가 되지 않는다. 신중, 또 신중하게 비딩 가격을 입력해야 한다.

❷ 원하는 호텔이 아닐 수도 있다
지역과 등급을 선택하면서 '대략 이 호텔이겠구나' 하는 마음으로 결제를 진행할 수도 있다. 그러나 막상 결과가 나오면 전혀 다른 호텔이 될 수도 있다. 다른 곳에서 더 저렴한 가격에 예약할 수 있는 호텔이었는데 고생해서 더 비싼 가격에 예약하게 된다면 여행 전부터 김빠지기 마련. 이런 일을 겪지 않으려면 사전 정보를 충분히 검색하고 비딩을 진행해야 한다. 원하는 호텔이 아니어도 괜찮다는 마인드 컨트롤은 필수!

❸ 검색을 해보자
여행 고수들의 포스팅을 통해 원하는 호텔의 비딩 확률을 높이는 법을 배워보자. 지역 설정부터 가격 변경 등 여러 방법을 통해 그들의 노하우를 배울 수 있다.

4. 숙박 가격 비교 사이트 이용하기

• **호텔 가격 비교 예약 사이트**
오비츠 www.orbitz.com
익스피디아 www.expedia.com
아고다 www.agoda.com
부킹닷컴 www.booking.com

• **호스텔 가격 비교 예약 사이트**
호스텔 닷컴 www.hostels.com
호스텔 부커스 www.hostelbookers.com
호스텔 월드 www.hostelworld.com

STEP 06
SLEEPING

SLEEPING 02
특별한 뉴욕의 밤, 호텔

깔끔한 객실과 친절한 서비스, 지친 여행자들이 밤을 보낼 수 있는 최고의 숙박 장소다. 그러나 다른 숙박시설에 비해 고가이므로 여행자금에 여유가 있을 때 선택하는 것이 좋다. 특히 맨해튼 내 호텔들은 평균적으로 1박에 300달러 이상을 지불해야 한다. 비싼 숙박료에 비해 호텔 시설은 좋지 않은 경우가 다반사니 꼼꼼하게 알아보고 예약하자.

© The Plaza   © Four Seasons Hotel New York   © Waldorf Astoria New York

뉴욕의 랜드마크
더 플라자 The Plaza ★★★★★

5번가 애비뉴와 센트럴 파크 입구가 만나는 곳에 위치한 플라자 호텔. 1907년에 건축된 곳으로 맨해튼 중심에 위치한 뉴욕의 랜드마크, 호화 호텔이다. 5성급의 럭셔리 호텔로 신혼부부가 선호하는 곳. 고급스러운 가구와 소품들로 꾸며져 있으며, 명품 쇼핑 거리 5번가 애비뉴에 있어 쇼핑하기 편리하고 안전하다. `195p`

센트럴 파크와 시티 뷰를 볼 수 있는
포 시즌스 뉴욕
Four Seasons Hotel New York ★★★★★

세계 각국에 위치한 포시즌스 호텔의 뉴욕 지점으로 파크 애비뉴와 매디슨 애비뉴 사이에 위치한 고급 호텔. 센트럴 파크, 5번가 애비뉴, 모마, 블루밍데일즈 등 주요 관광지와 가까운 거리에 있다. 아름다운 센트럴 파크와 반짝이는 뉴욕 야경을 감상할 수 있는 스위트룸이 특히 유명하다. `165p`

영화 세렌디피티의 그곳!
월도프 아스토리아 뉴욕
Waldorf Astoria New York ★★★★

영화 〈세렌디피티〉에서 주인공들이 운명을 시험하는 엘리베이터 신에 등장했던 바로 그 호텔. 오랜 역사를 자랑하는 뉴욕 호텔들 중에서도 으뜸으로 꼽히는 곳이다. 맨해튼 중심부에 위치해 있고 그랜드 센트럴 역까지 도보로 7분 거리. 가격에 맞는 고급스러움과 로맨틱함을 한껏 느낄 수 있는 최적의 호텔이다. `164p`

빈티지해서 더 매력적인
에이스 호텔 Ace Hotel New York ★★★★

객실마다 각자 다른, 빈티지한 인테리어로 유명한 에이스 호텔. 트렌디한 뉴욕여행을 꿈꾸는 젊은 여행객에게 추천하는 호텔이다. 로비부터 객실의 세세한 부분까지 꼼꼼하게 신경 쓴 인테리어 덕분에 여기저기 구경거리가 많다. 특히 객실에 비치된 어메니티가 좋은 반응을 얻고 있는데, 샤워 가운과 유기농 바디제품은 호텔 로비에서도 구입할 수 있다. `165p`

조금 많이 특별한 호텔
제인 호텔 The Jane Hotel ★★

1912년, 타이타닉의 생존자들이 머물렀던 그 호텔. 미트패킹과 휘트니 뮤지엄 근처에 위치해 있다. 첼시 마켓과 하이라인 파크도 도보 8분이면 거뜬히 갈 수 있는 거리. 객실은 배의 선실을 연상시키는 독특한 콘셉트로 꾸며져 있다. 화려한 인테리어의 볼룸과 허드슨 뷰의 아름다운 경치를 감상할 수 있는 루프톱 바가 있다. `223p`

감각적인 부티크 호텔
더 로저 뉴욕
The Roger New York ★★★★

미드타운에 위치한 부티크 호텔. 감각적이고 세련된 인테리어가 돋보인다. 호텔 위치가 좋아 웬만한 미드타운 여행지는 직접 걸어서 방문할 수 있다. 가까운 곳에 지하철역이 있어 여행하기에도 편리하다. 지나치게 사람이 많고 북적이는 호텔이 아니라서 조용히 휴식하며 여행을 즐기기에 좋은 곳. `164p`

브루클린의 느낌을 가득 담은
와이스 호텔 Wythe Hotel ★★★☆

브루클린의 핫 플레이스, 윌리엄스버그에 위치한 호텔. 2012년에 오픈한 곳으로 개성 넘치는 독특한 인테리어로 주목받고 있다. 원래는 공장이었으나 호텔로 리모델링하면서 올드한 느낌과 현대적인 인테리어를 조화시켰다. 호텔 1층에 위치한 레스토랑 레이너드는 브런치로 유명한 곳이니 숙박 후 조식을 즐기기에도 안성맞춤이다. `295p`

SLEEPING 03
다양한 만남이 있는 곳, 유스호스텔

젊은 배낭여행객들이 선호하는 시설로 한 방에 6인, 많게는 10인까지도 숙박하는 곳. 가격은 한인민박과 저렴한 정도니 결코 저렴한 가격은 아니지만 다국적 친구들을 사귈 수 있다는 큰 장점이 있다. 여행 정보도 공유하고, 소중한 추억도 쌓고 싶다면 유스호스텔을 추천한다. 많은 사람이 숙박하는 만큼, 여권이나 카드 같은 귀중품 관리는 필수!

센트럴 파크 바로 앞에 위치한
브로드웨이 호텔&호스텔 Broadway Hotel&Hostel
호텔과 호스텔이 함께 있는 숙소. 어퍼 웨스트사이드 센트럴 파크 바로 옆에 위치한다. 방은 좁지만 깔끔하게 정리되어 있어 단기 숙박 시에 좋다.

Data 가는 법 지하철 1선 타고 103rd St역 하차, 도보 3분
주소 230 W 101st, New York, NY 10025
전화 212-865-7710
가격 도미토리 38달러~
홈페이지 www.broadwayhotelnyc.com

쾌적한 호스텔
더 로컬 뉴욕시티 The Local NYC
최근에 오픈한 호스텔로 실내가 깔끔하고 쾌적하다. 맨해튼까지 지하철로 10분이면 도착하는 가까운 거리에 위치하고 있고, 가까운 거리에 다양한 노선의 지하철역이 있어 여행에 편리하다.

Data 가는 법 지하철 E, M선 타고 코트 스퀘어-23rd St역 하차, 도보 3분. 또는 7선 타고 코트 스퀘어 역 하차, 도보 7분
주소 1302 44th Ave, Long Island City, NY 11101
전화 347-738-5251
가격 1박 50달러~ 홈페이지 www.thelocalny.com

전 세계 젊은이들로 가득한
호스텔링 인터내셔널 뉴욕
Hostelling International New York

어퍼 웨스트사이드에 위치한 호스텔. 줄여서 하이호스텔이라고도 부른다. 규모가 크고 시설이 깔끔하다. 따로 창고가 있어 짐 보관이 가능하며 호스텔 내부에 편의시설과 컴퓨터 시설이 잘 구비되어 있다. 센트럴 파크 바로 앞이라 산책과 관광에 편리하다.

Data 가는 법 지하철 1선 타고 103rd St역 하차, 도보 3분
주소 891 Amsterdam Ave, New York, NY 10025
전화 212-932-2300
가격 도미토리 54달러~
홈페이지 www.hiusa.org

|Theme|
뉴욕에서 만나는 익숙함, 한인민박 예약하기

낯선 도시 뉴욕. 그 안에서 작은 위안을 찾고 싶다면,
익숙한 한국말과 얼큰한 한국 음식이 그립다면 한인민박을 추천한다.

한인민박은 호텔에서 제공하는 다양한 서비스는 없지만 저렴한 가격으로 편안하게 숙박할 수 있다는 것이 큰 장점이다. 인터넷과 이메일, 전화로 예약이 가능하다. 라면처럼 간단한 조리를 할 수 있는 곳이 많다. 한인택시 예약이나 여행정보 제공으로 뉴욕 여행자에게 소소한 도움을 주기도 한다. 그러나 검증되지 않은 업체는 소중한 여행에 혼란을 줄 수 있으니 꼼꼼하게 찾아보고 따져보며 예약해야 한다. 한인민박을 손쉽게 비교하고 예약할 수 있는 사이트 두 곳을 소개한다. 뉴욕 이외에도 미국 주요 도시와 유럽, 일본의 숙소도 예약이 가능하다. 숙소를 예약할 때는 반드시 이전 이용자들의 후기를 꼼꼼하게 읽어보도록 하자. 카드결제도 가능해 편리하다.

한인텔 전화 1644-3211 홈페이지 www.haninTel.com
민다 전화 1661-2892 홈페이지 www.theminda.com

NEW YORK BY AREA

뉴욕 지역별 가이드

01 미드타운
02 어퍼 웨스트사이드 & 어퍼 이스트사이드
03 첼시 & 그리니치 빌리지
04 유니언 스퀘어 & 이스트 빌리지
05 소호 & 차이나타운 & 리틀 이태리
06 로어 맨해튼
07 브루클린

New York By Area

01

미드타운
Midtown

뉴욕에서도 가장 화려한 곳, 미드타운. 타임스 스퀘어부터 브로드웨이, 엠파이어 스테이트 빌딩까지 자리한 뉴욕 관광의 필수 코스다. 이곳에 발을 딛는 순간, 당신은 살아 숨 쉬는 뉴욕과 마주하게 된다.

Midtown
PREVIEW

당신이 상상하는 뉴욕은 아마 이런 모습이 아닐까. 영화 속 주인공이 거닐던 5번가 애비뉴와 쉴 새 없이 바뀌는 타임스 스퀘어의 전광판, 그리고 록펠러 센터의 커다란 크리스마스트리까지. 시선을 옮기는 곳마다 뉴욕의 랜드마크가 있는 미드타운이다.

SEE

뉴욕의 랜드마크인 타임스 스퀘어와 엠파이어 스테이트 빌딩, 그리고 록펠러 센터까지 모두 걸어서 관광이 가능한 지역이다. 주요 관광지가 모여 있는 만큼 꼼꼼하게 계획을 세워야 놓치는 것 없이 모두 둘러볼 수 있다.

EAT

대한민국을 사로잡은 '셰이크 쉑'도, 달콤한 치즈케이크 '주니어스'도, 영화 〈악마는 프라다를 입는다〉에 등장했던 '스미스 앤 울랜스키'의 스테이크도 모두 미드타운에서 만나볼 수 있다.

BUY

자유의 여신상으로 변신한 미키마우스와 스타벅스 뉴욕 시티 머그컵, 텀블러 등을 구입할 수 있는 곳. 레고 스토어의 다양한 마그넷 제품들도 구경해보자.

SLEEP

가격은 낮추고 품격은 높인 부티크 호텔 더 로저 뉴욕과 에이스 호텔이 미드타운에 위치하고 있다. 제대로 기분을 내고 싶다면 초호화 호텔인 월도프 아스토리아와 포시즌 뉴욕 호텔도 좋은 선택이다.

어떻게 갈까?

미드타운을 위 지역과 아래 지역으로 나누어 이틀에 걸쳐 돌아본다. 1일차에는 미드타운의 동쪽 끝에 있는 유엔 본부에서 일정을 시작한다. 지하철 4, 5, 6, 7, S선을 타고 그랜드 센트럴 역에 내려 10분 정도 걸으면 도착한다. 이튿날에는 미드타운의 가장 아래쪽인 매디슨 스퀘어 파크에서 일정을 시작한다. 지하철 N, R, 6선을 타고 23rd St역에서 하차하면 바로 앞이다.

어떻게 다닐까?

다양한 관광지를 빠르게 돌아야 하는 만큼 가벼운 옷차림과 편한 신발을 추천한다. 미드타운은 거리 곳곳에 관광지가 있어 대중교통을 이용하는 것보다 도보 이동을 추천한다. 구입할 기념품이 많다면 여행의 마지막 날, 다시 방문해 기념품만 구입하는 것도 좋다. 지나치게 붐비는 장소에서는 소매치기가 있을 수 있으니 귀중품은 안전한 곳에 보관해두자.

Midtown
TWO FINE DAY

미드타운은 볼거리가 많으니 이틀에 걸쳐 꼼꼼하게 돌아볼 것을 추천한다. 첫 날엔 미드타운 동쪽 끝인 유엔 본부에서 관광을 시작해 서쪽 끝 더 프레스 라운지에서 야경을 감상하며 하루를 마무리한다. 이튿날에는 미드타운 아래쪽에서 중심으로 옮겨오며 여유롭게 둘러보자. 엠파이어 스테이트 빌딩에서 감상하는 야경은 전날 감상한 야경과는 또 다른 느낌을 선사할 것이다.

1일차

유엔 본부 투어하기 — 도보 12분 — 스미스 앤 울랜스키에서 스테이크 먹기 — 도보 8분 — 세인트 패트릭 성당 방문 — 도보 4분 — 록펠러 센터 둘러보기 — 도보 8분 — 러브 조각상에서 사진 촬영 — 도보 13분 — 타임스 스퀘어 걷기 — 도보 15분 — 더 프레스 라운지에서 야경 감상

2일차

셰이크 쉑에서 버거와 셰이크로 식사하기 — 도보 15분 — (시작) 매디슨 스퀘어 파크 거닐기 — 도보 1분 — 메이시스 백화점에서 쇼핑하기 — 도보 10분 — 브라이언트 파크와 뉴욕 공립 도서관 둘러보기 — 도보 7분 — 엠파이어 스테이트 빌딩에서 미드타운 야경 감상하기 — 도보 14분 — 그랜드 센트럴 역 내부 구경하기

NEW YORK BY AREA 01
미드타운

SEE

뉴욕의 심장
타임스 스퀘어 Times Square

전 세계가 주목하는 뉴욕의 심장, 타임스 스퀘어. 초기에는 다른 이름으로 불리었으나 1903년 뉴욕 타임스가 이곳으로 이전하면서 타임스 스퀘어로 불리게 되었다. 지도상으로 보면 별로 넓지 않은 지역이지만, 이 거리 곳곳에는 수백 개의 전광판들이 쉴 새 없이 번쩍이고 있다. 새로운 상품과 영화가 나올 때마다 전광판들이 비추는 광고 내용도 시시각각으로 바뀐다. 그래서 이 거리가 바로 뉴욕을, 그리고 세계를 움직이는 트렌드의 중심이 된 것이다. 19세기만 해도 말과 마차, 마구간 등으로 붐볐지만, 1899년 극장이 지어지면서 공연문화의 중심지로 변화하게 되었다. 극장이 하나둘씩 생겨나고 공연을 보기 위해 찾는 사람들로 북적이면서 타임스 스퀘어는 관광과 쇼핑, 문화생활, 외식을 한 번에 즐길 수 있는 공간으로 다시 태어났다. 말을 타고 순찰을 도는 뉴욕 경찰(NYPD)들과 캐릭터 옷을 입고 돌아다니는 만화영화 캐릭터들, 그리고 곳곳에서 이색적인 공연들이 펼쳐지는 곳. 매년 12월 31일 자정엔 공중에 떠 있는 볼이 터지며 새해를 맞는 '타임스 스퀘어 볼 드롭' 행사가 열린다. 유명 팝스타들과 타임스 스퀘어 한가운데에서 함께 맞는 새해는 당신에게 조금 더 특별한 기억을 선물할 것이다. 타임스 스퀘어에 서서 쉴 틈 없이 바뀌는 광고판을 바라보면 화려한 그 모습에 매료될 것만 같은 기분이 든다. 가장 현대적이지만 그래서 더 뉴욕다운 곳, 바로 여기가 세계의 트렌드를 주도하는 타임스 스퀘어다.

Data 지도 134p-B
가는 법 지하철 N, Q, R, S, 1, 2, 3, 7선 타고 타임스 스퀘어 42nd St역 하차

Tip 타임스 스퀘어의 캐릭터들과 사진을 찍으면 20~30달러의 팁을 요구하니 찍기 전에 미리 흥정해두자. 당신이 방심한 사이, 다른 캐릭터들이 끼어들어 함께 사진을 촬영한 뒤 팁을 달라며 요구할 수도 있으니 주의하도록 하자.

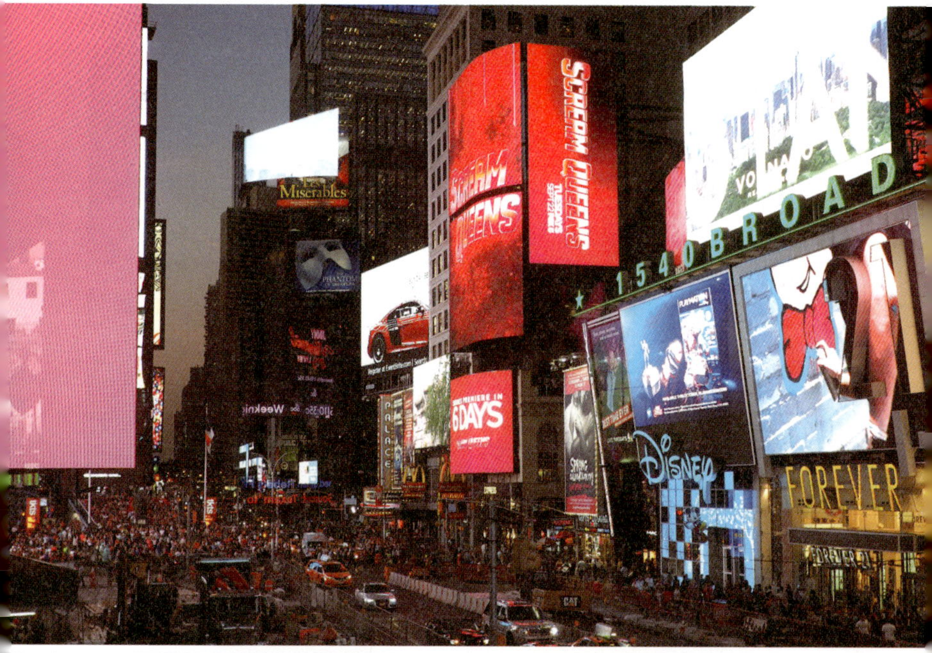
Les Misérables
SCREAM QUEENS
SCREAM QUEENS
1540 BROAD
6DAYS
PALACE
Disney
FOREVER

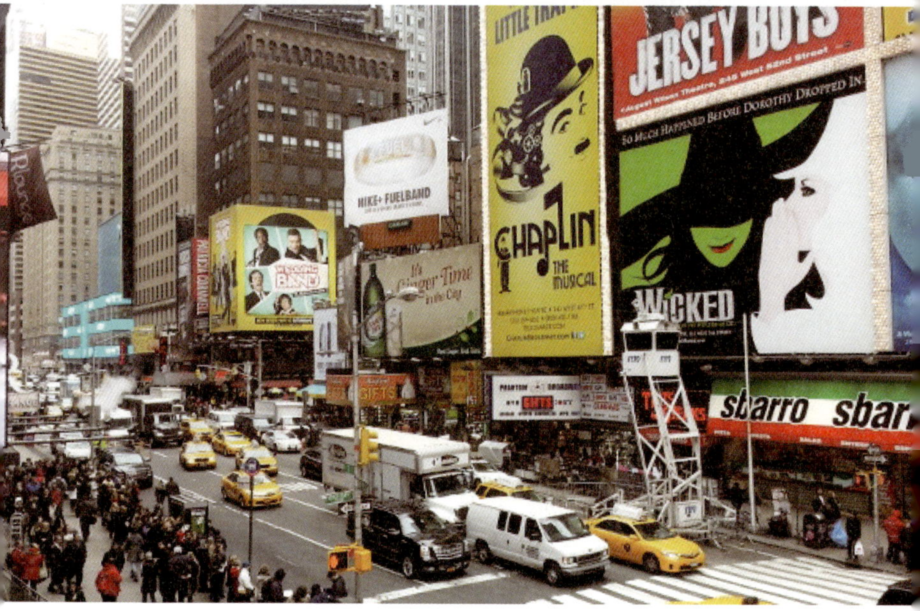
JERSEY BOYS
So Much Happened Before Dorothy Dropped In
CHAPLIN
THE MUSICAL
WICKED
NIKE+ FUELBAND
It's Ginger Time in the City
GIFTS
sbarro sbar

NEW YORK BY AREA 01
미드타운

뉴욕을 대표하는 초고층 빌딩
엠파이어 스테이트 빌딩 Empire States Building

초고층의 화려한 맨해튼 스카이라인 중에서도 유독 눈에 들어오는 그 건물, 바로 엠파이어 스테이트 빌딩이다. 뉴욕을 대표하는 빌딩 중 하나로, 맨해튼 시내의 전망을 감상하기 위해 많은 여행객들이 몇 시간씩 줄을 서더라도 기꺼이 찾는 관광 명소가 되었다. 410일이라는 짧은 기간에 지어진 102층의 초고층 빌딩. 가능한 최소의 비용을 들여 짧은 기간에 완성한 건물이지만 외적 아름다움도 놓치지 않았다. 덕분에 사람들은 수많은 영화에서 엠파이어 스테이트 빌딩을 만날 수 있게 되었다.

엠파이어 스테이트 빌딩의 매력은 그뿐만이 아니다. 이 빌딩 꼭대기의 색깔이 계절이나 기념일에 따라 여러 가지로 바뀌곤 하는데, 독립기념일 같은 주요 국경일에는 미국 국기를 나타내는 색깔로 바꾼다. 평소엔 흰색, 무지개색 등으로 바뀌기도 한다. 추가요금을 내면 102층까지 올라갈 수 있지만 86층 전망대에서 감상하는 것만으로도 충분하다. 온라인으로 티켓을 미리 구입하면 매표소의 줄을 서지 않고도 올라갈 수 있다. 보안 검사가 있으니 소지품은 간소하게 준비하자.

Data 지도 134p-F **가는 법** 지하철 N, Q, R, B, D, F, M선 타고 34th St 헤럴드 스퀘어역 하차, 도보 3분 **주소** 350 5th Avenue New York, NY 10118 **전화** 212-736-3100 **운영시간** 08:00~02:00 **요금** 86층(Main Deck) 성인 34달러, 62세 이상 29달러, 6~12세 26달러, 86층+102층(Main Deck+Top Deck) 성인 54달러, 62세 이상 49달러, 6~12세 46달러 **홈페이지** www.esbnyc.com

뉴욕을 대표하는 도서관
뉴욕 공립 도서관 New York Public Library

브라이언트 파크와 맞닿아 있는 뉴욕 공립 도서관은 영화 〈섹스 앤 더 시티〉에서 캐리의 결혼식 장소로 등장했던 건물이다. 대리석으로 만들어진 이 우아한 건물이 도서관이라는 것을 누가 상상할 수 있을까. 사실 이곳은 영화 〈투모로우〉에도 등장했었다. 주인공들이 책을 태우며 추위를 견디던 그곳이 바로 이 도서관이다. 열람실의 높은 천장과 고풍스러운 조명이 도서관을 한층 더 아름답게 만들고 있다. 1910년에 완공된 이후, 누구나 자료를 열람할 수 있도록 개방해두었다. 실제로도 독서와 일에 집중하는 뉴요커들이 이곳에서 시간을 보내고 있으니 조용히 구경하도록 하자. 기프트 숍에는 책에 관련된 기념품이 많다. 엽서부터 마그넷, 에코백까지 다양한 상품을 판매 중이다.

Data **지도** 134p-F
가는 법 지하철 B, D, M, F, 7선 타고 42nd St 브라이언트 파크 역 하차, 도보 1분 **주소** 476 5th Ave, New York, NY 10018 **전화** 917-275-6975
운영시간 월·목·금·토 10:00~18:00,
화~수 10:00~20:00,
일 13:00~17:00
홈페이지 www.nypl.org

미드타운의 로맨틱 파크
브라이언트 파크 Bryant Park

여름엔 새파란 잔디밭으로, 겨울엔 낭만적인 야외 아이스링크로 바뀌는 곳. 공원 곳곳에 있는 테이블에서 간단히 식사를 즐겨도 좋고, 잔디밭에 누워 천천히 시간을 보내도 좋다. 공원 자체적으로 계절에 맞는 색다른 프로그램들을 갖추고 있는데, 특히 여름에 즐기는 무료 요가 클래스와 야외 영화 감상은 더위를 쫓는 데 최고다. 크리스마스 시즌에는 아이스링크를 둘러싸고 작은 마켓이 열리고, 가끔은 로맨틱한 깜짝 프러포즈 이벤트가 열리기도 한다. 낮에도 예쁘지만 밤에 방문하면 더 예쁜 공원. 온통 깜깜한 어둠 속에서 총총히 빛나는 불빛들이 브라이언트 파크의 밤을 더 낭만적으로 만들어준다. 바로 앞에 블루 보틀이 있으니 라테 한 잔과 함께 브라이언트 파크를 거닐어보자.

Data 지도 134p-B
가는 법 지하철 B, D, M, F, 7 타고 42nd St 브라이언트 파크 역 하차, 바로 앞 주소 41 W 40th St, New York, NY 10018 전화 212-768-4242 운영시간 일~목 07:00~22:00, 금~토 07:00~24:00
홈페이지 www.bryantpark.org

Tip 홈페이지에서 '캘린더'를 보면 요가클래스를 비롯한 영화 상영, 외국어 수업, 콘서트 스케줄 등을 알 수 있다.

세계 최대의 기차역
그랜드 센트럴 터미널 Grand Central Terminal

드라마 〈가십걸〉에서 주인공 세레나가 가장 처음 등장했던 바로 그 기차역. 큰 인기를 끌고 있는 영화 〈어벤져스〉 시리즈에 나왔던 곳이기도 하다. 뉴욕 근교를 연결하던 기차역은 이제 더 이상 단순한 역이 아닌, 뉴요커의 삶 속에 자리 잡은 복합 공간이 되었다. 푸드 코트에는 조 커피, 셰이크 쉑, 매그놀리아처럼 잘 알려진 프랜차이즈 음식점이 입점해 있으며, 간단한 쇼핑도 즐길 수 있도록 애플스토어를 비롯한 여러 숍들이 입점해 있다. 보자르 양식 건물의 아름다움은 그랜드 센트럴 터미널의 특징. 특히 높은 아치형 천장에 수놓인 12궁 별자리는 꼭 감상해야 할 포인트다. 세레나처럼 역 한가운데 서서 어딘가를 바라보는 듯 사진을 찍어보는 것은 어떨까.

Data 지도 135p-G
가는 법 지하철 4, 5, 6, 7선 타고 그랜드 센트럴 역 하차
주소 89 E 42nd St, New York, NY 10017
전화 212-340-2583
운영시간 05:30~02:00
홈페이지 www.grandcentralterminal.com

뉴욕의 중심에서 감상하는 모던 아트
뉴욕 현대 미술관 The Museum of Modern Art

Museum of Modern Art의 줄임말 MOMA(모마). 이름처럼 현대아트 중심인 모마는 명품거리 5번가 애비뉴의 한가운데에 위치해 있다. 검표 후 1층 입구로 걸어가면 오디오 기계를 무료로 빌릴 수 있는데, 사진이 부착된 신분증이 필요하다. 기계에 원하는 그림의 번호를 입력하면 그림 해설을 들을 수 있다. 플래시만 쓰지 않는다면 금지된 작품 외에는 마음껏 사진 촬영도 가능하다. 평소 보고 싶었던 명작 앞에서 사진촬영을 해보자. 두고두고 꺼내 보아도 그 순간의 느낌이 떠올라 행복해질 것이다. 모마를 모두 돌아볼 시간적 여유가 없다면 5층 먼저 관람하는 것이 좋다. 5층의 Painting and Sculpture 1 전시실에는 빈센트 반 고흐부터 클로드 모네, 앙리 마티스의 명작들이 전시되어 있다. 모마엔 극장도 있다. 오래된 예술 영화나 외국 영화를 상영해주는데 영화에 관심 있는 사람이라면 영화 관람도 추천한다. 쉽게 관람하기 힘든 작품들 위주로 상영하기 때문에 좋은 시간이 될 것이다.

Data 지도 134p-B
가는 법 지하철 E, M선 타고 5th Ave 53rd St역에서 하차. 또는 N, Q, R선 타고 5th Ave 59th St역에서 하차 후 도보 6분
주소 11 W 53rd St New York, NY 10019
전화 212-708-9400
운영시간 토~목 10:30~17:30, 금 10:30~20:00, 추수감사절 및 12월 25일 휴관
요금 성인 25달러, 64세 이상 18달러, 학생(풀타임) 14달러, 청소년(16세 이하) 무료, 모마 멤버의 동행인 5달러
홈페이지 www.moma.org

Tip 매주 금요일 오후 4시부터 8시까지 무료입장. 모마 입장 후 14일 이내에 표를 가져가면 퀸즈에 위치한 MOMA PS.1 무료입장.

뉴욕 현대 미술관에서 꼭 봐야 하는 작품

클로드 모네 〈수련〉

빈센트 반 고흐 〈별이 빛나는 밤〉

앙리 마티스 〈춤〉

NEW YORK BY AREA 01
미드타운

세계 평화를 꿈꾸는 그곳
유엔 본부 United Nation

맨해튼 동쪽 끝에 자리하고 있는 국제연합본부는 국제연합과 미국의 협정에 의하여 불가침이 보장되며, 미국은 각국 국제연합 대표, 국제연합 직원 등의 본부 출입을 방해하지 않기로 되어 있다. 때문에 같은 땅에 있어도 뉴욕이 아닌 기분이 들기도 하는 유엔 본부. 입구 건너편에서 여권을 보여주고 등록을 해야 입장할 수 있다. 유엔 본부 앞에는 국제 평화를 상징하는 조각들이 크게 세워져 있다. 건물에 들어서면 역대 총장들의 초상화를 볼 수 있는데 우리나라 반기문 총장의 초상화가 가장 마지막에 보인다. 시간적 여유가 있다면 투어에도 참여해보자. 투어는 전문 가이드가 인솔해 진행한다. 인터넷으로 미리 예약을 하면 한국어 투어에도 참여할 수 있으나 자주 진행되지 않으니 방문 전에 꼭 체크하도록 하자.

Data 지도135p-G
가는 법 지하철 4, 5, 6, 7선 타고 그랜드 센트럴 역 하차, 도보 10분
주소 760 United Nations Plaza, New York, NY 10017
전화 212-963-8687
운영시간 평일 09:00~16:30, 토~일 10:00~16:30
요금 투어 성인 22달러, 학생 15달러
홈페이지 visit.un.org

Tip 지하에 위치한 유엔 우체국에서 유엔 도장을 받을 수 있는데, 이곳에서 우편을 보내면 유엔 도장이 찍혀 발송된다. 간단한 기념품도 구입할 수 있다.

도심 속 작은 공원
매디슨 스퀘어 파크 & 플랫아이언 빌딩
Madison Square Park & Flatiron Building

미드타운에 위치한 작은 도시공원. 이곳에서 크고 작은 행사들이 열리곤 한다. 봄에는 '푸드 페스티벌'이 열리는데, 유명한 음식점들이 이곳의 작은 야외 매장에서 음식을 판매한다. 어느 집이 맛있는지 잘 모르겠다면 뉴요커들이 어느 부스에 길게 줄을 서는지 살펴보고 결정하도록 하자. 메디슨 스퀘어 파크 내부에는 셰이크 쉑 야외 매장이 있다. 화창한 날 공원에 앉아 뉴요커들 틈에서 간단한 식사를 해보는 것도 좋다. 공원 바로 앞에는 다리미 빌딩이라고 불리는 플랫아이언 빌딩이 자리하고 있다. 영화 <섹스 앤 더 시티>와 <스파이더맨>에도 등장한 익숙한 건물이다. 다리미처럼 세모 모양으로 납작한 이 빌딩 이름은 실제로도 플랫아이언이다. 직접 그 빌딩 옆을 걸어보면 너무도 적합한 작명 솜씨에 웃음이 터질지도 모른다.

Data 지도 134p-F
가는 법 지하철 N, R, 6선 타고 23rd St 역 하차, 바로 앞
주소 Madison Ave, New York, NY 10010
전화 212-538-1884
홈페이지 www.madisonsquarepark.org

경건한 마음으로
세인트 패트릭 성당 St. Patrick's Cathedral

록펠러 센터의 건너편에 위치한 성당. 맨해튼의 고층 빌딩과 화려한 백화점 사이에서 오랜 시간 한 자리를 지켜오고 있는 로마 가톨릭교회 대성당이다. 고딕양식으로 건축된 이 성당은 웅장하면서도 경건한 느낌을 준다. 1878년 완공되었을 당시 근방에서 가장 높은 건물이었는데, 실제로 첨탑의 높이는 약 100미터가 된다. 내부 또한 그 아름다움이 잘 보존되어 있어 이를 보기 위한 관광객들로 가득하다. 그 외에도 중요한 미사나 교황의 방문이 있을 때는 그 일대의 교통이 마비될 정도로 성황을 이룬다. 매년 3월 17일, 이곳에서 아일랜드에 기독교를 전파한 패트릭 성인을 기념하기 위해 세인트 패트릭 행사가 열린다. 성당 안쪽에는 작은 기프트 숍이 있어 묵주나 엽서 등 간단한 기념품을 구입할 수 있다.

Data 지도 135p-C
가는 법 지하철 E, M선 타고 5th Ave 53rd St역에서 하차 후 도보 2분 **주소** 5th Ave, New York, NY 10022
전화 212-753-2261 **운영시간** 매일 06:30~20:45
홈페이지 www.saintpatrickscathedral.org

크리스마스, 뉴요커를 설레게 하는
록펠러 센터 Rockefeller Center

록펠러 센터는 맨해튼 중심에 세워진 약 20채의 빌딩군을 일컫는다. 존 D. 록펠러가 오페라 하우스를 대신해 세운 상업 건물들이다. 가장 높은 빌딩은 70층의 GE빌딩인데, 이곳에 전망대 탑 오브 더 록이 있다. 록펠러 센터의 명물은 거대한 크리스마스트리와 아름다운 아이스링크다. 특히 크리스마스트리 점등식은 뉴욕의 겨울을 알리는 중요 행사로, 많은 뉴요커들이 참여해 함께 즐기곤 한다. 광장의 가운데에 설치된 프로메테우스의 황금 동상은 아이스링크의 로맨틱함을 극대화시키는 포인트. 전망대는 인터넷 예매를 통해 더 빠르고 편리하게 이용할 수 있다.

Data 지도 134p-B
가는 법 지하철 B, D, F, M선 타고 47-50th St 록펠러 센터 역 하차, 바로 앞 **주소** Rockefeller Center, 45 Rockefeller Plaza, New York, NY 10111 **전화** 212-332-6868
요금 전망대 성인 34달러, 6~12세 28달러
홈페이지 www.rockefellercenter.com

NEW YORK BY AREA 01
미드타운

세계 뮤지컬의 중심
브로드웨이 Broadway

42번가 스트리트와 브로드웨이가 만나는 그 지점에서 위아래로 쭉 펼쳐진 뮤지컬 극장들이 보인다. 그곳이 바로 세계 뮤지컬의 중심지, 브로드웨이다. 평소 관심 있던 뮤지컬 한 편을 골라 감상해보자. 뮤지컬의 본고장에서 만나는 공연은 당신에게 조금 더 특별한 감동을 안겨줄 것이다. 공연이 끝났다고 바로 집으로 가는 것은 금물! 시간에 맞춰 극장 출구로 가면 관객들에게 굿바이 인사를 하러 나온 뮤지컬 배우들을 만날 수도 있다. 운이 좋으면 함께 사진도 찍고 사인도 받을 수 있는 절호의 기회!

Data 지도 134p-B
가는 법 지하철 N, Q, R, S, 1, 2, 3, 7선 타고 타임스 스퀘어 42nd St역 하차

할인 티켓이여, 나에게 오라!
TKTS

타임스 스퀘어의 유명한 빨간 계단 TKTS는 브로드웨이의 당일 뮤지컬을 매우 저렴하게 구입할 수 있는 곳이다. 50% 가까이 할인받을 수 있는 이곳의 유일한 단점은 줄이 매우 길다는 것. 그러나 할인 티켓을 손에 쥐는 순간, 당신의 기다림은 뮤지컬에 대한 설렘으로 바뀔 것이다.

Data 지도 134p-B
가는 법 지하철 N, Q, R, S, 1, 2, 3, 7선 타고 타임스 스퀘어 42nd St역 하차. 타임스 스퀘어 빨간 계단 바로 밑

고급스러운 야경명소
더 프레스 라운지 The Press Lounge

미드타운 서쪽 끝에 위치한 더 프레스 라운지. 반짝이는 맨해튼의 야경과 스카이라인을 손닿을 듯 가까이에서 볼 수 있는 곳이다. 야외 테라스 가운데에 푸른색 조명으로 장식된 풀은 이 밤과 당신을 더욱 더 화려하게 빛내준다. 일몰 전에 미리 가서 맨해튼 전경을 감상한 뒤, 칵테일을 즐기며 밤까지 기다리는 것을 추천한다. 국내에서는 드라마 〈패션왕〉에서 유아인이 등장했던 장소로도 유명하다. 칵테일 가격은 18달러 정도. 다른 루프톱에 비해 고급스러운 분위기이므로 점잖은 옷차림으로 방문해야 한다.

Data **지도** 134p-A
가는 법 지하철 C, E선 타고 50th St역 하차, 도보 13분. 잉크48 호텔 16층 **주소** 653 11th Ave, New York, NY 10036
전화 212-757-2224
운영시간 월~수 17:00~01:00, 목~토 17:00~02:00, 일 17:00~24:00 **가격** 칵테일 17달러~ **홈페이지** www.thepresslounge.com

당신에게 전하는 소중한 마음
LOVE 조각상

팝아트 작가 로버트 인디애나의 작품 LOVE. 뉴욕 도심 한가운데에 우뚝 서 있는 이 조각은 보기만 해도 사랑이 샘솟을 것 같은 예쁜 빨간색이다. 원래 이 LOVE는 1964년 모마MOMA에서 크리스마스 카드로 주문한 이미지였는데 반응이 매우 좋아서 그림 외에도 여러 규모의 조각 작품으로 제작했다. 그 결과, 우리는 필라델피아, 뉴욕, 도쿄, 타이완, 라스베이거스 등 세계 여러 도시에서 LOVE를 만나볼 수 있게 되었다. 이곳에서 5분 정도 더 걸어가면 52-53번가 스트리트와 7번가 애비뉴가 만나는 지점에 또 다른 조형물, HOPE가 자리하고 있다. 소중한 누군가에게, 또는 나 자신에게 사랑을 가득 담아 사진을 남겨보는 건 어떨까.

Data **지도** 134p-B
가는 법 지하철 B, D, F, M선 타고 47-50th St 록펠러 센터 역 하차, 도보 5분. 55번가 스트리트와 6번가 애비뉴가 만나는 지점에 위치

모두가 사랑하는
셰이크 쉑 Shake Shack

매디슨 스퀘어 파크의 핫도그 카트가 이제는 미국을 넘어 세계 곳곳에서 맛볼 수 있는 인기 만점 버거 브랜드가 되었다. 우리나라에도 입점해 크게 인기를 끌고 있지만 버거의 본고장 미국, 그것도 뉴욕에 왔다면 꼭 방문해보자. 셰이크 쉑의 인기 메뉴는 단연 쉑버거. 쉑버거는 싱글과 더블, 두 종류로 주문이 가능하다. 감칠맛 나는 패티와 채소의 조화는 훌륭하고, 사이드 메뉴들도 나무랄 데 없이 맛있다. 채식주의자들을 위한 쉬룸버거의 치즈, 버섯 패티의 독특한 맛 또한 만족스럽다. 다만 주의할 점은, 패티가 뜨거우니 조심해서 살살 베어 먹을 것. 사이드 메뉴로는 감자튀김, 셰이크, 아이스크림 등 여러 메뉴가 있으니 기호에 따라 추가 주문하면 된다. 치즈를 좋아한다면 치즈 프라이를 주문해보자. 날씨 좋은 날에는 매디슨 스퀘어 파크의 야외 매장 이용을 강력 추천한다.

Data 지도 134p-F
가는 법 지하철 N, R선 타고 23rd St역 하차, 매디슨 스퀘어 파크 안에 위치 주소 Madison Square Park near Madison Ave. and E.23rd St
전화 212-889-6600
운영시간 08:30~23:00
가격 쉑버거 싱글 5.5달러, 더블 8.35달러, 쉬룸버거 6.99달러, 셰이크 5~6.75달러
홈페이지 www.shakeshack.com

악마는 스테이크를 좋아해
스미스 앤 울랜스키 Smith & Wollensky

뉴욕 베스트 스테이크에 이름을 올리는 스테이크 맛집. 영화 〈악마는 프라다를 입는다〉에서 메릴 스트립이 주문했던 바로 그 스테이크를 당신도 맛볼 수 있다. 이곳은 필레 미뇽(안심 스테이크)으로 유명한데, 두툼한 안심 스테이크는 고소한 육즙 덕에 씹을수록 그 맛이 예술이다. 애피타이저로 주문 가능한 시저샐러드는 기본에 충실한 맛이지만 스테이크와 함께 먹으면 느끼함을 덜어준다. 샐러드가 별로라면 프라이드 칼라마리(튀긴 오징어)를 추천한다. 레스토랑 위크 기간에 방문하면 3코스 메뉴를 저렴한 가격에 맛볼 수 있다. 디저트로는 달콤한 치즈케이크가 맛있다. 샐러드와 스테이크, 디저트까지 모두 만족스럽게 즐길 수 있다.

Data 지도 135p-C
가는 법 지하철 6선 타고 51st St역 하차 후 도보 5분
주소 797 3rd Ave, New York, NY 10022 **전화** 212-753-1530
운영시간 월~금 11:45~23:00, 토~일 17:00~23:00
가격 필레 미뇽 45달러~, 시저샐러드 15달러, 프라이드 칼라마리 18달러 **홈페이지** www.smithandwollenskynyc.com

호텔에서 즐기는 일품버거
버거 조인트 Burger Joint

"버거 조인트를 빼고 뉴욕의 버거를 논하지 말라." 센트럴 파크에 조금 못 가서 위치한 르 파커 메르디앙 호텔. 로비에서 끝 쪽으로 향하면 나오는 어두컴컴한 매장이 바로 버거 조인트다. 식사시간이 아닐 때 방문하더라도 길게 줄 서 있는 뉴요커들로 매장은 발 디딜 틈이 없다. 각자의 취향에 맞게 구운 두툼한 패티에 신선한 채소를 가득 담은 웰메이드 버거. 진짜 버거 맛을 아는 당신이라면 꼭 맛봐야 할 음식이다. 셰이크 쉑이 가볍게 즐길 수 있는 버거라면 버거 조인트는 제대로 즐길 수 있는 버거라는 사실, 잊지 말자.

Data 지도 134p-B
가는 법 지하철 F선 타고 57th St역 하차, 또는 N, Q, R선 타고 57th St-7th Ave역 하차, 도보 4분. 르 파커 메르디앙 호텔 1층
주소 119 West 56th Street, New York, NY 10019
전화 212-708-7414 **운영시간** 일~목 11:00~23:30, 금~토 11:00~24:00 **가격** 햄버거 8.96달러, 치즈버거 9.42달러 (현금만 가능) **홈페이지** www.burgerjointny.com

블루치즈 마니아는 꼭!
슈니퍼스 Schnippers

관광객과 뉴요커가 반반 뒤섞인 셰이크 쉑과는 달리 이곳은 온통 뉴요커. 미리 당부하자면 블루치즈를 먹어보지 않은 사람은 절대 블루치즈 버거를 주문하지 말자. 맛이 깊고 고소한 블루치즈는 냄새가 매우 독특하기 때문에 막상 주문을 하고도 먹지 못하는 사람들이 많다. 그러나 블루치즈를 좋아하는 사람이라면 꼭 먹어보길. 매콤한 맛의 칠리버거도 준비되어 있어 취향에 따라 주문하는 재미가 있다. 사이드메뉴인 고구마튀김은 메이플 디핑 소스와 함께 나오는데 달콤하고 바삭한 맛이 매력적이다. 버거도 맛있지만 고구마튀김만 먹으러 방문한다는 사람도 있을 정도. 매장 내 화장실 비밀번호가 영수증 아래에 인쇄되어 있으니 버리지 말 것!

Data **지도** 134p-F **가는 법** 지하철 N, R선 타고 23rd St역 하차, 도보 2분. 매디슨 스퀘어 파크 바로 옆에 위치 **주소** 23 EAST 23rd St, NY 10010 **전화** 212-233-1025 **운영시간** 월~목 10:00~22:00, 금~토 10:00~23:00, 일 10:00~21:00 **가격** 블루치즈버거 8.5달러, 고구마튀김 3.99달러 **홈페이지** www.schnippers.com

살살 녹는 그 맛
에사 베이글 Ess-a-Bagel

크림치즈의 변신은 과연 어디까지일까. 아마 지구상에 존재하는 웬만한 크림치즈들은 에사 베이글에서 다 만나볼 수 있지 않을까. 블루베리, 딸기부터 토마토, 허브, 올리브 등 다양한 맛의 크림치즈가 있는 곳. 함께 먹는 베이글 또한 여러 종류라 취향에 따라 플레인, 양파, 시나몬, 세서미(깨), 에브리싱(모든 것이 다 들어감) 중 선택할 수 있다. 크림치즈뿐 아니라 베이글을 샌드위치로 만들어 식사대용으로 즐길 수도 있다. 가장 인기가 많은 메뉴는 연어와 크림치즈를 넣은 샌드위치. '노바Nova 샌드위치'라 얘기하거나 사진을 보여주면 바로 알아듣고 원하는 대로 만들어준다. 기호에 따라 원하는 야채를 추가할 수도 있다.

Data **지도** 135p-C **가는 법** 지하철 6선 타고 51st St역 하차. 또는 E, M선 타고 렉싱턴 애비뉴 53rd St역 하차, 도보 3분 **주소** 831 3rd Avenue New York, NY 10022
전화 212-980-1010 **운영시간** 월~금 06:00~21:00, 토~일 06:00~17:00 **가격** 노바(연어) 샌드위치 11.95달러, 베이글+크림치즈 4달러~ **홈페이지** www.ess-a-bagel.com

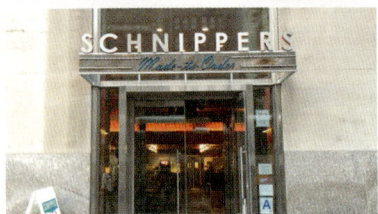

어서 와, 할랄은 처음이지?
할랄 가이즈 The Halal Guys

1990년, 뉴욕의 작은 핫도그 카트에서 시작된 할랄 가이즈는 이제 길게 줄을 서야만 하는 핫플레이스가 되었다. 치킨이나 양고기와 밥, 양상추 및 토마토, 피타 빵을 동그란 그릇에 담아주는데, 두 가지 고기를 함께 주문할 수도, 원하는 것만 따로 주문할 수도 있다. 양고기가 익숙하지 않다면 치킨 앤 라이스를 주문해보자. 소스는 흰색과 빨간색 두 가지를 제공한다. 흰색은 사워소스 맛에 가깝고, 빨간색은 아주 매우니 적당히만 넣도록 하자. 이국 음식이지만 밥과 소스가 한국인 입맛에 잘 맞는다. 53번가와 6번가 애비뉴가 만나는 지점의 푸드트럭에 사람이 많다면 도보로 4분가량 떨어진 53번가와 7번가 애비뉴의 푸드트럭을 이용하자. 근처에 가짜 할랄 가이즈도 있으니 유니폼과 간판을 잘 확인해야 한다.

Data **지도** 134p-B
가는 법 지하철 B, D, F, M선 타고 47-50th St 록펠러 센터 역 하차 후 도보 4분. 53번가와 6번가 애비뉴가 만나는 지점의 노란 푸드 트럭 **주소** West 53 ST & 6th Ave, New York, NY 10019 **가격** 치킨&라이스 7달러, 음료 1달러 **운영시간** 월~목 10:00~04:00, 금~토 11:00~05:30, 일 10:00~24:00 **홈페이지** www.thehalalguys.com

자꾸만 끌리는 카페라테
블루 보틀 Blue Bottle

커피 맛 까다롭기로 유명한 뉴요커를 사로잡은 블루 보틀. 로스팅 48시간 이내에 커피를 판매한다는 신념으로 샌프란시스코, 오클랜드 등에서 사랑을 받던 블루 보틀은 2010년 브루클린에 매장을 오픈하면서 뉴요커들의 입소문을 타기 시작했다. 부드러우면서 깔끔한 맛의 블루 보틀 라테는 달콤한 디저트와 함께 즐기면 좋다. 특히 비 오는 날, 브라이언트 파크 매장에서 공원을 바라보며 마시면 더욱 분위기 있다. 날씨가 좋을 때는 하이라인 파크 안에 있는 지점을 추천한다.

Data 지도 134p-F
가는 법 지하철 B, D, M, F, 7선 타고 42nd St 브라이언트 파크 역 하차, 도보 3분 **주소** 54 W 40th St, New York, NY 10018 **전화** 510-653-3394 **운영시간** 월~금 07:00~19:00, 토~일 09:00~19:00 **가격** 라테 4.25달러, 카페모카 5달러 **홈페이지** www.bluebottlecoffee.com

활기찬 분위기가 그대로
토토 라멘 Totto Ramen

더운 여름이나 추운 겨울이나 가릴 것 없이 뉴요커들이 줄을 서서 먹는 마성의 라멘. 깊고 진한 토토의 국물 맛에 중독되면 한국에 와서도 그 맛을 잊지 못할 것이다. 웨이팅 리스트에는 꼭 영어 또는 일본어로 이름과 인원수를 적어야 한다. 가장 기본적인 메뉴인 토토 파이탄 라멘은 깊은 국물 맛이 특징. 라멘을 즐기지 않는다면 마요네즈와 차슈, 그리고 파를 버무린 차슈 마요 돈을 추천한다. 여름엔 매장이 많이 덥고, 겨울엔 밖에서 오래 기다려야 하니 식사시간을 피해 가는 것도 하나의 팁이다. 웨이팅 리스트에 이름을 적어놓고 나중에 호명했을 때 그 자리에 없으면 차례가 밀려나니 꼭 자리를 지키고 있도록 하자.

미드타운 웨스트 지점
Data 지도 134p-B
가는 법 지하철 C, E선 타고 50th St역 하차, 도보 4분 주소 366 W 52nd Street 8th&9th Ave, New York, NY 10019
전화 212-582-0052
운영시간 월~토 12:00~16:30/17:30~24:00, 일 12:00~23:00
가격 토토 파이탄 라멘 10달러, 차슈 마요돈 5.5달러(현금만 가능)
홈페이지 www.tottoramen.com

헬스키친 지점
Data 지도 134p-A
가는 법 지하철 C, E 타고 50th St역 하차, 도보 8분
주소 464 W 51st St, New York, NY 1001 전화 646-596-9056
운영시간 월 16:30~23:00, 화~토 11:30~15:45/16:30~23:00, 일 11:30~21:30

간편하게 즐기는 뉴욕피자
아마데우스 피자 Amadeus Pizza

거하게 식사를 하기엔 부담스럽고 배는 살짝 고픈 그 순간 간단하게 즐길 수 있는 조각피자가 있는 곳. 조각피자라 해서 그 맛과 크기를 무시하지 말라. 꽤 커다란 크기의 피자에 알차게 올려진 토핑을 보면 군침이 돌기 시작한다. 아마데우스에는 기본적인 마르게리타 피자부터 페페로니, 버섯, 시금치, 브로콜리 피자 등 다양한 종류의 피자가 준비되어 있다. 쇼케이스를 보고 피자를 고르면 주문 즉시 오븐에 따뜻하게 데워준다. 피자 외에 샌드위치, 샐러드 등도 있다. 브로드웨이 극장가에서 도보로 3분 거리에 위치해 있어 공연 전후에 들르기 좋다.

Data 지도 134p-B
가는 법 지하철 N, Q, R선 타고 49th St역 하차, 또는 1, 2선 타고 50th St역 하차 후 도보 3분 주소 840 8th Ave, New York, NY 10019
전화 212-489-6187
운영시간 10:00~24:00
가격 조각피자 3달러~
홈페이지 www.famousamadeus.com

치즈케이크의 절대강자
주니어스 Junior's

치즈가 가득, 그것도 제대로 들어간 뉴욕 베스트 치즈케이크. 타임스 스퀘어에 위치해 있어 방문하기 편리하다. 레스토랑에서도 치즈케이크를 맛볼 수 있지만 바로 옆의 베이커리에서 치즈케이크만 주문하는 것을 추천한다. 모든 종류의 케이크가 다 맛있지만 특별히 권하는 베스트 메뉴는 라즈베리 치즈케이크! 노란 치즈케이크 위에 아름답게 마블링된 라즈베리 잼을 한가득 입에 담으면 입에서 살살 녹는 부드러운 맛을 느낄 수 있다. 조각케이크는 양 대비 가격이 비싼 편이라 가장 작은 한 판을 사서 일행과 나눠 먹는 것이 경제적이다. 화창한 날, 공원에 앉아 따뜻한 아메리카노와 함께 먹을 때 가장 맛있다.

Data 지도 134p-B
가는 법 지하철 N, Q, R, S, 1, 2, 3, 7선 타고 타임스 스퀘어 42nd St 역 하차, 도보 3분
주소 1515 Broadway, New York, NY 10036
전화 212-302-2000
운영시간 월~목 06:30~24:00, 금~토 06:30~01:00, 일 06:30~23:00
가격 조각케이크 8달러, 6인치 18달러 홈페이지 www.juniorscheesecake.com

세일도 비켜가는 명품의 강자
5번가 애비뉴 5th Ave

뉴욕에서 가장 유명한 명품 쇼핑 거리 5번가(핍스 애비뉴). 버그도프 굿맨, 헨리 벤델, 삭스 핍스 애비뉴 등 고급 백화점부터 루이비통, 불가리, 프라다 등 명품 브랜드숍으로 가득하다. 이곳을 걷다 보면 마치 커다란 실외 백화점에 방문한 기분을 느낄 수 있다. 명품거리인 만큼, 각종 명품들의 신제품이 빠르게 입고된다. 5번가 입구에서 빛나는 조명은 이곳의 야경을 더욱 특별하게 만들어준다. 명품매장뿐 아니라, 고디바 초콜릿 매장이나 자라 같은 SPA 브랜드 매장도 있다. 이곳의 아베크롬비 매장은 유일하게 세일시즌에 제외되는 매장이다. 59번가 스트리트 쪽에는 애플스토어도 입점해 있다. 센트럴 파크로 바로 들어갈 수 있는 입출구도 있으며, 맞은편에는 플라자 호텔이 있어 푸드홀에서 간단히 식사와 디저트를 즐길 수도 있다.

Data 지도 135p-C
가는 법 지하철 N, Q, R선 타고 5th Ave 59th St역 하차 후 바로 앞

뉴욕의 명물
메이시스 Macy`s

과거엔 세계에서 가장 큰 백화점이었던 메이시스. 백화점 한 층을 도는 데만 해도 시간이 꽤 걸린다. 1층엔 우리나라처럼 고가의 명품 매장들이 입점해 있다. 신상품이 가득가득 채워져 있는 명품 매장에서 여러 제품을 구경하고 착용해보자. 어떤 제품을 가리켜도 직원들은 환하게 웃으며 그것을 당신에게 안겨줄 것이다. 직원이 계속 따라다니며 도와주려는 우리나라와 달리, 미국은 백화점에서도 자율적인 모습. 이것저것 고르다가 도움이 필요하면 직원을 부르자. 직원은 신상품을 걸쳐본 당신에게 엄지 손가락을 치켜들며 이렇게 외칠지도 모른다. "It`s yours!" 같은 브랜드라도 나라마다 입고되는 제품이 달라 한국에 없는 제품도 쉽게 구할 수 있다. 어떤 브랜드가 있는지 미리 알아두고 방문하면 쇼핑이 훨씬 편리해진다.

Data 지도 134p-E
가는 법 지하철 1, 2, 3선 타고 34th St 펜 스테이션 역 또는 지하철 B, D, F, M, N, Q, R선 타고 34th St 헤럴드 스퀘어 역 하차, 도보 3분
주소 151 W. 34th St, New York, NY 10001
전화 212-695-4400
운영시간 월~토 09:00~21:30, 일 11:00~20:30
홈페이지 www.macys.com

Tip 방문자 센터에서 관광, 할인 정보를 제공받을 수 있다.

뉴욕 전통의 백화점
삭스 핍스 애비뉴 Saks Fifth Avenue

록펠러 센터와 5th Ave 근처에 위치한 백화점. 관광 명소 근처에 있어 방문하기 편리하다. 1층은 각종 화장품과 명품관이 입점해 있다. 여러 브랜드의 제품들을 한 자리에서 비교하기 쉽다는 것이 장점. 백화점 자체 상품을 제작해 판매하기도 한다. 삭스 핍스 애비뉴의 인터넷 쇼핑몰은 한국으로 배송도 가능하기에 해외 구매를 할 수도 있다. 당신이 꼭 기억해야 할 이름, 삭스 핍스 애비뉴! 교외 아웃렛에 방문했을 때 삭스 핍스 애비뉴 매장이 있다면 그냥 지나치지 말자. 마치 작은 백화점처럼 다양한 브랜드의 제품이 당신을 맞이할 것이다.

Data 지도 134p-B
가는 법 지하철 B, D, F, M선 타고 47-50th St 록펠러 센터 역 하차, 도보 5분
주소 611 5th Ave, New York, NY 10022
전화 212-753-4000 **운영시간** 월~토 10:00~20:00, 일 11:00~19:00
홈페이지 www.saksfifthavenue.com

〈가십걸〉의 쇼핑 스폿
헨리 벤델 Henri Bendel

드라마 〈가십걸〉의 어퍼 이스트 사이더 주인공들이 쇼핑하던 헨리 벤델 플래그십 스토어. 화장품, 액세서리를 한 곳에서 만나볼 수 있는 편집매장이다. 백화점이라기엔 조금 아담한 규모지만 여성들의 취향에 꼭 맞게 인테리어된 매장 곳곳이 사랑스럽다. 헨리 벤델에서 유명한 상품은 유니크한 매력의 액세서리들이다. 별처럼 반짝이는 헤어밴드부터 팔찌, 목걸이까지 어느 하나 눈길이 가지 않는 상품이 없다. 정신을 바짝 차리지 않으면 지갑이 무장해제 되는 곳.

Data 지도 135p-C
가는 법 지하철 E, M선을 타고 5th Ave 53rd St역에서 하차. 또는 N, Q, R선 타고 5th Ave 59th St역에서 하차. 또는 F선 타고 57th St역 하차 후 도보 4분
주소 712 5th Ave, New York, NY 10019
전화 212-247-1100 **운영시간** 월~토 10:00~20:00, 일 12:00~19:00
홈페이지 www.henribendel.com

앙증맞은 또 다른 세상
레고 스토어 The Lego Store

전 세계인이 사랑하는 레고. 그 레고들을 좀 더 다양하게 만나 볼 수 있는 레고 스토어다. 일반적으로 판매하는 레고 외에도 미국 명소나 캐릭터 제품을 판매하고 있다. 그중에서도 자유의 여신상 레고세트는 인기 만점! 들어오자마자 매진되는 경우가 많아 이 제품을 원한다면 미리 레고 스토어에 방문해 언제 입고되는지 알아두는 것이 좋다. 운이 좋다면 친절한 직원을 만나 다른 지점에 원하는 물건이 있는지 알아볼 수도 있다. 레고로 만든 커다란 자유의 여신상, 록펠러 센터 등 다양한 조립작품을 만나볼 수 있는 곳. 배트맨, 아이언맨 등 독특한 마그넷도 기념선물로 좋다.

록펠러 센터 지점
Data 지도 134p-B
가는 법 지하철 B, D, F, M선 타고 47-50th St 록펠러 센터역 하차, 도보 5분
주소 620 5th Ave, New York, NY 10020
전화 212-245-5973
운영시간 월~토 10:00~20:00, 일 10:00~18:00
홈페이지 stores.lego.com

플랫 아이언 지점
Data 지도 134p-E
가는 법 지하철 N, R, 6선 타고 23rd St역 하차, 바로 앞
주소 200 5th Ave, New York, NY 10010
전화 212-255-3217
운영시간 월~토 10:00~20:00, 일 11:00~18:00

귀여운 디즈니 캐릭터들이 한 곳에
디즈니 스토어 Disney Store

만화에서 만나던 디즈니 캐릭터들이 가득한 곳. 라푼젤의 한 장면을 그대로 재현해놓은 에스컬레이터를 타고 디즈니 세계 속으로 들어가 보자. 커다란 인형들부터 실제로 아이가 입을 수 있는 옷, 소품들을 구경하다 보면 시간이 금방 지나간다. 자유의 여신상을 흉내 낸 미키마우스부터 겨울왕국, 인사이드 아웃 등 다양한 디즈니 제품을 한 자리에서 만나볼 수 있다. 어린아이보다 어른들이 더 좋아하는 동심 실현의 공간.

Data 지도 134p-B
가는 법 지하철 N, Q, R, S, 1, 2, 3, 7선 타고 타임스 스퀘어 42nd St역 하차, 도보 3분
주소 1540 Broadway, New York, NY 10036
전화 212-626-2910
운영시간 10:00~24:00
홈페이지 www.disneystore.com

언더웨어와 바디용품의 일인자
빅토리아 시크릿 Victoria`s Secret

수십 개의 바디용품과 아름다운 란제리로 전 세계 여성을 사로잡은 브랜드. 저렴하진 않지만 세일을 자주, 그것도 확실하게 한다. 1995년부터 매년 계속되는 빅토리아 시크릿의 란제리 패션쇼는 미국 지상파 방송을 통해 방송될 만큼 인기를 끌고 있는데, 왠지 빅토리아 시크릿 제품을 사용하면 그 모델들처럼 아름다워질 것만 같은 예감에 사로잡힌다. 바디용품 중 가장 인기 있는 향기는 보라색의 러브스펠과 분홍색의 퓨어 시덕션! 친구들에게 줄 귀국 선물로도 부담 없는 가격이다. 헤럴드 스퀘어 지점에서는 빅토리아 시크릿의 세컨드 브랜드인 핑크 제품들도 함께 판매하고 있다. 간단한 속옷 같은 경우는 3개, 5개씩 묶어 할인하는 프로모션도 진행한다. 헤럴드 스퀘어 외에도 대부분의 쇼핑거리나 번화가에서 만나볼 수 있다.

Data 지도 134p-F
가는 법 지하철 B, D, F, M, N, Q, R선 34th St 헤럴드 스퀘어 역 하차 후 도보 1분 주소 1328 Broadway, New York, NY 10001 전화 212-356-8380 운영시간 월~토 09:00~21:30, 일 11:00~20:00 홈페이지 www.victoriassecret.com

뷰티 마니아의 필수 코스
세포라 Sephora

한국에선 눈치 보여 테스트하기 망설였던 명품 화장품들을 이곳에선 마음껏 바르고 또 발라볼 수 있다. 더 좋은 점은 한국보다 신상품이 빠르게, 더 다양하게 출시된다는 것. 한국에 없는 브랜드와 제품을 한 자리에서 만나볼 수 있다는 장점이 있다. 세포라 자체의 프로모션을 통해 저렴하게 구입할 수도 있으니 관심 가는 상품이 있다면 눈을 크게 뜨고 살펴보자. 세포라 자체 브랜드 상품들도 질이 좋고 양 또한 많아 여성들에게 인기가 많다. 번화가마다 매장이 있어 방문이 편리하다.

Data 지도 134p-B
가는 법 지하철 N, Q, R, S, 1, 2, 3, 7선 타고 타임스 스퀘어 42nd St역에서 하차
주소 1500 Broadway, New York, NY 10036
전화 212-944-6789
운영시간 월~토 08:00~24:00, 일 09:00~24:00 **홈페이지** www.sephora.com

Tip 화장품을 구매하기 전, 샘플을 요청하면 가져갈 수 있도록 준비해준다. 파운데이션이나 크림 같은 제품은 구입 전 테스트가 필수! 미국엔 다인종이 살기에 우리나라와 컬러가 다른 경우가 많다.

뉴욕을 그대 컵 안에
스타벅스 Starbucks

스타벅스에는 해당 도시에서만 구입할 수 있는 '시티 컵'이 있다. 뉴욕의 스타벅스에는 시티 머그컵 외에도 텀블러 종류가 출시되어 있어 다양한 제품을 만나볼 수 있다. 스테인리스부터 유리 재질의 텀블러가 다양한 크기와 모양으로 전시되어 있어 원하는 제품을 직접 만져보고 구입할 수 있다. 그러나 지점에 따라 입고된 제품이 조금씩 다르므로 타임스 스퀘어 TKTS 근처에 위치한 지점을 추천한다. 타임스 스퀘어 한가운데 있어 조금 북적거리긴 하지만 가장 많은 제품을 보유하고 있고, 늦은 시간까지 영업하기 때문에 방문에 편리하다. 기념품 외에 일반적으로 판매하는 커피, 푸드를 즐길 수도 있다.

Data 지도 134p-B
가는 법 지하철 N, Q, R, S, 1, 2, 3, 7선 타고 타임스 스퀘어 42nd St역 하차, 도보 3분. 브로드웨이와 47번가 스트리트가 만나는 지점에 위치 **주소** 1585 Broadway, New York, NY 10036
전화 212-541-7515 **운영시간** 일~목 05:30~01:00, 금~토 05:30~02:00 **홈페이지** www.starbucks.com

SLEEP

감각적인 부티크 호텔
더 로저 뉴욕 The Roger New York (4성)

미드타운에 위치한 부티크 호텔. 감각적이고 세련된 인테리어가 돋보인다. 호텔 위치가 좋아 웬만한 미드타운 여행지는 직접 걸어서 방문할 수 있다는 장점이 있다. 지나치게 사람이 많고 북적이는 호텔이 아니라서 조용한 여행을 원하거나 비즈니스 출장을 왔을 때 추천한다. 쾌적한 시설에 비해 가격은 저렴한 편이다.

Data 지도 134p-F
가는 법 지하철 6선 타고 33rd St역 하차, 도보 3분 또는 지하철 N, R선 타고 28th St역 하차, 도보 6분 주소 131 Madison Ave, New York, NY 10016 전화 212-448-7000 요금 220달러~ 홈페이지 www.therogernewyork.com

영화 세렌디피티의 그곳!
월도프 아스토리아 뉴욕 Waldorf Astoria New York (4성)

영화 <세렌디피티>에서 주인공들이 운명을 시험하는 엘리베이터 신에 등장했던 바로 그 호텔. 오랜 역사를 자랑하는 뉴욕 호텔들 중에서도 으뜸으로 꼽히는 곳이다. 맨해튼 중심부에 위치해 있고 그랜드 센트럴 역까지 도보로 7분 거리. 금빛으로 반짝이는 호텔 외관에서부터 고급스러움과 화려함을 한껏 느낄 수 있다. 객실엔 가구와 작은 소품의 배치까지 세심하게 고려해 로맨틱한 분위기를 극대화시켰다. 여성들의 취향을 200% 저격하는 호텔.

Data 지도 135p-C
가는 법 지하철 6선 타고 51st St역 하차, 도보 2분 주소 301 Park Ave, New York, NY 10022 전화 212-355-3100 요금 400달러~ 홈페이지 www.waldorfnewyork.com

센트럴 파크와 시티 뷰를 볼 수 있는
포 시즌스 뉴욕 Four Seasons Hotel New York (5성)

세계 각국에 위치한 포시즌스 호텔의 뉴욕 지점으로 파크 애비뉴와 매디슨 애비뉴 사이에 위치한 고급 호텔. 센트럴 파크, 5번가 애비뉴, 모마, 블루밍 데일즈 등 주요 관광지와 가까운 거리에 있다. 아름다운 센트럴 파크와 반짝이는 뉴욕 야경을 감상할 수 있는 스위트룸이 특히 유명하다. 그 외에도 테라스나 시티 뷰의 옵션이 있는 디럭스 룸도 준비되어 있다. 최고급 호텔답게 숙박비가 많이 비싼 편이지만 조용하고 여유롭게 여행을 즐길 수 있는 최적의 장소로 명성이 자자하다.

Data 지도 135p-C
가는 법 지하철 4, 5, 6, N, Q, R선 타고 59th St 렉싱턴 애비뉴 역 하차 후 도보 6분
주소 57 E 57th St, New York, NY 10022
전화 212-758-5700
요금 500달러~ 홈페이지 www.fourseasons.com/newyork

빈티지해서 더 매력적인
에이스 호텔 Ace Hotel New York (4성)

객실마다 각자 다른, 빈티지한 인테리어로 유명한 에이스 호텔. 트렌디한 뉴욕여행을 꿈꾸는 젊은 여행객에게 추천하는 호텔이다. 로비부터 객실의 세세한 부분까지 꼼꼼하게 신경 쓴 인테리어 덕분에 여기저기 구경거리가 많다. 특히 객실에 비치된 어메니티가 좋은 반응을 얻고 있는데, 샤워 가운과 유기농 바디제품은 호텔 로비에서 구입할 수 있다. 로비엔 맥북과 함께 작업하는 뉴요커들로 가득하다. 유명한 스텀프타운이 호텔 로비에 있어 일부러 멀리까지 찾아가지 않아도 맛있는 커피를 즐길 수 있다.

Data 지도 134p-F
가는 법 지하철 N, R선 타고 28th St역 하차, 도보 2분
주소 20 W 29th St, New York, NY 10001
전화 212-679-2222
요금 250달러~
홈페이지 www.acehotel.com/newyork

New York By Area
02

어퍼 웨스트사이드 & 어퍼 이스트사이드

UPPER WESTSIDE & UPPER EASTSIDE

맨해튼 센트럴 파크를 가운데에 두고 서쪽은 어퍼 웨스트사이드, 동쪽은 어퍼 이스트사이드라고 부른다. 센트럴 파크와 가까이 있어서일까. 두 곳 모두 쾌적한 공기와 여유로운 분위기가 느껴진다. 특히 어퍼 이스트사이드는 명성이 자자한 맨해튼 최고의 부촌으로, 그들의 높은 예술 수준을 뒷받침하는 박물관과 미술관들이 밀집되어 뮤지엄 마일을 이루고 있다.

Upper Westside & Upper Eastside
PREVIEW

뉴욕을 상징하는 유명 건물들이 자리 잡고 있는 어퍼 웨스트사이드와 어퍼 이스트사이드 지역. 이곳의 가장 큰 보물은 센트럴 파크다. 일 년 내내 행사가 가득한 센트럴 파크와 수준 높은 공연이 진행되는 링컨 센터, 복합 쇼핑몰 타임워너센터까지 둘러보자. 어퍼 이스트사이드로 발걸음을 옮기면 한적한 분위기를 느낄 수 있다.

SEE

아름다운 센트럴 파크부터 자연사 박물관, 프릭 컬렉션 등 크고 작은 박물관들을 만날 수 있는 지역이다. 링컨 센터의 아름다운 야경과 루즈벨트 아일랜드의 빨간 트램이 당신을 기다리고 있다.

EAT

어퍼 웨스트사이드에는 미슐랭 2스타를 받은 해산물 레스토랑 마레아가 있다. 디저트로는 달콤한 초콜릿 칩 쿠키가 일품인 르뱅 베이커리를 추천한다. 다양하고 새로운 맛의 아이스크림을 원한다면 어퍼 이스트사이드의 스프링클도 탁월한 선택이 될 것이다.

BUY

어퍼 웨스트사이드 입구에는 당신의 알뜰 쇼핑을 책임질 센추리 21, 타임 워너 센터가 모두 도보 10분 거리에 있다. 어퍼 이스트사이드의 딜런스 캔디바에서는 독특한 모양의 사탕을 구입하고 신제품이 한국보다 먼저 출시되는 애플 스토어 방문도 잊지 말자.

어떻게 갈까?

어퍼 웨스트사이드를 둘러보는 첫날 코스는 자연사 박물관에서 시작된다. 지하철 B, C선을 타고 81st St 자연사 박물관 역에 하차하면 역과 박물관이 이어져 있다. 자연사 박물관을 건너뛰고 바로 센트럴 파크로 향하더라도 여기서 출발하면 센트럴 파크 주요 명소로의 접근이 편리하다. 이튿날 어퍼 이스트사이드 코스는 메트로폴리탄 박물관에서 시작한다. 지하철 4, 5, 6선을 타고 86th St역에서 하차 후 도보 10분 거리다.

어떻게 다닐까?

하루에 두 지역을 모두 돌아보는 것은 조금 무리이기에 이틀에 걸쳐 천천히 돌아보는 일정을 추천한다. 첫날은 어퍼 웨스트사이드의 명소들을 둘러보자. 클로이스터 박물관을 방문하고 싶다면 지하철을 이용해 이동하는 것이 좋다. 자연사 박물관에서 시작해 센트럴 파크를 돌아본 후, 링컨 센터에서 야경을 감상하며 마무리된다. 이튿날 코스는 메트로폴리탄 박물관에서 시작, 루즈벨트 아일랜드 트램에 탑승하는 것으로 끝이 난다.

Upper Westside & Upper Eastside
TWO FINE DAY

이틀에 걸쳐 천천히 어퍼 웨스트사이드와 어퍼 이스트사이드를 돌아보도록 하자. 센트럴 파크를 사이에 두고 다양한 박물관들이 있는 이곳. 작품에 대해 미리 알아보고 온다면 더욱 풍요로운 시간이 될 것이다.

1일차 – 어퍼 웨스트사이드

자연사 박물관 관람하기 → 도보 8분 → 르뱅 베이커리에서 초콜릿 칩 쿠키 먹기 → 도보 10분 → 도보 10분 → 마레아에서 근사한 점심 식사하기 → 도보 15분 → 센트럴 파크 산책하기 → 센추리 21에서 알뜰쇼핑하기 → 도보 1분 → 미국 포크 아트 박물관 관람하기 → 도보 3분 → 링컨 센터에서 공연과 함께 야경 감상하기

2일차 – 어퍼 이스트사이드

도보 25분 → 매디슨 애비뉴를 걸어 내려오며 쇼핑 즐기기 → 도보 5분 → 메트로폴리탄 박물관에서 세계의 명작 감상하기 → 플라자호텔 푸드홀에서 다양한 음식 먹어보기 → 도보 2분 → 애플스토어에서 신상품 체험하기 → 도보 5분 → 밤하늘을 가르며 루즈벨트 아일랜드 트램 타기 → 도보 6분 → 스프링클에서 레드벨벳 아이스크림 먹기 → 도보 3분 → 블루밍데일즈에서 디자이너 브랜드 쇼핑하기

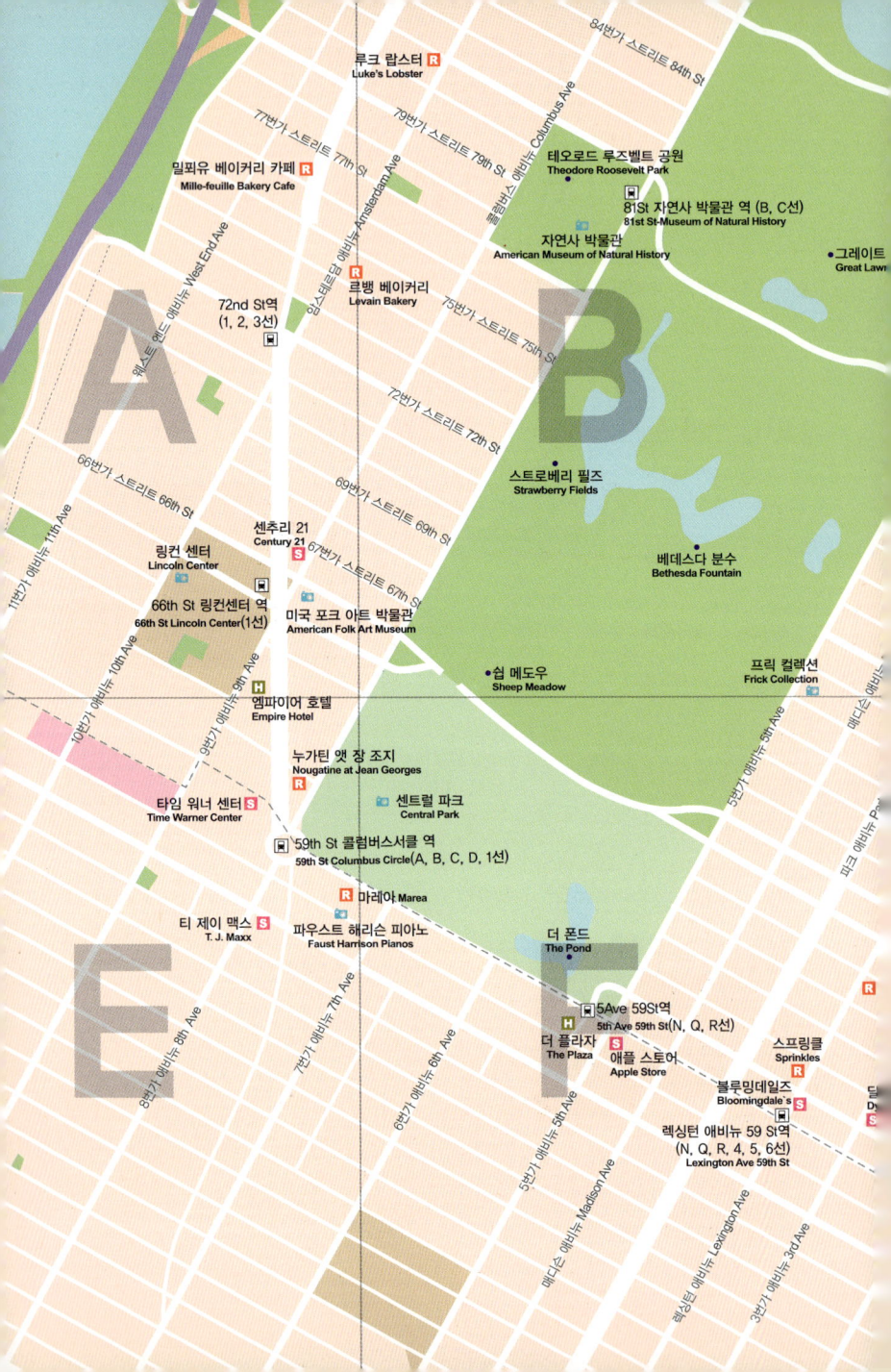

뉴욕의 오아시스
센트럴 파크 Central Park

맨해튼 미드타운이 끝나는 지점이면서 어퍼 웨스트사이드와 어퍼 이스트사이드의 한가운데에 위치한 센트럴 파크는 세계적으로 유명한 도심 공원이다. 자본주의 이미지로 대표되는 뉴욕, 그것도 맨해튼에 위치한 공원이라는 점에서 센트럴 파크는 커다란 의미와 가치를 가진다. 뉴요커의 휴식처인 센트럴 파크 안에는 작은 동물원과 넓은 잔디밭, 분수, 연못 등 크고 작은 공간들이 자리하고 있다. 사계절 따로 없이 뉴요커들이 즐겨 찾는 곳이라 크고 작은 행사들이 많이 열린다. 아름다운 공원이라 마냥 걷는 것도 좋지만 지나치게 넓기에 계획 없이 다니면 길을 잃을 수도 있다. 평소 영화에서 보던 장소나 특별히 가고픈 장소가 있다면 지도에 체크해 효율적으로 둘러보자.

Data 지도 170p-F
가는 법 지하철 A, B, C, D, 1선 타고 59th St 콜럼버스 서클 역 하차
전화 212-310-6600 **운영시간** 06:00~01:00
홈페이지 www.centralparknyc.org

쉽 메도우 Sheep Meadow

센트럴 파크에서 가장 넓은 잔디밭이 펼쳐져 있는 곳. 예전에 실제 양을 키웠던 곳이라서 쉽 메도우란 이름이 붙었다. 햇살이 좋은 날이면 선글라스를 쓴 뉴요커들이 이곳에 누워 일광욕과 태닝을 즐긴다. 온통 초록빛이라 이 공간에 들어서는 순간, 피곤함이 싹 가시는 기분이 들기도 한다. 누워서 책을 읽어도, 음악을 들어도, 낮잠을 즐겨도 좋다. 진정한 뉴요커의 여유란 이런 것! **Data** 지도 170p-B

스트로베리 필즈 Strawberry Fields

센트럴 파크 안에 있는 가수 존 레논의 추모 구역. 스트로베리 필즈 맞은편인 다코타 아파트는 바로 그와 아내 요코가 살던 곳이다. 이곳의 이름은 그가 생전에 작곡했던 노래에서 따온 것. 동그랗게 건축된 이 공간 가운데엔 그의 명곡 'IMAGINE'이 새겨져 있다. 그의 팬들이 가져다놓은 사진이나 꽃들이 지금까지 그를 기리며 자리하고 있다. **Data** 지도 170p-B

베데스다 분수 Bethesda Fountain

센트럴 파크 중심에 위치한 분수. 예루살렘 스데반 문 안에 위치한 베데스다 연못을 모델로 해서 만들어졌다. 물의 천사라 불리는 분수 위에 세워진 조형물은 1873년 완성된 것. 분수 주변은 영화나 드라마에 자주 등장해 연인들의 필수 데이트 코스로 불린다. **Data** 지도 170p-B

그레이트 론 Great Lawn

숲과 연못으로 둘러싸인 커다란 잔디밭이다. 경치가 아름다워 뉴욕 시민들의 피크닉 장소로 애용되고 있다. 매년 여름 이곳에서 뉴욕 필하모닉 오케스트라와 메트로폴리탄 오페라 공연이 열린다. 유명 가수들의 역사적 공연이 열리기도 하는 훌륭한 야외 공연장. 뉴욕 필하모닉 오케스트라의 공연 시에는 시작 5시간 전부터 잔디밭에 누워 자리를 맡아놓기 때문에 일찍 출발해야 한다. 오랜 시간을 기다려야 하기 때문에 가족 단위로 방문해서 파이나 피자 등 간단한 간식을 가지고 와 작은 피크닉을 즐기는 모습이 더없이 행복해 보인다. 센트럴 파크 홈페이지 캘린더에서 일정을 확인할 수 있다. **Data** 지도 171p-C

더 폰드 The Pond

어퍼 이스트사이드의 60번가 스트리트 쪽으로 가면 커다란 연못을 만날 수 있다. 나무들이 연못을 동그랗게 둘러싸고 있어 계절의 변화를 가장 확실하게 느낄 수 있다. 봄, 여름이면 울창한 나무들이 서 있고 가을엔 알록달록한 예쁜 단풍들이 수를 놓는 곳. 겨울엔 하얗게 눈으로 덮인 모습이 고고해 보이기도 한다. 센트럴 파크 안에 들어가지 않아도 5번가 애비뉴 쪽에 서서 충분히 감상이 가능하다. **Data** 지도 170p-F

센트럴 파크 백배 즐기기

1. 연인과 함께 하는 로맨틱 데이트
센트럴 파크에서 웨딩촬영을 하거나 결혼식을 하는 커플들을 볼 수 있다. 오늘만큼은 연인과 손을 잡고 천천히 센트럴 파크를 거닐어보자. 영화 주인공처럼 센트럴 파크 호수를 유유히 즐기며 보트를 타는 것도 좋다. 보트는 4월에서 11월 사이에 운행되며 한 시간에 약 15달러다.

2. 센트럴 파크의 푸른 양탄자 위에 한 장의 담요는 필수!
푸른 잔디밭에 앉는 것은 좋지만 담요는 꼭 챙길 것! 잔디밭에 그냥 누워 일광욕을 즐겼다가 일주일 내내 피부과 신세를 질 수도 있다. 멀리까지 온 여행인데 건강하게 돌아가려면 이 정도는 필수!

3. 혼자서도 알차게 즐기는 센트럴 파크
개인적으로 혼자 찾는 센트럴 파크도 추천하고 싶다. 가까운 델리에 들러 베이글 하나를 사고, 커피를 마시며 공원을 천천히 걸어보는 그 기분은 직접 해보지 않은 사람이라면 느낄 수 없다. 귀여운 청설모가 뛰어다니고 마차가 또각또각 소리 내며 공원을 활보하는 그곳. 서쪽으로 자연사 박물관이, 동쪽으로 메트로폴리탄 미술관이 연결되어 있으며 공원 안에는 작은 동물원도 있다. 그야말로 혼자 놀기에 최적의 장소다.

4. 뉴요커의 이야기를 담고 있는 센트럴 파크
센트럴 파크 코스의 시작이었던 콜럼버스 서클의 반대쪽에는 5번가 애비뉴로 이어지는 출구가 있다. 말들이 서서 쉬는 곳이라 금방 찾을 수 있다. 그 출구 쪽으로 가는 길에 여러 벤치들이 설치되어 있다. 벤치 가운데에 붙어 있는 네모난 판을 자세히 보면 짧은 문장들을 발견할 수 있다. 바로 센트럴 파크에 기부한 사람들이 남기고 싶은 말을 새겨놓은 것. 다양한 문장들이 있지만 그중 가장 기억에 남는 문장은 "I remember you every day". 과연 이 벤치는 어떤 사연을 담고 있을까, 궁금한 마음으로 살포시 앉아보자. 이곳은 뉴요커의 가장 편안한 휴식처, 센트럴 파크다.

| 어퍼 웨스트사이드 |

뉴욕의 대표 공연들을 볼 수 있는
링컨 센터 Lincoln Center

공연예술을 위해 맨해튼 서쪽에 지어진 다섯 개의 빌딩, 그 안에 상주하는 11개 예술단체와 26개의 공연장들을 포함해 링컨 센터라고 부른다. 1962년 지어진 이 건물들은 오페라와 음악, 연극, 발레 등 각 분야의 공연들을 한 곳에서 조화시키려는 의도로 건축되었다. 건물들 가운데에는 커다란 분수대가 자리하고 있는데, 저녁에 방문하면 건물 조명들과 어우러져 훨씬 아름다운 뷰를 감상할 수 있다. 공연 시간이 다가오면 한껏 우아하게 차려입은 뉴요커들이 링컨 센터로 몰려드는데 그들 틈에 섞여 공연장으로 향하는 기분은 특별하다. 공연을 감상하지 않더라도 저녁시간에 방문해 링컨 센터의 야경을 감상해보자.

Data 지도 170p-A
가는 법 지하철 1선 타고 66th St 링컨 센터 역 하차
주소 10 Lincoln Center Plaza New York, NY 10023
전화 212-875-5456
운영시간 월~금 08:00~22:00, 토~일 09:00~22:00
홈페이지 www.lincolncenter.org

생동감 넘치는 자연사 학습장
자연사 박물관 American Museum of Natural History

영화 〈박물관이 살아 있다〉에 등장해 더 유명한 자연사 박물관. 센트럴 파크를 사이에 두고 메트로폴리탄 미술관과 반대편에 위치해 있다. 이 거대한 박물관에는 커다란 동물 모형부터 우주관의 '빅뱅체험'까지 즐길 거리, 볼거리가 넘쳐난다. 전시관이 지나치게 많고, 또 넓기 때문에 박물관 안에서 길을 찾을 수 있는 전용 애플리케이션이 있다. 방문 전 미리 다운을 받아두면 편리하다. 박물관 1층과 지하철역이 바로 연결되어 있어 편리한 관람이 가능하며, 박물관 내에 푸드코트도 있어 간단하게 음식을 먹을 수도 있다. 박물관 입장권 외에도 아이맥스 영화, 특별전시는 따로 추가 금액을 지불해야 하며, 전시나 행사마다 가격이 다르다.

Data 지도 170p-B
가는 법 지하철 B, C선 타고 81st St 자연사 박물관 역 하차
주소 200 Central Park West, New York, NY 10024
전화 212-769-5100
운영시간 10:00~17:45(추수감사절과 크리스마스 당일 휴관)
요금 성인 22달러, 어린이 (2~12세) 12.50달러, 학생과 65세 이상 17달러
홈페이지 www.amnh.org

Tip 기부입장은 원하는 금액만큼 기부하고 입장하는 제도로 얼마를 내도 상관은 없지만 박물관 홈페이지에 권장 기부 금액이 적혀 있다.

아기자기한 공예 작품이 있는
미국 포크 아트 박물관 American Folk Art Museum

포크 아트란 민속 예술을 뜻하는 단어로 과거 유럽과 미국에서 볼 수 있었던 공예라고 생각하면 쉽다. 이 포크 아트는 시간이 지나며 각 지역마다 고유의 독특한 스타일로 발전되었는데, 미국 포크 아트 박물관에서 그 모습들을 만나볼 수 있다. 과거에는 원주민들의 물품과 초기 이주민의 공예품을 주로 전시했었지만 요즘은 다양한 문화의 공예품들을 전시하고 있다. 특히 우리의 일상생활과 밀접한 공예품들이 많아 소소한 재미를 느낄 수 있다. 알록달록한 퀼트 작품, 목재, 도기 등 다양한 종류의 공예품들을 만날 수 있어 더욱 흥미로운 곳.

Data 지도 170p-A
가는 법 지하철 1선 타고 66th St 링컨 센터 역 하차 후 도보 1분 **주소** 2 Lincoln Square, New York, NY 10023 **전화** 212-595-9533 **운영시간** 화~목 11:30~19:00, 금 12:00~19:30, 토 11:30~19:00, 일 12:00~18:00(월요일 휴관) **요금** 무료
홈페이지 folkartmuseum.org

마음은 가볍게, 감상은 경건하게
클로이스터 The Cloisters Museum & Gardens

지하철을 타고 한참 올라가면 도착하는 박물관, 클로이스터. 지하철에서 내려 버스를 타면 금방이지만 걸어가도 15분이면 충분하니 공원 안을 걸어서 가는 편을 추천한다. 프랑스 중세 종교 건축물과 조각상들을 중심으로 수집되었던 작품들은 현재 이곳에 전시되면서 유럽 중세 사원의 모습을 띠게 되었다. 클로이스터는 교회당과 전시실, 중앙 정원으로 꾸며져 있으며 다양한 테피스트리와 조각상들을 전시해놓았다. 조용하고 경건한 분위기 덕에 차분하게 작품을 감상할 수 있다.

Tip 메트로폴리탄 박물관에 방문한 당일, 티켓을 들고 클로이스터로 가면 입장료를 내지 않아도 된다.

Data 가는 법 지하철 A선 타고 190th St역 하차, 엘리베이터를 타고 올라가 M4 버스를 타거나 걸어서 포트 트라이언 파크 안에 있는 박물관 입장 **주소** 99 Margaret Corbin Dr, New York, NY 10040 **전화** 212-923-3700 **운영시간** 3~10월 10:00~17:15, 11~2월 10:00~16:45(추수감사절, 크리스마스, 1월 1일 휴관)
요금 성인 25달러, 학생 12달러, 62세 이상 17달러, 12세 미만 무료
홈페이지 www.metmuseum.org(메트로폴리탄 미술관의 분관)

| 어퍼 이스트사이드 |

세계 명작이 한 자리에
메트로폴리탄 미술관 The Metropolitan Museum of Art

미국 드라마 〈가십걸〉에서 주인공들이 계단에 앉아 요구르트를 먹으며 수다를 떨던 장면을 기억하는가. 바로 그 유명한 요구르트 계단이 이곳이다. '메트로폴리탄 미술관'을 뉴요커들은 줄여서 멧MET이라 부른다. 센트럴 파크와 닿아 있는 이곳은 매일 도네이션Donation 입장이 가능한데, 현금으로 입장료를 내는 줄에 서서 도네이션을 하겠다고 말하면 된다. 입장료 지불 후 배지를 주는데 색이 날마다 다르니 재사용할 수 없다는 점을 기억하자. 박물관 안에는 각 나라의 전시관이 마련되어 있는데 가장 인기 있는 장소는 명작이 전시된 '유럽미술' 섹션이다. 플래시를 이용하지 않는다면 사진촬영이 가능하며 음식은 반입이 되지 않는다. 입구에서 가방을 검사하니 열어서 내부를 보여주면 된다.

Data 지도 171p-C
가는 법 지하철 4, 5, 6선 타고 86th St역에서 하차 후 도보 10분 **주소** 1000 Fifth Ave, New York, NY 10028
전화 212-535-7710
요금 성인 25달러, 학생 12달러, 62세 이상 17달러, 12세 미만 무료
운영시간 일~목 10:00~17:30, 금~토 10:00~21:00(추수감사절과 크리스마스 및 1월 1일, 5월 첫 번째 월요일 휴관)
홈페이지 www.metmuseum.org

> **Tip** 기부 입장(원하는 가격만큼 지불)이 가능하다. 멧MET에 방문한 당일, 티켓을 들고 클로이스터(178p)로 가면 입장료를 내지 않아도 된다.

아트컬렉터들의 로망
프릭 컬렉션 The Frick Collection

미국의 사업가 프릭이 자신의 저택에 대가의 그림들을 수집해 전시해놓은 곳이다. 헌터 칼리지 역에 내려 조금 걷다 보면 고풍스러운 멋이 느껴지는 프릭의 대저택을 만날 수 있다. 사업적인 면에서는 냉정하다는 평가를 받았던 프릭이지만, 그가 수집한 작품들은 대부분 편안한 느낌의 회화나 조각상들이다. 프릭 컬렉션을 이어받은 딸은 이 저택 안에 중앙 정원을 증설했다. 중앙 정원에 발을 내딛는 순간, 이 아름다운 풍경에 마음까지 평온해짐을 느낄 수 있다. 전시실을 비롯해 건물의 세세한 장식에서도 고급스러움이 느껴져 마치 중세 귀족의 저택에 초대받은 기분이 든다. 특히 부셰룸의 화려함은 꼭' 사진으로 남기고 싶을 정도지만 안타깝게도 갤러리 내에서 사진촬영은 금지되어 있다.

Data 지도 170p-B
가는 법 지하철 6선 타고 68th St 헌터 칼리지 역에서 하차 후 도보 5분 **주소** 1 E 70th St, New York, NY 10021
전화 212-288-0700 **운영시간** 화~토 10:00~18:00, 일 11:00~17:00(매주 월요일, 추수감사절, 크리스마스 휴관)
요금 성인 22달러, 65세 이상 17달러, 학생 12달러, 10세 미만 어린이 입장금지 **홈페이지** www.frick.org

Tip 매주 수요일 오후 2시부터 오후 5시까지 원하는 금액으로 입장가능.

존재만으로도 우아함이 느껴지는
노이에 갤러리 Neue Galerie

20세기 초 독일과 오스트리아 작품 위주의 미술관이다. 다른 박물관이나 미술관과 달리 관람객이 많지 않은 편이며, 실내가 우아하고 고풍스럽다. 우아한 난간으로 장식된 계단을 오르면 좁지만 알찬 전시실이 보인다. 노이에 갤러리에서 가장 유명한 작품은 영화 〈우먼 인 골드〉로 유명한 구스타프 클림트의 〈아델 블로흐 바우어의 초상 1〉. 많은 사람들이 이 작품 앞에서 오랜 시간을 보내곤 한다. 클림트의 그림을 좋아하는 사람이라면 이 작품 하나만으로도 입장료가 아깝지 않은 시간을 보낼 수 있을 것이다. 그 외에 대중적인 작품은 거의 없지만 갤러리 특유의 차분한 분위기에 독일, 오스트리아 작품에서 느낄 수 있는 매력들이 더해져 좋은 평가를 받고 있다. 갤러리 내부는 촬영이 금지되어 있다.

Data 지도 171p-C
가는 법 지하철 4, 5, 6선 타고 86th St역에서 하차 후 도보 5분
주소 1048 5th Ave, New York, NY 10028
전화 212-628-6200 **운영시간** 월, 목, 금, 토, 일 11:00~18:00 (매주 화, 수요일, 1월 1일, 독립기념일, 추수감사절, 크리스마스 휴관) **요금** 성인 20달러, 65세 이상 15달러, 학생 10달러, 12~16세는 반드시 어른과 동반해야 하며 12세 미만은 입장 금지
홈페이지 www.neuegalerie.org

Tip 매달 첫째 주 금요일 오후 6시부터 8시까지 무료입장. 사람이 매우 많이 몰린다.

독특한 건물이 매력적인

구겐하임 미술관 The Solomon R. Guggenheim Museum

커다란 나선형 구조의 건물 모양으로 더욱 유명한 미술관. 자선 사업가 솔로몬 구겐하임이 수집한 현대미술품들을 기반으로 설립되었다. 솔로몬 R. 구겐하임 재단은 국제화를 핵심 전략으로 뉴욕 외에도 베니스, 빌바오, 아부다비 등 다양한 곳에 미술관을 건립하고 있다. 건립 초기에는 주로 칸딘스키와 샤갈의 회화 작품을 선보였지만 시간이 지남에 따라 현대미술의 주요 작가와 작품을 전시하고 있다. 구겐하임이 다른 미술관들과 차별화되는 가장 큰 부분은 독특한 건물 모양이다. 미술관 내부는 미술관을 둥그렇게 도는 경사로로 이루어져 있는데, 엘리베이터를 타고 제일 위층으로 올라가 경사로를 내려오며 작품을 천천히 감상할 수 있도록 설계되었다. 미술관 안쪽에 서서 위아래를 보면 이 독특한 미술관에서 작품을 감상 중인 사람들의 모습이 한눈에 들어온다. 천장의 유리를 통해 들어오는 자연 채광도 또 하나의 특별한 매력. 실내조명이 따로 있지만 흐린 날과 맑은 날의 분위기가 다르게 느껴진다. 박물관 모양을 본뜬 기념품이 인기리에 판매되고 있으며, 1층을 제외한 건물 내부와 작품은 촬영이 금지되어 있다. 몰래 촬영하려고 해도 경호원들이 엄격하게 제재하니 명심할 것.

Data 지도 171p-C
가는 법 지하철 4, 5, 6선 타고 86th St역에서 하차 후 도보 5분. 88th St에 위치
주소 1071 5th Ave, New York, NY 10128
전화 212-423-3500
운영시간 월·화·수·금·일 10:00~17:45,
토 10:00~19:45
(매주 목요일, 크리스마스, 추수감사절 휴관)
요금 성인 25달러, 학생과 65세 이상 18달러, 12세 이하의 어린이 무료 **홈페이지** www.guggenheim.org

---

Tip 매주 토요일 오후 5시 45분부터 7시 45분까지 기부입장으로 관람이 가능하다.

새빨간 케이블카
루즈벨트 아일랜드 트램 Roosevelt Island Tram

영화 〈레옹〉부터 〈스파이더맨〉, 〈킹콩〉까지 뉴욕을 배경으로 한 영화에 자주 나오는 빨간 케이블카. 바로 맨해튼과 루즈벨트 아일랜드를 이어주는 트램이다. 루즈벨트 아일랜드에 거주하는 뉴요커들은 이 트램을 타고 맨해튼으로 통근하는데, 5분 정도면 목적지까지 도착한다. 트램은 고층빌딩처럼 높지 않기 때문에 적당한 거리에서 맨해튼 시내와 도로를 바라보기에 좋다. 강을 건너 루즈벨트 아일랜드로 가는 동안 펼쳐지는 전망이 아름답다. 낮에 탑승하면 빨간색의 강렬한 케이블카 뒤로 맨해튼의 풍경을 여유롭게 감상할 수 있고, 어두운 밤에 탑승하면 별처럼 반짝이는 맨해튼의 야경을 보며 루즈벨트 아일랜드로 갈 수 있다. 지하철 무제한 이용권이 있다면 횟수 제한 없이 여러 번 탑승할 수 있으니 시간별로 탑승해보는 것을 권한다. 출퇴근 시간을 피하는 것이 좋다.

Data 지도 171p-G
가는 법 지하철 4, 5, 6, N, Q, R선 타고 렉싱턴 애비뉴 59th St역 하차 후 도보 5분. 60번가 스트리트와 2번가 애비뉴가 만나는 지점에 위치
주소 2nd Ave, New York, NY 10022 **운영시간** 일~목 06:00~02:00,
금~토 06:00~03:30
요금 지하철 1회 가격과 동일. 무제한 패스도 사용 가능

| 어퍼 웨스트사이드 |

시푸드의 황홀한 변신
마레아 Marea

해산물 전문 레스토랑. 센트럴 파크 서쪽 입구의 맞은편에 위치하고 있다. 마레아는 미슐랭 2스타 레스토랑으로도 유명한데, 미리 예약을 해야 원하는 시간에 식사를 할 수 있다. 점심에는 비즈니스 런치 코스를 1인당 54달러에 이용할 수 있다. 애피타이저와 메인 요리를 하나씩 선택할 수 있는 코스다. 애피타이저로는 앤티패스티의 폴리포Polipo를, 메인 요리로는 스트로차프레티Strozzapreti 파스타를 추천한다. 폴리포는 구운 문어를 각종 야채와 곁들여낸 메뉴로 쫄깃한 문어의 맛과 야채, 소스의 조화가 일품이다. 스트로차프레티는 성게와 게살, 바질을 조리한 파스타인데 해산물을 좋아하지 않는 사람도 기꺼이 한 그릇을 다 비우게 하는 맛이다. 마레아를 추천하는 또 다른 이유는 매장의 분위기다. 고급스러운 인테리어에 조용한 음악이 흐르고 여러 명의 서버들은 식사를 하는 내내 당신의 컨디션을 살핀다. 형식적인 친절이 아닌, 진심으로 고객의 입맛, 메뉴 하나하나를 체크하는 그들의 프로페셔널함 덕분에 오늘도 마레아는 매너 있고 근사한 뉴요커들로 가득하다. 방문할 때 꼭! 옷차림에 신경 쓰도록 하자.

Data 지도 170p-E
가는 법 지하철 A, B, C, D, 1선 타고 59th St 콜럼버스 서클 역 하차, 도보 3분
주소 240 Central Park S, New York, NY 10019
전화 212-582-5100
가격 비즈니스 런치 54달러, 4코스 프리픽스 106달러
운영시간 런치 월~금 12:00~14:30,
토~일 11:30~14:30 /
디너 월~목 17:30~23:00,
금~토 17:00~23:30,
일 17:00~22:30
홈페이지 www.marea-nyc.com

유명 셰프 장 조지의
누가틴 앳 장 조지 Nougatine at Jean Georges

트럼프 인터내셔널 호텔 1층에 위치한 스타셰프 장 조지의 프렌치 레스토랑. 고급 레스토랑 장 조지와 누가틴 앳 장 조지가 함께 있는데, 이곳에서는 장 조지보다 저렴한 가격에 근사한 셰프의 요리를 즐길 수 있다. 고급 레스토랑이니 미리 예약을 한 뒤, 한껏 멋을 내고 가도록 하자. 런치에 방문해 프리픽스 메뉴를 선택하면 다양한 메뉴를 맛볼 수 있다. 메뉴가 나올 때마다 꼼꼼한 설명과 세심한 케어를 해주기에 식사 시간이 만족스럽다. 일반적인 요리도 이곳에서 주문한다면 특별한 맛을 느낄 수 있다. 재료 본연의 맛과 향을 잘 살리면서 감칠맛을 더한 것이 특징이다.

Data 지도 170p-E
가는 법 지하철 A, B, C, D, 1선 타고 59th St 콜럼버스 서클 역 하차 후 도보 1분
주소 1 Central Park West, New York, NY 10023
전화 212-299-3900
운영시간 11:45~14:30, 17:30~23:00 가격 런치 프리픽스 38달러 홈페이지 www.jean-georges.com

프랑스 감성을 담은 자연주의 베이커리
밀푀유 베이커리 카페 Mille-feuille Bakery Cafe

파리에서 공부한 셰프 올리비에의 철학과 신념을 담아 건강하고 맛있는 프렌치 스타일의 디저트를 선보이는 곳. 대표 메뉴는 밀푀유인데 바닐라, 프랄린, 초콜릿 세 가지 종류가 있다. 그중 가장 인기가 많은 메뉴는 프랄린. 바삭바삭한 페이스트리와 세 겹으로 이루어진 프랄린 크림의 조화가 아주 훌륭하다. 밀푀유 외에도 에클레어, 과일 타르트, 마카롱 등을 판매하고 있다. 샌드위치와 간단한 음료를 세트로 먹을 수 있는 런치 스페셜 메뉴도 준비되어 있다. 디저트 선택부터 포장까지 세심하게 신경 쓰는 스태프들의 친절함도 이곳의 큰 장점이다.

Data 지도 170p-A
가는 법 지하철 1선 타고 79th St역 하차, 도보 3분
주소 2175 Broadway, New York, NY 10024
운영시간 월~금 07:00~20:00, 토~일 08:00~20:00
가격 디저트 단품 4.5달러~
홈페이지 www.millefeuille-nyc.com

Unbelievable, 초콜릿 칩 쿠키!
르뱅 베이커리 Levain Bakery

초콜릿 칩 쿠키로 뉴욕을 평정한 베이커리. 성인 손바닥을 가득 채울 만큼 커다란 크기의 쿠키를 반으로 쪼개면 쿠키 사이에 두툼하게 박혀 있던 초콜릿들이 흘러내린다. 두께 또한 얼마나 두꺼운지 소보로빵과 비슷한 비주얼을 지니고 있다. 르뱅에서는 스콘이나 빵을 비롯한 다른 메뉴도 판매하고 있지만 대부분의 사람들이 찾는 메뉴는 초콜릿 칩 월넛 쿠키와 다크 초콜릿 칩 쿠키. 단 음식을 좋아하지 않는다면 오트밀 레이즌 쿠키를 추천한다. 겉은 바삭하고 속은 촉촉하며 쫀득쫀득 달콤한 초콜릿 쿠키는 르뱅만의 전매특허! 2014년에는 허핑턴 포스트에서 선정한 '죽기 전에 먹어야 할 음식 25'에 선정되기도 했다. 블루 보틀의 부드러운 라테와 함께 먹으면 더욱 맛있다.

Data 지도 170p-A
가는 법 지하철 1, 2, 3선 타고 72nd St역 하차, 도보 3분
주소 167 W 74th St, New York, NY 10023
전화 212-874-6080
운영시간 월~토 08:00~19:00, 일 09:00~19:00
가격 쿠키 4달러
홈페이지 www.levainbakery.com

| 어퍼 이스트사이드 |

사랑스러운 프렌치 레스토랑
조조 Jo Jo

어퍼 이스트사이드에 위치한 사랑스러운 프렌치 레스토랑. 조용한 동네 분위기를 만끽하며 길을 따라 걸어보자. 자그마한 주황색 건물 외관에 켜져 있는 예쁜 조명이 이곳이 조조임을 알려준다. 조명은 조금 어둡지만 고급스럽고 아늑한 분위기로 꾸며져 있다. 프리픽스 메뉴를 선택하면 비교적 저렴한 가격에 다양한 메뉴를 즐길 수 있다. 음식은 대체로 자극적이지 않으면서도 건강한 메뉴들로 구성되어 있다. 디저트 메뉴로 바닐라 아이스크림을 곁들인 폰당 쇼콜라를 주문해보자. 장 조지 레스토랑의 시그니처 메뉴로, 차가운 아이스크림과 폰당 쇼콜라의 조화가 훌륭하다.

Data **지도** 171p-G
가는 법 지하철 4, 5, 6, N, Q, R선 타고 렉싱턴 애비뉴 59th St역 하차, 또는 F선 타고 렉싱턴 애비뉴 63rd St 하차, 도보 5분
주소 160 East 64th Street, New York, NY 10021
전화 212-223-5656 **운영시간** 월~금 12:00~14:30, 17:30~22:30, 토~일 11:00~15:00, 17:30~22:45
가격 런치 프리픽스 35달러, 디너 프리픽스 42달러
홈페이지 www.jean-georges.com

영화 속 그 집!
세렌디피티 3 Serendipity 3

영화 〈세렌디피티〉 주인공들이 프로즌 핫 초콜릿을 먹어 유명해진 곳. 커다란 그릇에 가득 담겨 나오는 프로즌 핫 초콜릿을 주문해보자. 지나치게 달지 않나 싶지만 먹다 보면 자꾸만 끌리는 맛이다. 양도 꽤 많아서 과연 영화 주인공들이 한 그릇씩 다 먹었는지 궁금증이 생길지도 모르겠다. 유명한 곳이라 사람이 많이 몰려 웨이팅을 한 시간 가까이 해야 하는 단점이 있다. 식사 메뉴도 괜찮지만 디저트 메뉴가 더 유명하니 주문 시 참고하자. 조금은 혼란스러운 분위기의 인테리어와 메뉴판이 당신을 웃음 짓게 할 것이다.

Data 지도 171p-G
가는 법 지하철 4, 5, 6, N, Q, R선 타고 렉싱턴 애비뉴 59th St역 하차, 도보 3분
주소 225 East 60th St. New York, NY 10022 **전화** 212-838-3531
운영시간 일~목 11:30~24:00, 금~토 11:30~01:00 **가격** 프로즌 핫 초콜릿 8.95달러
홈페이지 www.serendipity3.com

어퍼 이스트사이더가 사랑하는
투 리틀 레드 헨스 Two Little Red Hens

주말 저녁이면 줄이 매장 밖까지 이어지는 베이커리. 부유하고 고상하기로 소문난 어퍼 이스트사이더들이 사랑하는 컵케이크 가게. 한 입에 쏙 들어가는 미니 컵케이크부터 커다란 홀케이크까지 다양한 종류의 케이크를 판매하고 있다. 가장 기본 메뉴인 레드벨벳도 맛있지만 부드러운 슈크림 맛이 일품인 보스턴 크림 컵케이크를 추천한다. 크림치즈와 작게 씹히는 당근 맛이 포인트인 당근 케이크도 맛있다. 가게 이름처럼 매장 곳곳에 닭이나 병아리 소품이 가득하다. 오랜 단골들로 가득한 곳. 투 리틀 레드 헨스에서는 모두가 반가운 이웃이다.

Data 지도 171p-D
가는 법 지하철 4, 5, 6선 타고 86th St역 하차 후 도보 5분 **주소** 1652 2nd Ave, New York, NY 10028 **전화** 212-452-0476
운영시간 월~금 07:30~21:00, 토 08:00~22:00, 일 08:00~20:00
가격 컵케이크 4달러~
홈페이지 www.twolittleredhens.com

알록달록 레인보우
스프링클 Sprinkles

장식은 심플하지만 맛은 정직한 컵케이크. 날마다 만드는 컵케이크의 종류가 다르니 미리 홈페이지를 확인하고 찾아가면 편하다. 대표적으로 바닐라와 바나나, 딸기 맛이 인기가 좋고, 독특하게 강아지를 위한 도기 컵케이크도 판매 중이다. 또 매장에서 컵케이크 믹스를 판매하고 있어 원한다면 집에서도 스프링클의 컵케이크를 만들어 먹을 수 있다. 스프링클에서는 컵케이크 외에도 아이스크림을 판매하고 있는데, 가장 유명한 아이스크림은 레드벨벳! 스프링클의 레드벨벳 컵케이크와 크림치즈 프로스팅이 차갑고 쫀득한 아이스크림으로 다시 태어났다. 새빨간 콘의 비주얼도 매력적이다. 독특한 맛을 원한다면 피넛 버터를 추천한다. 진한 땅콩버터가 들어간 고소한 맛의 아이스크림인데 쫀득한 맛이 강하다.

Data 지도 170p-F
가는 법 지하철 4, 5, 6, N, Q, R선 타고 렉싱턴 애비뉴 59th St역 하차, 도보 2분 **주소** 780 lexington avenue new york, new york 10065 **전화** 212-207-8375 **운영시간** 월~토 09:00~21:00, 일 10:00~20:00 **가격** 컵케이크 3.75달러, 아이스크림 3.75달러 **홈페이지** www.sprinkles.com

랍스터를 색다르게 즐기는 법
루크 랍스터 Luke`s Lobster

랍스터를 찜으로, 또는 구이로만 먹는다는 편견을 버리자. 맛있는 소스에 버무려진 통통한 랍스터를 바삭하게 구워진 빵과 함께 먹는 랍스터 롤이 있으니 말이다. 루크 랍스터에서는 랍스터 롤과 쉬림프 롤, 크랩 롤도 함께 판매하고 있다. 모두 맛보고 싶다면 세 가지를 반씩 담아낸 루크 트리오Luke`s trio를 주문해보자. 루크 랍스터는 2009년 이스트 빌리지점 오픈을 시작으로 뉴욕 곳곳에 자리를 넓히면서 까다로운 뉴요커의 입맛을 확실하게 사로잡고 있다. 예약은 되지 않으니 식사시간에 맞춰 가려면 조금 서두르는 것이 좋다. 세 지점 외에 다른 지점들도 있으니 각자의 관광코스에 맞춰 가까운 지점에 방문하면 된다. 이곳의 랍스터 롤은 양에 비해 가격이 조금 비싼 편이지만 쫄깃하고 통통한 랍스터를 색다르게 맛보고 싶다면 반드시 먹어봐야 할 메뉴. 세트로 음료와 칩스를 함께 주문할 수도 있다.

어퍼 웨스트사이드점
Data 지도 170p-B
가는 법 지하철 1 타고 79th St역 하차, 도보 5분 주소 426 Amsterdam Avenue, New York, NY 10024 전화 212-877-8800 운영시간 일~목 11:00~22:00, 금~토 11:00~23:00 가격 랍스터 롤 16달러, 루크 트리오 20달러 홈페이지 www.lukeslobster.com

플라자 호텔 푸드홀점
Data 지도 170p-F
가는 법 지하철 N, Q, R선 타고 5th Ave-59th St역 하차 후 도보 1분 주소 1 West 59th Street, New York, NY 10019 전화 646-755-3227 운영시간 월~토 11:00~21:30, 일 11:00~18:00

어퍼 이스트사이드점
Data 지도 171p-C
가는 법 지하철 4, 5, 6선 타고 86th St역 하차 후 도보 10분 주소 242 East 81st Street, New York, NY 10028 전화 212-249-4241 운영시간 11:00~22:00

| 어퍼 웨스트사이드 |

크리스마스에 더 멋진
타임 워너 센터 Time Warner Center

콜럼버스 서클 바로 앞에 위치한 쌍둥이 빌딩. 콜럼버스 서클은 크리스토퍼 콜럼버스의 동상이 세워져 있는, 센트럴 파크 남서쪽과 브로드웨이의 교차로다. 타임 워너 센터는 그곳에 위치한 복합 쇼핑몰. 원래는 뉴욕 콜로세움이 있던 자리였는데, 현재는 타임 워너의 세계본부, CNN스튜디오가 있다. 지하 1층부터 4층까지는 여러 브랜드숍과 레스토랑이 입점해 있고 5층엔 재즈 전용 극장 재즈 앳 링컨 센터가 있다. 특히 크리스마스 시즌 장식이 독특하고 훌륭해서 건물 내에서도, 외부에서도 사진 찍기에 좋다. 또 타임 워너 센터 내부에서 보는 콜럼버스 서클이 멋있기로 유명하다. 지하 1층엔 홀 푸드 마켓이 있어 간단한 식사와 식료품 쇼핑을 즐길 수 있고, 1층엔 리빙 브랜드로 유명한 윌리엄 소노마의 매장이 있다. 그 외에도 의류, 잡화 등 다양한 매장에서 쇼핑을 즐길 수 있다. 비 오는 날, 타임 워너 센터의 커다란 유리창을 통해 바라보는 바깥풍경이 특히 아름답다.

Data 지도 170p-E
가는 법 지하철 A, B, C, D, 1선 타고 59th St 콜럼버스 서클 역 하차 **주소** 10 Columbus Circle, New York, NY 10019
전화 212-823-6000 **운영시간** 월~토 10:00~21:00, 일 11:00~19:00 **홈페이지** www.theshopsatcolumbuscircle.com

창고세일을 연상케 하는
센추리 21 Century 21

링컨 센터 맞은편에 위치한 센추리 21 링컨 스퀘어 지점. 다른 아웃렛 매장에 비해 매장이 깔끔하게 정돈되어 있어 편하게 쇼핑을 즐길 수 있다. 운이 좋다면 생로랑, 돌체 앤 가바나 등의 선글라스를 반값 이하의 가격에 구입할 수 있으니 작은 쇼케이스도 그냥 지나치지 말자. 보석은 의외의 장소에 숨어 있는 법! 센추리 21 링컨 스퀘어 지점에서 특히 추천하는 품목은 신발이다. 저렴한 가격에 좋은 브랜드의 신발을 원한다면 지하 1층으로 고고! 명품 브랜드 슈즈부터 중저가 브랜드 슈즈까지 브랜드별로 잘 진열되어 있고, 원하는 신발을 직접 꺼내어 마음껏 착용해볼 수 있어 합리적인 쇼핑이 가능하다.

Data 지도 170p-A
가는 법 지하철 1선 타고 66th St 링컨 센터 역 하차 후 도보 2분
주소 1972 Broadway New York, NY 10023
전화 212-518-2121
운영시간 월~토 10:00~22:00, 일 11:00~20:00
홈페이지 www.c21stores.com

| 어퍼 이스트사이드 |

알록달록한 어린이들의 천국
딜런즈 캔디바 Dylan's Candy Bar

헨젤과 그레텔에게 과자집이 있다면 우리에겐 딜런즈 캔디바가 있다! 알록달록 막대사탕부터 초콜릿, 수십 가지의 젤리와 과자가 있는 곳. 눈 닿는 곳마다 달콤한 간식들이 가득하고 앙증맞은 쿠션과 소품들이 자리하고 있다. 할로윈이나 크리스마스 등 시즌별로 특별한 소품, 상품들을 판매하고 있어 미국의 행사 분위기를 제대로 느낄 수 있다. 특히 커다란 아이스크림 모양의 쿠션과 키 체인은 선물로도 인기 만점! 어린이들만 좋아할 거란 편견은 금물. 동심으로 돌아가 달콤한 유혹에 빠져보자.

Data 지도 171p-G
가는 법 지하철 4, 5, 6, N, Q, R선 타고 렉싱턴 애비뉴 59th St역 하차, 도보 3분 **주소** 1011 3rd Ave, New York, NY 10065 **전화** 646-735-0078 **운영시간** 월~목 10:00~21:00, 금~토 10:00~23:00, 일 11:00~21:00 **홈페이지** www.dylanscandybar.com

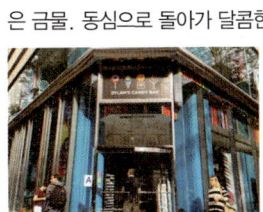  

최신 애플제품을 체험할 수 있는
애플 스토어 Apple Store

센트럴 파크 동쪽 입구에 위치한 애플 스토어. 신제품이 출시되면 며칠 전부터 북새통을 이루는 곳이다. 심플한 통유리 부스를 지나 계단을 내려가면 드넓은 매장에 애플 스태프와 관광객이 반씩 섞여 애플의 여러 제품을 체험하는 모습이 보인다. 한국보다 신제품이 빨리 입고되기에 얼리어답터라면 잊지 말고 방문해야 하는 곳. 어두운 밤, 통유리에서 홀로 빛나고 있는 사과 로고가 매력적이다.

Data 지도 170p-F
가는 법 지하철 N, Q, R선 타고 5th Ave 59th St역 하차 후 도보 1분 **주소** 767 5th Ave, New York, NY 10153 **전화** 212-336-1440 **운영시간** 12:00~23:59 **홈페이지** www.apple.com/retail/fifthavenue

다양한 디자이너 브랜드가 있는
블루밍데일즈 Bloomingdale`s

미국에서는 '블루미'라고도 불리는 백화점 중 하나로, 미국 내 여러 점포를 보유하고 있다. 맨해튼에는 어퍼 이스트사이드 쪽 렉싱턴 애비뉴와 소호, 두 곳에 지점이 있다. 렉싱턴 애비뉴 지점은 영화 〈세렌디피티〉에서 주인공들이 처음 만난 장소로 잘 알려져 있다. 지하철역과 백화점 입구가 연결되어 있어 비나 눈이 오는 날이면 더 편리하게 이동할 수 있다. 소호 지점보다 매장이 크고 다양한 브랜드가 입점해 있다. 소호 지점에는 젊은 고객들의 입맛에 맞춘 트렌디한 브랜드와 디스플레이가 많다. 레베카 밍코프, 이큅먼트, 커런트 엘리엇 등 다양한 디자이너 브랜드가 있다. 백화점 자체적으로도 할인 행사를 자주 하기에 때를 잘 맞춘다면 원하는 제품을 아주 저렴한 가격에 구입할 수 있다.

Data 지도 170p-F
가는 법 지하철 4, 5, 6, N, Q, R선 타고 렉싱턴 애비뉴 59th St역 하차, 도보 1분 **주소** 1000 3rd Ave, New York, NY 10022 **전화** 212-705-2000 **운영시간** 월~토 10:00~20:30, 일 10:00~19:00 **홈페이지** www.bloomingdales.com

Tip 방문자 센터에서 관광, 할인 정보와 쿠폰을 제공받을 수 있다.

눈으로 즐기는 사치
매디슨 애비뉴 Madison Ave

5번가 근처에 자리한 또 다른 명품거리. 5번가 애비뉴에 비해 관광객들에게 덜 알려져 훨씬 차분하고 한적한 분위기로 현지 뉴요커들이 많이 방문하는 곳이다. 매장 분위기나 디스플레이, 서비스 등은 5번가 애비뉴와 큰 차이가 없으니 조용하게 쇼핑하고 싶다면 매디슨 애비뉴를 방문해보자. 매장 내 고객 수가 많지 않아 세심한 케어를 받을 수 있고, 가까운 거리에 에르메스, 샤넬, 끌로에, 지방시 등 다양한 브랜드가 모여 있어 쇼핑에 편리하다. 한가한 분위기의 거리에서 간단한 스냅사진을 촬영하기도 좋다. 할리우드 스타처럼 파파라치 콘셉트로 한 장 찍어보는 건 어떨까.

Data 지도 170p-F
가는 법 지하철 N, Q, R선 타고 5th Ave-59th St역 하차, 동쪽으로 한 블록 더 가면 위치

SLEEP

뉴욕의 랜드마크
더 플라자 The Plaza (5성)

5번가 애비뉴와 센트럴 파크 입구가 만나는 곳에 위치한 플라자 호텔. 1907년에 건축된 곳으로 맨해튼 중심에 위치한 뉴욕의 랜드마크를 담당하는 호텔이다. 5성급의 럭셔리 호텔로 신혼부부와 가족 단위의 관광객들이 선호하는 곳. 고급스러운 가구와 소품, 회화들로 꾸며져 있으며, 명품 쇼핑 거리 5번가 애비뉴에 위치해 있어 교통도 편리하고 치안도 좋다. 이곳은 영화 〈위대한 개츠비〉 촬영 장소로도 잘 알려져 있는데, 호텔 내부의 화려함을 스크린 가득 보여주면서 그 명성을 확고히 했다. 실제로 작가 스캇 피츠제럴드는 플라자의 단골이었다고. 그 외에도 유명 건축가와 예술가들이 즐겨 머물던 곳으로 유명하다.

Data 지도 170p-F
가는 법 지하철 N, Q, R선 타고 5th Ave-59th St역 하차, 도보 1분 **주소** 768 5th Ave, New York, NY 10019 **전화** 212-759-3000 **요금** 590달러~ **홈페이지** www.theplazany.com

© The Plaza

© The Plaza

New York By Area

03

첼시 & 그리니치 빌리지
CHELSEA & GREENWICH VILLAGE

고층 빌딩이 가득했던 공간을 떠나 맨해튼의
서쪽 끝으로 가보자. 허드슨 강이 보이는
맨해튼의 서쪽에는 첼시 마켓, 하이라인
파크, 미트패킹 같은 독특한 스폿이 많다.
걷기만 해도 예술적 영감이 솟아나는
그곳으로 떠나보자.

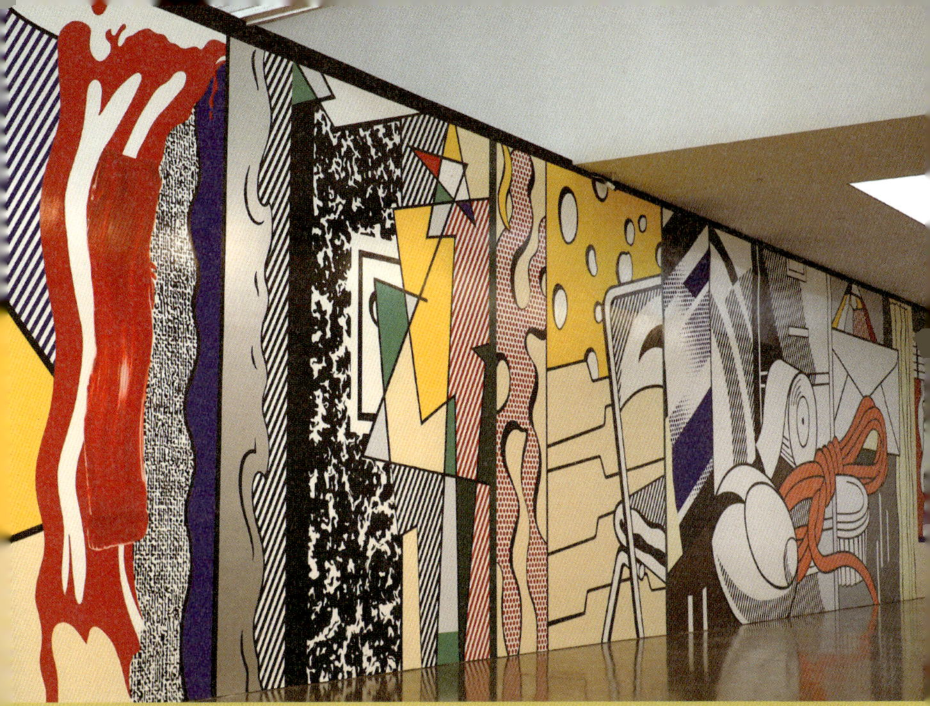

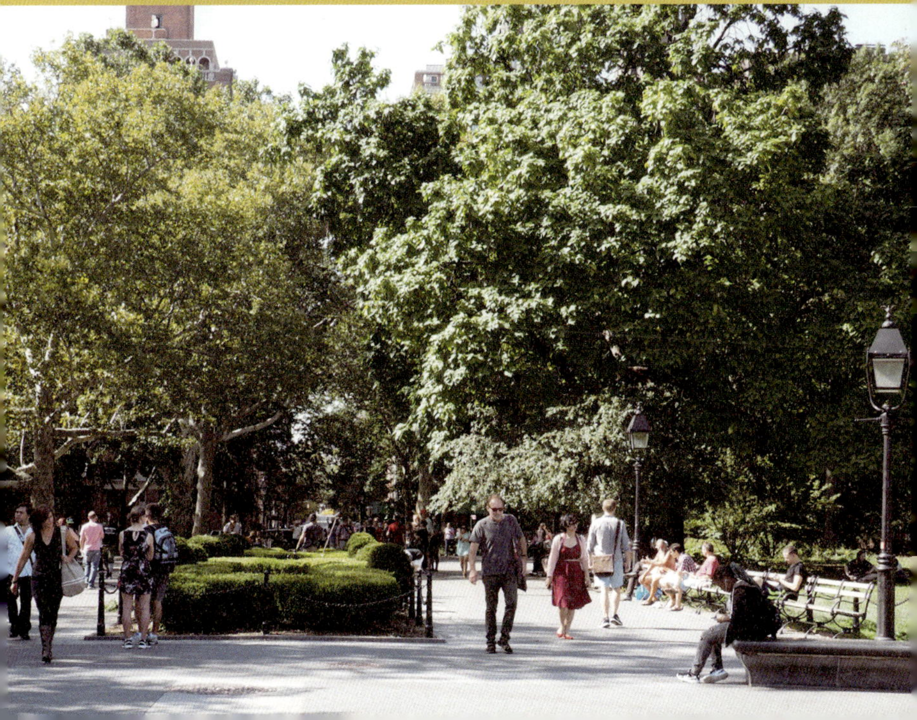

Chelsea & Greenwich Village
PREVIEW

정신없이 북적이는 미드타운을 떠나 예술과 여유로움이 공존하는 지역으로 향하자. 그림처럼 아름다운 워싱턴 스퀘어 파크와 아기자기한 그리니치 빌리지, 그리고 반짝이는 아이디어가 돋보이는 첼시와 미트패킹이 당신의 감성에 똑똑 노크할 것이다.

SEE

으리으리한 고층 빌딩은 없지만 소박한 여유로움이 있는 이곳! 각자 다른 매력의 워싱턴 스퀘어 파크와 하이라인 파크를 걸어보자. 예술에 관심이 많다면 첼시 갤러리 투어도 적극 추천한다.

EAT

첼시 마켓엔 다양한 음식점이 입점해 있다. 직접 고른 랍스터를 쪄주는 랍스터 플레이스와 쫄깃한 팻 위치 브라우니는 이곳의 명소! 그리니치 빌리지에서 즐기는 뉴욕식 브런치도 포기할 수 없는 맛이다.

BUY

그리니치 빌리지에 위치한 북마크는 여행객들이 사랑하는 소품 가게다. 비싸지 않은 가격에 독특한 소품들을 구입할 수 있다. 블리커 레코드 숍과 그리니치 레터프레스도 그냥 지나치기엔 아까운 곳이다.

어떻게 갈까?

지하철 A, B, C, D, E, F, M선이 정차하는 W 4th St 역에서 도보 5분 거리에 워싱턴 스퀘어 파크가 있다. N, R선을 타고 8th St NYU역에서 하차해도 도보 6분이면 워싱턴 스퀘어 파크에 도착할 수 있다. 바로 첼시 마켓으로 가고 싶다면 지하철 A, C, E선 14th St역이나 L선의 8th Ave역에서 하차하면 도보로 5분 걸리는 가까운 거리에 위치해 있다. 그리니치 빌리지는 지하철 1선을 타고 크리스토퍼 스트리트 역에서 하차하면 바로 앞이다.

어떻게 다닐까?

추천 코스를 따르지 않더라도 20분 안에 도보 이동이 가능한 가까운 지역이다. 워싱턴 스퀘어 파크나 하이라인 파크와 같은 공원이 있고, 그리니치 빌리지의 거리를 쭉 걸어야 하니 편한 신발은 필수. 공원에서의 휴식을 즐기고 싶다면 선글라스도 챙겨 떠나도록 하자.

Chelsea & Greenwich Village
ONE FINE DAY

여러 영화에 등장했던 아름다운 워싱턴 스퀘어 파크에서 일정을 시작해보자. 간단한 아침 산책을 마치고 그리니치 빌리지로 이동해 맛있는 브런치를 즐겨본다. 앙증맞고 소박한 풍경들을 구경한 뒤, 유니크한 첼시 지역에서 오후와 저녁 시간을 보내는 일정이다.

스텀프타운 커피 마시며 워싱턴 스퀘어 파크 거닐기

도보 18분

그리니치 빌리지에서 브런치와 쇼핑 즐기기

도보 15분

도보 1분

휘트니 미술관 관람하기

도보 1분

미트패킹 걸어보기

하이라인 파크 산책하기

도보 3분

첼시 마켓 요모조모 구경하기

도보 5분

르뱅 루프톱 바에서 칵테일 마시며 야경 감상하기

SEE

볼거리 먹거리로 가득한
첼시 마켓 Chelsea Market

과자공장이 다른 곳으로 이동하며 폐허가 되었던 공장건물. 그곳에 1997년부터 유명 식품 브랜드들과 레스토랑들이 들어서면서 뉴요커들에게 사랑받는 복합공간이 되었다. 약간 어두운 조명에 빨간 벽돌 건물, 그 안에 옹기종기 모여 있는 가게들을 구경할 때면 제 역할을 다한 공장을 이렇게 감각적인 공간으로 바꾼 뉴요커들의 아이디어가 놀랍게 느껴진다. 1층엔 에이미스 브레드와 랍스터 플레이스, 팻 위치, 눔팡 등의 베이커리와 음식점이 있다. 앤스로폴로지 매장도 지하 1층과 지상매장이 넓게 자리하고 있어 식사와 디저트, 쇼핑을 한 곳에서 즐길 수 있다. *첼시 마켓의 유명 음식점은 EAT 파트(210p)에 자세히 소개되어 있다.

Data 지도 200p-A
가는 법 지하철 A, C, E선 타고 14th St역 하차, 또는 L선 타고 8th Ave역 하차 후 도보 5분
주소 75 9th Ave, New York, NY 10011
전화 212-652-2110
운영시간 월~토 07:00~21:00, 일 08:00~20:00 홈페이지 www.chelseamarket.com

|Theme|
첼시 마켓 둘러보기

1. Bowery Kitchen Supplies
간단한 주방 소품부터 식기, 조리도구까지 다양한 종류의 주방용품을 판매하는 곳. 유명 브랜드 제품은 별로 없지만 잘 찾아보면 의외로 괜찮은 제품이 많다.

2. Books
여러 종류의 카드와 소품도 함께 판매하는 서점. 작지만 꽤 많은 종류의 서적을 판매하고 있다.

3. Artists & Fleas
아티스트들이 소규모로 제작한 아이디어 상품을 판매하는 곳. 기발한 아이디어 상품부터 섬세한 수공예품까지 구경하는 재미가 쏠쏠하다.

4. Amy's Bread
달콤한 케이크부터 속이 꽉 찬 샌드위치까지 맛있는 빵들로 가득한 곳. 이곳의 베스트는 스티키 번. 피칸, 시나몬의 조화와 쫄깃한 맛이 일품이다.

5. Spices and Tease
다양한 향신료와 차를 구입할 수 있는 곳. 충분히 향을 맡아보고 고를 수 있도록 도와준다. 국내에서 쉽게 찾기 힘든 종류의 차도 구입할 수 있다.

6. Num Pang
캄보디아 샌드위치를 파는 곳. 빵 사이에 가득 채워 넣은 신선한 채소와 새콤달콤한 소스, 고기가 맛이 일품이다. 캄보디아 음식의 편견을 바꿔주는 맛집.

철길이 공원으로 태어났다
하이라인 파크 Highline Park

철길에 흙을 파놓고 꽃과 나무를 옮겨 심었더니 하늘과 한 발자국 더 가까운 공원이 태어났다. 바로 뉴욕의 하이라인 파크다. 길이가 1마일이나 되는 이 공원은 출입구가 무려 아홉 개나 된다. 도시 한가운데 높게 뻗어 있는 공원에 앉아 일광욕을 즐기거나 이 끝에서 저 끝까지 가만히 걸어보자. 허드슨 강에서 불어온 바람이 당신의 귓가를 기분 좋게 간지럽히는 것을 느낄 수 있다. 간단한 커피와 아이스크림 등을 즐길 수 있는 공간도 마련되어 있다.

Data 지도 200p-A
가는 법 지하철 A, C, E선 타고 14th St역 하차, 또는 L선 타고 8th Ave역 하차 후 도보 5분
주소 Gansevoort St. to W. 34th St, between 10th & 11th Aves, New York, NY 10011
전화 212-243-6005
운영시간 4~11월 07:00~22:00, 12~3월 07:00~19:00
홈페이지 www.thehighline.org

Tip 출입구:
Gansevoort Street, *14th St, *16th St, 18th St, 20th St, *23rd St, 26th St, 28th St, *30th St

*표시가 붙은 출입구는 엘리베이터로 출입이 가능하다.

도축장의 화려한 변신
미트패킹 Meatpacking District

90년대까지 도축장이었던 미트패킹이 빈티지 숍과 갤러리, 고급 부티크로 가득한 핫플레이스로 재탄생되었다. 바로 예술가들의 유입 덕분이다. 첼시 주변의 이 거리는 하이라인 파크, 첼시 마켓과 함께 뉴욕의 재활용 베스트 3로 꼽힌다. 미트패킹만의 자유로움은 거리 곳곳에서 발견할 수 있는 그래피티와 음식점에서도 잘 드러난다. 작은 돌로 채워진 도로는 마치 유럽의 작은 도시에 온 느낌을 주기도 한다. 뉴욕에 있으면서도 뉴욕과는 사뭇 다른 분위기를 느낄 수 있는 곳.

Data 지도 200p-A
가는 법 지하철 A, C, E선 타고 14th St역 하차, 또는 L선 타고 8th Ave역 하차 후 도보 5분

떠오르는 핫플레이스
휘트니 미술관 The Whitney Museum of American Art

미국 현대미술에 큰 역할을 했던 거트루드 휘트니가 설립한 미술관. 새로운 형태의 건축물로 유명했는데 2015년, 허드슨 강변의 미트패킹으로 새 건물을 지어 이전했다. 이전한 미술관은 아름다운 허드슨 강변의 경치와 뉴욕의 젊음이 느껴지는 미트패킹, 하이라인 파크와 조화되며 많은 뉴요커들의 관심을 받고 있다. 휘트니 미술관은 유럽의 예술과 확실히 구분되는 미국 미술의 특성을 널리 알리려 노력했으며, 다양한 기획전을 통해 그것을 보여주고 있다. 특히 자연에서 느껴지는 감정들을 생생하게 표현한 조지아 오키프의 작품들이 인상적이다. 야외 테라스에서 보이는 첼시의 뷰 또한 매력적이다.

Data 지도 200p-A
가는 법 지하철 A, C, E선 타고 14th St역 하차, 또는 L선 타고 8th Ave역 하차 후 도보 8분
주소 99 Gansevoort St, New York, NY 10014
전화 212-570-3600
운영시간 일·월·수·목 10:30~08:00, 금·토 10:30~22:00, 화요일 휴관
요금 성인 25달러, 64세 이상과 학생 18달러, 18세 이하 무료(인터넷 예매는 더 저렴하다)
홈페이지 www.whitney.org

Tip 매주 금요일 저녁 7시부터 원하는 금액을 내고 입장할 수 있다.

뉴욕 현대 미술을 한 곳에서
첼시 갤러리 Chelsea Gallery

맨해튼의 서쪽, 19번가 스트리트부터 28번가 스트리트, 그리고 10번가 애비뉴와 11번가 애비뉴의 작은 구역에 300개가 넘는 갤러리들이 모여 있다. 언뜻 보기엔 간판이 크지 않고, 문도 닫혀 있는 것 같아 그냥 지나치기 쉽지만 조금만 관심을 갖고 들여다보자. 장차 세계 명작이 될 작품이 전시 중일 수도 있다. 소호에 있던 갤러리와 화랑들이 이곳으로 옮겨오면서 첼시 지역은 뉴욕 현대 미술의 중심지가 되었고, 이제는 그 트렌드를 주도하고 있다. 앞서 소개했던 박물관이나 미술관처럼 커다란 규모는 아니지만 그 작품성과 가치만은 충분히 높은 작품들을 첼시의 갤러리에서 아주 가깝게 만나볼 수 있다. 대부분의 갤러리가 무료입장이며, 특별한 제한이 없다면 사진 촬영도 가능하다. 갤러리의 수가 지나치게 많기 때문에 꼭 방문해야 할 몇 개의 갤러리 리스트를 소개한다. 매번 전시되는 작가와 작품이 바뀌기 때문에 자세한 정보는 웹사이트에서 미리 확인하자.

Data 지도 200p-A
가는 법 지하철 A, C, E선 타고 23rd St역 하차 후 도보 10분
요금 대부분 무료입장
홈페이지 www.chelseagallerymap.com

가고시안 갤러리
Gagosian gallery

주소 555 W 24th St, New York, NY 10011 / 522 W 21st St, New York, NY 10011 전화 212-741-1111 운영시간 월~금 10:00~18:00, 토~일 휴관 홈페이지 www.gagosian.com

페이스 갤러리 Pace gallery

주소 537 West 24th St, New York NY 10011 운영시간 월~목 10:00~18:00, 금 10:00~16:00, 토~일 휴관 전화 212-421-3292 홈페이지 www.pacegallery.com

메리 분 갤러리
Mary Boone Gallery

주소 541 W 24th St, New York, NY 10011 운영시간 화~토 10:00~18:00, 일~월 휴관 전화 212-752-2929 홈페이지 www.maryboonegallery.com

매튜 마크스 갤러리
Matthew Marks gallery

주소 523 W 24th St, New York, NY 10011 전화 212-243-0200 운영시간 화~토 10:00~18:00, 일~월 휴관 홈페이지 www.matthewmarks.com

데이비드 즈워너 갤러리
David Zwirner gallery

주소 525 W 19th St, New York, NY 10011 전화 212-727-2070 운영시간 월~금 10:00~18:00, 토~일 휴관 홈페이지 www.davidzwirner.com

아기자기한 거리
그리니치 빌리지 Greenwich Village

지하철 크리스토퍼 스트리트 역에 내리면 작고 아기자기한 숍들이 보인다. 으리으리한 미드타운과는 많이 다른 분위기. 고즈넉하고 조용해서 마치 시골처럼 느껴지기도 하지만 소박한 외관과는 달리, 번쩍이는 옷과 가방들로 디스플레이된 명품숍들을 어렵지 않게 찾아볼 수 있다. 특히 마크 제이콥스와 마크 제이콥스의 세컨드 브랜드 마크 바이 마크 제이콥스 여성, 남성 매장이 각각 있고, 관련 서적과 작은 소품들을 판매하는 북마크도 바로 이곳에 위치해 있다. 맛집으로 소문난 브런치 가게가 많아 쇼핑과 브런치를 함께 즐기기에 좋다. 동성애 역사의 상징인 크리스토퍼 파크가 가까이 있어 멋지게 차려입은 남자들을 종종 발견할 수 있다. 범상치 않은 분위기를 풍기는 사람이 곁을 지나간다면 유심히 살펴보자. 영화에서 봤던 할리우드 스타일지도 모른다.

Data 지도 200p-C
가는 법 지하철 1선 타고 크리스토퍼 스트리트 역 하차, 도보 3분

뉴욕 동성애 역사의 상징
크리스토퍼 파크 Christopher Park

다른 지역보다 7~10배 정도 많은 동성애자들이 거주하고 있는 그리니치 빌리지. 동성애자의 밀집은 크리스토퍼 스트리트의 스톤월 바에서 시작되었다고 한다. 이곳은 동성애자들이 알게 모르게 모이는 장소였는데 경찰의 단속에 이들이 심하게 저항했다고. 그 이후로 동성애자의 권리를 찾는 움직임들이 활발해졌다. 스톤월 바 앞에 공원이라 부르기도 어색한 이 작은 광장이 바로 크리스토퍼 파크다. 크리스토퍼 파크에는 조지 시걸이 만든 조각상이 있는데 이 작품의 이름은 바로 〈게이 해방〉. 이 거리에 사는 많은 동성애자들이 애착을 느끼는 작품이다. 뉴욕은 동성애자들이 유난히 많은 도시. 자꾸 쳐다보거나 의식하는 행동들은 큰 실례임을 기억하자.

Data 지도 200p-C
가는 법 지하철 1선 타고 크리스토퍼 스트리트 역 하차, 도보 3분
주소 Christopher St, Grove St, W 4 St Manhattan
전화 212-639-9965

영화의 감동을 생생하게
워싱턴 스퀘어 파크 Washington Square Park

대리석으로 만들어진 워싱턴 스퀘어 아치와 커다란 분수가 있는 공원. 공원의 상징인 워싱턴 스퀘어 아치는 조지 워싱턴 대통령의 취임 100주년을 기념하며 1889년에 만들어졌다. 많은 이들이 분수에서 시간을 보내기도 하고 문화공연을 즐기기도 한다. 특히 바퀴 달린 피아노를 밀고 다니는 피아니스트는 워싱턴 스퀘어 파크의 유명인사. 아름다운 공원에서 연주하는 그를 보면 마치 당신이 영화 속 주인공처럼 느껴질지도 모른다. 영화 〈어거스트 러쉬〉와 〈해리가 샐리를 만났을 때〉에 등장했던 장소로도 잘 알려져 있는 곳. 휴식을 즐기는 뉴요커들로 날마다 붐비는 곳이지만 지나치게 늦은 시간엔 방문을 피하도록 하자.

Data 지도 200p-D
가는 법 지하철 A, B, C, D, E, F, M선 타고 W 4th St역에서 도보 5분. 또는 지하철 R선 타고 8th St -NYU역 하차, 도보 3분
주소 5 Ave, Waverly Pl, W. 4 St. and Macdougal St. Manhattan
전화 212-979-8373

아름다운 이 밤, 자유로운 미트패킹에서
르 뱅 Le Bain

스타일리시한 뉴요커들로 붐비는 미트패킹의 핫플레이스. 근사한 조명 아래서 바라보는 뉴욕의 야경은 말할 수 없이 매력적이다. 르 뱅에서 신나는 음악과 함께 실내 풀장을 즐길 수도 있고 야외 테라스에 나가면 허드슨 강변과 탁 트인 맨해튼 야경을 볼 수 있다. 첼시 주변에 고층건물이 없어 저 멀리 있는 프리덤 타워까지 감상할 수 있다는 점이 더욱 좋다. 셀프 바에서 칵테일을 주문한 다음, 원하는 자리에 앉아 즐기면 된다. 여권 또는 사진이 있는 신분증(국내용 제외)을 가져가야 한다.

Data 지도 200p-A
가는 법 지하철 A, C, E선 타고 14th St역 하차. 또는 L선 타고 8th Ave역 하차 후 도보 6분, 스탠다드 호텔 꼭대기 층
주소 444 West 13th St, New York, NY 10014
전화 212-645-7600
운영시간 목~금 20:00~04:00, 토 14:00~04:00, 일 14:00~03:00 **가격** 칵테일 17달러~ **홈페이지** www.standardhoTels.com

뉴욕에 젊음을 더하다
팻 캣 Fat Cat

그리니치 빌리지에 자리한 유니크한 공간. 입장료 3달러로 꽤 괜찮은 재즈공연을 접할 수 있다. 젊은 뉴요커들이 즐겨 찾는 곳으로 포켓볼, 체스, 탁구 등 간단한 오락공간도 마련되어 있다. 자주 붐빈다는 단점이 있지만 많은 사람들과 함께 호흡하며 능동적으로 분위기를 즐길 수 있다는 점에서 추천하고 싶다. 락우드 뮤직 홀과 비슷한 느낌.

Data 지도 200p-C
가는 법 지하철 1선 타고 크리스토퍼 스트리트 역 하차, 도보 3분
주소 75 Christopher St, New York, NY 10014
전화 646-543-6576
운영시간 월~목 14:00~05:00, 금~일 12:00~05:00 **홈페이지** www.fatcatmusic.org

EAT

오랜 역사를 자랑하는 스테이크 명가
올드 홈스테드 Old Homestead

1868년부터 미트패킹 한 자리에서 맛과 전통을 지켜온 올드 홈스테드. 맛뿐 아니라 질 좋은 재료, 친절한 응대로 뉴요커들 사이에 정평이 난 곳이다. 얇은 어니언 링을 스테이크 위에 얹어주는 고담 립 스테이크 온 더 본은 가격대비 맛과 양이 아주 훌륭한 메뉴. 이곳에서 반드시 주문해야 하는 또 다른 메뉴는 사이드 메뉴인 크림드 스피니치인데, 부드러운 크림소스와 시금치의 조화가 환상적이다. 많은 양 때문에 스테이크가 약간 질릴 때쯤, 크림드 스피니치 약간을 곁들여 먹으면 더 새로운 맛의 스테이크를 즐길 수 있다. 평소에 많이 먹지 않는다면 굳이 스테이크를 사람 수대로 주문할 필요가 없다. 적당량의 스테이크를 주문하고 버거를 주문하는 것도 하나의 팁인데, 올드 홈스테드의 버거는 스테이크처럼 두껍고 맛있는 패티 덕분에 간단한 재료로도 만족스러운 맛을 낸다.

Data 지도 200p-A
가는 법 지하철 A, C, E선 타고 14th St역 하차. 또는 L선 타고 8th Ave역 하차 후 도보 4분
주소 56 9th Ave, New York, NY 10011 **전화** 212-242-9040
운영시간 월~목 12:00~22:45, 금 12:00~23:45, 토 13:00~23:45, 일 13:00~21:45
가격 고담 립 스테이크 52달러, 드라이에이징 립 스테이크 2인 98달러, 크림드 스피니치 12달러
홈페이지 www.theoldhomesteadsteakhouse.com

머스트 고
랍스터 플레이스 The Lobster Place

첼시 마켓에 방문하면 꼭 먹어봐야 하는 것, 바로 랍스터다. 첼시 마켓 1층에 위치한 랍스터 플레이스는 신선한 랍스터를 저렴하게 먹을 수 있다는 점에서 인기가 많다. 무게별로 분류되어 줄지어 있는 랍스터 중 원하는 무게의 것을 고르면 그 자리에서 바로 쪄준다. 무게에 따라 가격이 다른데, 여자 1인 기준으로 가장 작은 랍스터를 고르면 적당하다. 랍스터가 익는 동안 카운터에서 계산을 하고, 번호를 호명하면 직접 받아먹으면 된다. 랍스터의 단짝인 클램 차우더도 바로 옆 코너에서 구입 가능하고, 시원한 맥주 또한 주문해서 같이 먹을 수 있다. 통통한 랍스터 살에 레몬즙을 뿌리고, 함께 주는 버터에 콕 찍어 먹으며 쫄깃쫄깃한 그 맛을 음미해보자. 저렴한 가격과 신선도 덕분에 항상 만석이니 자리를 빨리 맡아놓는 것은 필수! 그렇지 않으면 랍스터가 식을 때까지 먹지 못하는 슬픈 사태가 생길 수 있다. 한 명은 미리 계산을 하고, 다른 한 명은 재빨리 자리를 맡아두는 것도 좋은 방법이다.

Data 지도 200p-A
가는 법 지하철 A, C, E선 타고 14th St역 하차. 또는 L선 타고 8th Ave역 하차 후 도보 5분, 첼시 마켓 1층 주소 75 9th Ave, New York, NY 10011
전화 212-255-5672
운영시간 월~토 09:30~20:00, 일 10:00~19:00
가격 무게에 따라 가격 책정. 작은 랍스터 17달러~

다 똑같은 브라우니가 아니다!
팻 위치 Fat Witch

매장 바깥부터 귀여운 꼬마마녀가 맞아주는 팻 위치. 이곳은 브라우니를 전문적으로 판매하는 베이커리다. 그들만의 레시피로 만들어낸 정사각형 모양의 브라우니는 첼시 마켓을 찾는 뉴요커들 사이에서 인기 만점! 다양한 초콜릿 칩이 쏙쏙 박혀있는 브라우니, 체리로 만든 건강한 레드 브라우니, 달콤한 캐러멜 브라우니까지 재료에 따라 맛과 색깔도 제각각이다. 가장 추천하고 싶은 메뉴는 쫀득쫀득한 오리지널 브라우니와 오트밀, 호두가 가득 들어가 더욱 든든한 브렉퍼스트 브라우니다. 포장도 깔끔하고 무게도 가벼워 선물용으로 구매해도 좋다. 팻 위치에서 판매하는 아이스초코 음료는 여름에만 즐길 수 있는 이곳의 특별메뉴! 한 여름 더위를 시원하게 날려주는 달콤한 맛을 느낄 수 있다. 팻 위치의 모든 브라우니를 맛볼 수 없어 아쉬운 마음이라면 슬퍼하지 말라! 그들만의 레시피로 꽉 채운 요리책을 매장에서 구매할 수 있다.

Data 지도 200p-A
가는 법 지하철 A, C, E선 타고 14th St역 하차. 또는 L선 타고 8th Ave역 하차 후 도보 5분, 첼시 마켓 1층 **주소** 75 Ninth Avenue, New York, NY, 10011 **전화** 212-807-1335 **운영시간** 월~토 09:00~21:00, 일 09:00~20:00
가격 브라우니 한 조각 2.95달러~
홈페이지 www.fatwitch.com

부드러운 에스프레소 맛이 예술인
나인스 스트리트 에스프레소 Ninth Street Espresso

첼시 마켓 중앙에 있는 카페. 어두컴컴한 마켓의 분위기와 썩 잘 어울린다. 보통 사람은 쉽게 마시기 망설여지는 에스프레소를 자신 있게 주메뉴로 판매하는 곳. 에스프레소와 우유의 양에 따라 메뉴가 다양하게 구성되어 있다. 본점은 이스트 빌리지에 있지만 첼시 마켓 지점에서 간단하게 마실 수 있어 첼시 마켓 지점 방문을 권하고 싶다. 에스프레소의 진한 맛을 싫어하는 사람도 그 진가를 알게 되는 마법 같은 에스프레소.

Data 지도 200p-A
가는 법 지하철 A, C, E선 타고 14th St역 하차. 또는 L선 타고 8th Ave역 하차 후 도보 5분, 첼시 마켓 1층 **주소** 75 Ninth Avenue, New York, NY 10011 **전화** 212-228-2930 **운영시간** 월~금 07:00~20:00, 토 08:00~20:00, 일 09:00~19:00 **가격** 에스프레소 3달러~ **홈페이지** www.ninthstreetespresso.com

스트레스를 날리는 달콤함
매그놀리아 베이커리 Magnolia Bakery

영화 〈섹스 앤 더 시티〉에서 캐리와 미란다가 벤치에 나란히 앉아 먹던 그 컵케이크. 그리니치 빌리지 한쪽에 자리하고 있는 매그놀리아 베이커리다. 컵케이크의 바이블이라는 레드벨벳부터 파스텔톤의 알록달록한 컵케이크들은 보기만 해도 달콤하고 황홀할 지경. 하지만 뉴요커들이 인정한 베스트 메뉴는 바로 바나나푸딩이다. 달콤한 크림에 포슬포슬한 컵케이크, 부드럽게 씹히는 바나나의 식감이 조화를 이루며 환상적인 맛을 낸다. 단 음식을 좋아하지 않는 사람도 이 바나나푸딩은 거절할 수 없을 정도로 중독성 있는 맛! 컵케이크는 '너무 달다'고 느끼는 사람이 대부분이니 맛보지도 않고 성급하게 여러 개를 구입하지는 말자. 크리스마스 시즌엔 10분 이상 줄을 서야 들어갈 수 있다.

Data 지도 200p-C
가는 법 지하철 1선 타고 크리스토퍼 스트리트 역 하차, 도보 5분 **주소** 401 Bleecker St, New York, NY 10014 **전화** 212-462-2572 **운영시간** 일~목 09:00~23:30, 토~일 09:00~24:00 **가격** 컵케이크 3.5달러~, 바나나푸딩 5달러~ **홈페이지** www.magnoliabakery.com

뉴욕 속 작은 파리
부베트 Buvette

그리니치 빌리지에 자리 잡은 아담하고 사랑스러운 레스토랑. 셰프인 조디 윌리엄스가 유럽 감성에 영향을 받아 오픈한 곳으로, 매장 인테리어부터 소품 하나하나까지 프랑스 느낌이 물씬 풍겨온다. 실제로 파리에도 부베트 매장이 있다고. 브런치와 식사 메뉴는 시즌에 따라 변동되지만 메뉴 선정이 어렵지 않다. 대부분의 메뉴가 다 맛있기 때문. 가장 추천하는 메뉴는 와플 샌드위치다. 버터의 풍미가 진하게 느껴지는 버터밀크 와플에 서니 사이드 업 스타일의 달걀, 바삭하게 구워낸 베이컨, 마무리로 뿌려주는 달콤한 메이플 시럽의 조화가 끝내준다. 친절한 서버들 덕에 혼자 방문해도 좋은 곳. 바 좌석에 앉으면 혼자 온 다른 뉴요커들과 수다를 떨며 브런치 타임을 즐길 수 있다.

Data **지도** 200p-C
가는 법 지하철 1선 타고 크리스토퍼 스트리트 역 하차, 도보 2분 **주소** 42 Grove St, New York, NY 10014 **가격** 와플 샌드위치 16달러, 브런치 메뉴 10~16달러(시즌에 따라 메뉴 변동) **운영시간** 월~금 08:00~02:00, 토~일 09:00~02:00 **홈페이지** www.ilovebuvette.com

Hip한 레스토랑
스파티드 피그 Spotted Pig

그리니치 빌리지에서 핫하게 뜨고 있는 레스토랑. 미슐랭 1스타까지 획득하면서 그 명성을 기나긴 웨이팅으로 증명하고 있다. 간판이 없는 대신 스파티드 피그의 상징, 돼지가 입구에 걸려 있으니 자세히 보면서 찾아가도록 하자. 스파티드 피그의 베스트 메뉴는 블루치즈와 두툼한 패티를 얹은 찰그릴드 버거! 어떤 야채도 없이 빵과 블루치즈, 패티가 전부지만 자꾸만 끌리는 그 맛을 뭐라 설명할 방법이 없다. 함께 나오는 감자튀김은 슈스트링(신발 끈) 프라이라고 부르는데 이름만큼 얇디얇아서 더 매력적인 맛이다. 감자튀김을 좋아하지 않는 사람도 바삭하면서도 얇은 식감 때문에 잘 먹을 수 있다. 스파티드 피그의 음식이 전체적으로 짠 편이라서 다른 메뉴는 추천하지 않는다. 먹는 사람에 따라 반응이 제각각이기 때문이다. 바쁘기 때문일까. 서버들이 친절과는 거리가 멀고 심지어는 주문한 사항도 제대로 캐치하지 않을 때가 있으니 주문할 때 다시 한 번 확인하는 꼼꼼함이 필요하다.

Data 지도 200p-C
가는 법 지하철 1선 타고 크리스토퍼 스트리트 역 하차, 도보 7분
주소 314 W 11th St, New York, NY 10014
전화 212-620-0393
운영시간 월~금 12:00~02:00, 토~일 11:00~02:00
가격 찰그릴드 버거 25달러, 메인요리 35달러선 **홈페이지** www.thespottedpig.com

건강한 식사를 즐길 수 있는
웨스트빌 Westville

브런치부터 디너까지 다양한 메뉴로 사랑받는 뉴요커들의 레스토랑. 뉴욕 시내에 4개 지점을 운영 중이라 가까운 지점에서 식사를 즐길 수 있다는 장점이 있다. 웨스트빌에서 가장 든든하게 즐길 수 있는 메뉴는 스테이크 샌드위치. 바게트에 잘 구워진 스테이크와 양파, 야채를 넣어 만든 샌드위치인데 한 끼 식사로 손색이 없을 정도로 푸짐하다. 브런치 메뉴인 크랩 베네딕트는 게살과 각종 야채를 섞어 튀겨 수란과 아보카도, 샐러드와 함께 즐기는 메뉴인데 일반적인 에그 베네딕트와는 다른 독특한 맛을 느낄 수 있다. 점심, 저녁 어느 시간에 방문하더라도 즐겁게 식사하는 뉴요커들로 가득한 탓에 웨이팅이 꽤 긴 편이다. 특히 첼시 지점은 평일 저녁에 많이 붐비는 편인데 혼자 방문하면 바 좌석에서 빠르고 편하게 식사할 수 있다.

첼시 지점
Data **지도** 200p-B
가는 법 지하철 1선 타고 18th St역 하차 후 도보 5분. 또는 A, C, E선 타고 14th St역 하차. 또는 L선 타고 8th Ave역 하차 후 도보 5분
주소 246 W 18th St, New York, NY 10011
전화 212-924-2223 **운영시간** 매일 10:00~23:00
가격 스테이크 샌드위치 14달러, 크랩 베네딕트 15달러, 당근 케이크 8달러 **홈페이지** www.westvillenyc.com

그리니치 지점
Data **지도** 200p-C
가는 법 지하철 1선 타고 크리스토퍼 스트리트 역 하차, 도보 2분
주소 210 W 10th St, New York, NY 10014
전화 212-741-7971 **운영시간** 매일 10:00~23:00

일요일 아침, 행복함을 더해주는
조셉 레오나드 Joseph Leonard

일요일 아침, 그리니치 빌리지의 예쁜 하얀 집에 들어가면 옹기종기 앉아 있는 뉴요커들을 만날 수 있다. 식당 중앙의 바 테이블에 앉아도, 창가의 작은 테이블에 앉아도 좋다. 부숑 베이커리 출신의 셰프는 소박하지만 알찬 메뉴를 선보인다. 특히 아보카도를 듬뿍 얹은 토스트와 달걀을 함께 먹으면 아보카도의 색다른 매력에 반하게 될 것이다. 특이한 모양의 해시 브라운도 인기 메뉴. 겉은 바삭한데 안은 쫄깃해서 더 매력적인 맛이다. 달콤한 맛을 좋아한다면 블루베리가 올라간 토스트를 추천! 어딜 가나 있는 크로크마담도 여기서는 더욱 풍성하게 나온다. 웨이팅이 길어진 사람에게 서비스도 팍팍 내주는, 정이 넘치는 레스토랑. 행복함을 두 배로 돌려주는 브런치, 오늘은 조셉 레오나드에서 맛보는 건 어떨까?

Data 지도 200p-D
가는 법 지하철 1선 타고 크리스토퍼 스트리트 역 하차, 도보 3분
주소 170 Waverly Pl, New York, NY 10014
전화 646-429-8383
운영시간 화~금 08:00~02:00, 월 10:30~24:00, 토~일 09:00~24:00 가격 아보카도 토스트 13달러, 해시 브라운 8달러
홈페이지 www.josephleonard.com

뉴욕 브런치의 고유명사
타르탱 Tartine

늦게 가면 한참동안 기다려야 한다는 소문난 브런치 가게. 다른 메뉴들에 비해 브런치 메뉴가 맛있기로 유명하다. 자리에 앉으면 내어주는 오렌지주스를 마시며 메뉴를 천천히 살펴보자. 홈메이드 빵과 햄과 스위스치즈를 넣어 만든 크로크무슈부터 부드러운 오믈렛까지 정성을 꼭꼭 담아 만든 브런치 메뉴들이 가득하다. 이곳의 에그 베네딕트는 조금 독특하다. 스모크드 햄에 감자조림이 함께 곁들여져 나오는데, 덕분에 양은 더욱 풍성해지고 맛과 영양까지 더해졌다. 타르탱의 브런치 메뉴들은 뭘 선택해도 실망시키지 않는 맛이다. 그러나 다른 메뉴들은 조금 고민해볼 것. 날씨 좋은 날엔 매장 바깥의 테이블에서 식사하는 것을 추천한다.

Data 지도 200p-C
가는 법 지하철 1, 2, 3선 타고 14th St역 하차, 도보 5분 **주소** 253 W 11th St, New York, NY 10014 **전화** 212-229-2611 **운영시간** 월~금 09:00~22:30, 토~일 09:30~22:30
가격 에그 베네딕트 18달러, 오믈렛 18달러(현금만 가능) **홈페이지** www.tartinecafenyc.com

미국 정통 버거
코너 비스트로 Corner Bistro

매장에 들어서면 '내가 맞게 찾아온 건가?' 하는 의문이 생길 수도 있다. 정식 버거집이 아닌 바Bar이기 때문이다. 그러나 낮 시간부터 버거를 즐기는 사람들로 가득하니 걱정 말고 들어가자. 신선한 채소를 가득 담은 비스트로 버거는 버거 마니아라면 꼭 먹어봐야 할 메뉴. 고소한 치즈가 들어간 치즈버거도 인기가 좋다. 버거가 오픈된 상태로 서빙되니 취향에 따라 케첩을 더 추가해 먹을 수 있다. 손가락 한 마디만큼 두꺼운 패티를 한입 크게 베어 물면 육즙이 가득 나온다. 매콤한 칠리버거에 들어 있는 치즈도 별미! 할아버지들의 무뚝뚝한 서빙과 카드사용이 되지 않는다는 점은 조금 아쉽지만 미국 정통 버거를 맛볼 수 있다는 점에서 추천한다.

Data 지도 200p-C
가는 법 지하철 A, C, E선 타고 14th St역 하차, 또는 L선 타고 8th Ave역 하차 후 도보 3분
주소 331 W 4th St, New York, NY 10014
전화 212-242-9502 **운영시간** 월~토 11:30~04:00, 일 12:00~04:00 **가격** 비스트로 버거, 칠리버거 12.75달러, 치즈버거 10.75달러 (현금만 가능) **홈페이지** www.cornerbistrony.com

아이스크림 천국으로 초대합니다
반 리우웬 아이스크림 Van Leeuwen Artisan Ice Cream

2008년, 노란색 트럭에서 시작한 반 리우웬 아이스크림은 이제 뉴욕 곳곳에서 어렵지 않게 찾을 수 있는 아이스크림 브랜드로 성장했다. 일반적인 아이스크림 외에도 채식 아이스크림을 판매해 많은 사람들이 아이스크림을 즐길 수 있도록 했다. 추천 메뉴는 솔티드 캐러멜과 허니콤. 달콤하면서 짭짤한 아이스크림과 향긋한 꿀맛이 느껴지는 허니콤은 최고의 궁합. 그들만의 아이스크림 레시피를 배울 수 있는 요리 책도 함께 판매하고 있다.

Data 지도 200p-D
가는 법 지하철 1선 타고 크리스토퍼 스트리트 역 하차, 도보 3분
주소 152 West 10th St, New York, NY 10014
전화 917-475-1448
운영시간 월~금 08:00~24:00, 토~일 09:00~24:00
가격 아이스크림 스몰 사이즈 5.5달러, 라지 사이즈 7.5달러
홈페이지 www.vanleeuwenicecream.com

다양한 크림치즈의 향연
머레이스 베이글 Murray`s Bagel

미드타운에 에사 베이글이 있다면 유니언 스퀘어에는 머레이스 베이글이 있다! 베이글과 크림치즈뿐 아니라 참치, 새우, 랍스터 등 다양한 샐러드 메뉴도 판매하고 있어서 간단히 식사를 즐길 수도 있는 곳이다. 머레이스 베이글은 딸기 크림치즈가 유명한데, 달콤하면서도 진한 크림치즈 맛에 과육이 씹히는 것이 정말 일품이다. 먼저 원하는 베이글을 고르고, 크림치즈를 고르면 되는데 크림치즈의 맛을 제대로 느끼고 싶다면 플레인 베이글을 추천한다. 갈릭이나 어니언처럼 맛이 나는 베이글은 크림치즈 본연의 맛을 해칠 수 있기 때문이다. 주문할 때는 베이글을 먼저 주문한 다음, 계산 줄에 서서 계산을 해야 한다. 순서를 바꾸면 복잡해지니 이 점 유의할 것!

Data 지도 200p-D
가는 법 지하철 F, M선 타고 14th St역 하차, 또는 L선 타고 6th Ave역 하차 후 도보 2분
주소 500 Ave of the Americas, New York, NY 10011 전화 212-462-2830
운영시간 월~금 06:00~20:00, 토~일 06:00~19:00
가격 딸기 크림치즈 베이글 3.75달러, 베이글 개당 1.25달러
홈페이지 www.murraysbagels.com

커피에 행복을 담아주는 곳
스텀프타운 커피 로스터스 Stumptown Coffee Roasters

이른 아침, 커피를 주문하기 위해 길게 줄을 서 있는 사람들, 그리고 그 사이에서 들리는 활기찬 목소리와 주고받는 따뜻한 미소. 커피를 주문하면 행복과 친절까지 함께 담아주는 스텀프타운의 아침 풍경이다. 스텀프타운의 스태프들은 바쁜 와중에도 미소와 친절을 잃지 않는다. 덕분에 처음 방문해서 주문이 서툰 사람도 편한 마음으로 천천히 주문할 수 있다. 스텀프타운이 유명한 진짜 이유는 깔끔하면서도 깊이 있는 커피 맛 때문이다. 더운 여름에는 콜드 브루 커피를, 추운 날에는 아메리카노나 라테를 추천한다. 뉴욕의 유명 맛집들도 스텀프타운의 원두를 사용할 정도로 그 명성이 자자한 곳. 매장에서는 커피 외에도 다양한 원두와 간단한 베이커리를 판매하고 있다.

Data 지도 200p-D
가는 법 지하철 1선 타고 크리스토퍼 스트리트 역 하차, 또는 지하철 A, B, C, D, E, F, M선 타고 W 4th St역에서 도보 6분
주소 30 W 8th St, New York, NY 10011
전화 347-414-7802
운영시간 월~금 06:00~20:00, 토~일 07:00~20:00
가격 아메리카노 3.25달러, 카푸치노 4달러, 라테 4달러
홈페이지 www.stumptowncoffee.com

작은 백화점 같은 스토어
앤스로폴로지 Anthropologie

가구부터 옷, 아기자기한 그릇, 핸드크림, 비누까지 고루 갖춘 리빙 브랜드. 예쁘고 여성스러운 소품을 좋아하는 당신이라면 오래오래 시간을 보낼 수 있는 공간이다. 주로 유니크하면서 앤티크한 느낌의 소품이 많다. 국내에는 배우 손예진이 입었던 원피스로 잘 알려진 브랜드. 롤리아의 향수와 비누, 핸드크림을 판매 중인데 향기와 지속력이 좋아 선물용으로도 좋다. 첼시 마켓 1층에 위치해 있어 간단한 식사 후 쇼핑을 즐기기에 편하다.

Data 지도 200p-A
가는 법 지하철 A, C, E선 타고 14th St역 하차. 또는 L선 타고 8th Ave역 하차 후 도보 5분, 첼시 마켓 1층 **주소** 75 9th Ave, New York, NY 10011 **전화** 212-620-3116 **운영시간** 월~토 10:00~21:00, 일 10:00~19:00 **홈페이지** www.anthropologie.com

마크 제이콥스의 소품 가게
북마크 Bookmarc

2010년, 유명 디자이너 브랜드 마크 제이콥스에서 처음 론칭한 북 숍. 아티스트와 다양한 예술작품에 대한 책과 소품들을 판매한다. 책 외에도 문구류부터 휴대폰 케이스, 노트북 파우치까지 마크 제이콥스의 여러 제품들을 한 곳에서 구입할 수 있다. 열쇠 고리와 립스틱 모양 펜은 지인들에게 선물로 인기 만점. 매장은 작지만 빼곡하게 채워진 소품을 구경하는 재미가 있다.

Data 지도 200p-C
가는 법 지하철 1선 타고 크리스토퍼 스트리트역 하차, 도보 5분
주소 400 Bleecker St, New York, NY 10014
운영시간 월~토 11:00~19:00, 일 12:00~18:00
전화 212-620-4021
홈페이지 www.marcjacobs.com/bookmarc

센스 있는 당신이여 주목하라
어반 아웃피터스 Urban Outfitters

다양한 브랜드의 의류, 액세서리, 잡화를 파는 숍. 아기자기한 인형과 소품부터 책장을 넘길수록 웃음만 나오는 기발한 책들까지 모두 한 곳에 모여 있다. 우리나라에는 매장이 없어 인터넷 해외 구매를 이용해 구입할 수 있지만, 직접 가서 눈으로 보고 만져보고 골라보는 재미는 또 다르다. 인터넷에서 유명한 강아지 스타 BOO의 인형과 잡화도 판매하고 있다. 탐스 슈즈도 이곳 매장에서 구입이 가능하다. 독특한 소품을 원한다면 꼭 방문해야 하는 곳.

Data 지도 200p-D
가는 법 지하철 F M 선 타고 14th St역 하차, 또는 L선 타고 6th Ave 역 하차 도보 2분
주소 526 6th Ave, New York, NY 10011
전화 646-638-1646
운영시간 10:00~22:00
홈페이지 www.urbanoutfitters.com

마음을 전하는 카드 하나
그리니치 레터프레스 Greenwich Letterpress

들어가자마자 '우와!'하고 탄성이 나오는 곳. 하늘빛 파스텔 톤 매장엔 보기만 해도 너무 사랑스럽고 아기자기한 카드와 소품들로 가득하다. 크리스마스나 추수감사절 같은 특별한 날이나 사소한 고마움을 전할 때도 카드를 즐겨 쓰는 뉴요커들을 위한 카드숍. 개성 넘치는 문구와 디자인의 카드들은 카드를 쓰는 사람에게도, 받는 사람에게도 기쁨을 선사한다. 낱개 가격은 조금 비싸지만 묶여있는 세트는 더 저렴하게 구입할 수 있다. 카드뿐 아니라 인테리어용으로 쓰는 지도나 소품들도 판매하는데, 다른 물건들에 비해 무게나 부피가 부담스럽지 않아 기념품으로 구입하기 좋다. 이곳에서 구입한 예쁜 카드에 고마운 마음을 담아보는 것은 어떨까.

Data 지도 200p-D
가는 법 지하철 1선 타고 크리스토퍼 스트리트 역 하차, 도보 2분
주소 15 Christopher St, New York, NY 10014
전화 212-989-7464
운영시간 화~금 11:00~19:00, 토~월 12:00~18:00
홈페이지 www.greenwichletterpress.com

SLEEP

조금 많이 특별한 호텔
제인 호텔 The Jane Hotel (2성)

1912년, 타이타닉의 생존자들이 머물렀던 그 호텔. 젊은 뉴요커들의 핫플레이스인 미트패킹과 휘트니 미술관 근처에 위치해 있다. 첼시 마켓과 하이라인 파크도 도보 8분이면 거뜬히 갈 수 있는 거리. 객실은 배의 선실을 연상시키는 독특한 콘셉트로 꾸며져 있는데 신혼여행이나 커플여행으로는 적합하지 않은 인테리어다. 호텔 내부에 화려한 인테리어의 볼룸과 허드슨 뷰의 아름다운 경치를 감상할 수 있는 루프톱 바가 있다.

Data 지도 200p-C
가는 법 지하철 A, C, E선 타고 14th St역 하차, 또는 L선 타고 8th Ave역 하차 후 도보 10분
주소 113 Jane St, New York, NY 10014
전화 212-924-6700
요금 150달러~ **홈페이지** www.thejanenyc.com

New York By Area

04

유니언 스퀘어 & 이스트 빌리지

UNION SQUARE & EAST VILLAGE

뉴욕 대학교(NYU)의 근처에 위치한 유니언 스퀘어와 이스트 빌리지. 이곳에서 젊음으로 가득한 뉴욕을 느껴보자.

Union Square & East Village
PREVIEW

서울에 대학로가 있다면 맨해튼엔 유니언 스퀘어가 있다! 뉴욕 대학교 외에도 주변에 여러 학교들이 위치해 있어 다른 지역에 비해 젊은 뉴요커들을 만나볼 수 있다. 그들의 젊음만큼 반짝이는 뉴욕 풍경이 여기 펼쳐진다.

SEE

광장에서 열리는 마켓부터 신나는 거리 공연까지 당신에게 다양한 즐거움을 선사할 유니언 스퀘어. 이곳에서 어제보다 더 젊어진 뉴욕을 느껴보자! 유니언 스퀘어에서 이스트 빌리지까지 천천히 걷다 보면 그들의 생활을 엿볼 수 있다. 11, 12월에는 크리스마스를 앞두고 홀리데이 마켓이 열리니 잊지 말고 구경할 것!

EAT

저렴한 가격에 맛있는 음식을 배부르게 먹고 싶다면 사이공 마켓으로! 달콤 짭조름한 디저트는 모모푸쿠 밀크 바에서 먹도록 하자. 다른 지역에 비해 음식의 종류가 다양하지만 가격 부담은 크지 않다.

BUY

귀여운 마그넷과 다양한 영문서적이 있는 곳, 스트랜드. 그 주변으로 마니아의 천국 포비든 플래닛, 플라이트 클럽이 위치하고 있다. 아직도 한정판 신발을 앓고 있다면 당장 플라이트 클럽으로 고고!

어떻게 갈까?

지하철 N, Q, R, 4, 5, 6, L선을 이용해 유니언 스퀘어 역에서 하차하면 역 바로 앞에 위치한 광장을 찾을 수 있는데, 그곳이 바로 유니언 스퀘어다. 유니언 스퀘어에서 도보로 10분 정도 걸으면 이스트 빌리지가 나온다. 6선을 타고 아스톨 플레이스 역에서 하차하면 이스트 빌리지를 좀 더 빠르게 찾아갈 수 있다.

어떻게 다닐까?

유니언 스퀘어와 이스트 빌리지가 매우 가까운 거리이기에 많이 걷지 않아도 되는 날이다. 유니언 스퀘어에는 많은 노선의 지하철이 정차하는데, 맨해튼에서 브루클린 윌리엄스버그까지 가로로 맨해튼을 가로지르는 L선이 있어 이동에 편리하다. 유니언 스퀘어에서 이스트 빌리지의 동쪽 끝으로 빨리 이동하고 싶다면 L선을 이용하자.

Union Square & East Village
ONE FINE DAY

천천히 하루를 시작해도 충분한 날이다.
따스한 햇빛을 받으며 유니언 스퀘어에서 거리 공연을 즐긴 뒤 점심식사를 즐기자.
ABC 키친을 방문하려면 미리 예약은 필수! 스트랜드와 플라이트 클럽, DSW에서
쇼핑을 즐긴 뒤 이스트 빌리지에서 디저트 타임을 갖자. 달콤한 컵케이크부터 살살 녹는
아이스크림, 진한 치즈케이크까지 다양한 메뉴가 당신을 기다린다.

유니언 스퀘어
거리 공연 즐기기

 도보 3분

ABC 키친에서 점심 식사
후 ABC 마켓 구경하기

 도보 5분

도보 1분

스트랜드에서 책과
기념품 구입하기

 도보 3분

DSW에서 쇼핑
즐기기

플라이트 클럽
둘러보기

 도보 8분

이스트 빌리지 구경하며 모모푸쿠
밀크 바 아이스크림 한 입

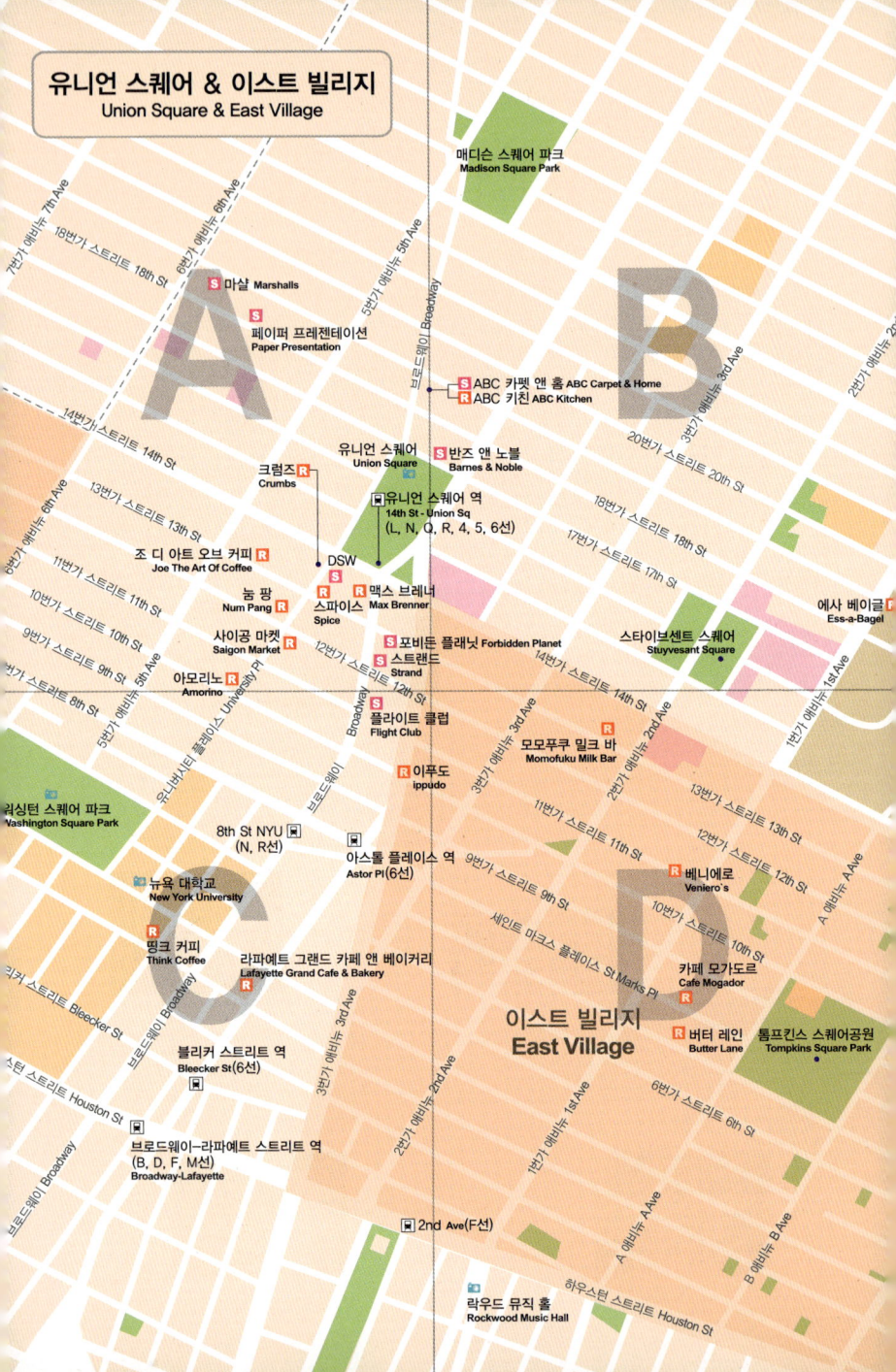

SEE

즐거움이 있는 곳
유니언 스퀘어 Union Square

브로드웨이와 14번가가 만나는 곳에 위치한 유니언 스퀘어. 젊은 뉴요커들의 열기로, 그리고 신선함으로 가득한 공원이다. 유니언 스퀘어를 둘러싸고 유명한 맛집과 독특한 숍들이 많다. 식사와 쇼핑, 오락까지 함께 즐길 수 있는 공간. 햇빛이 좋은 날엔 뉴요커들이 벤치에 나란히 앉아 그 시간을 즐긴다. 맨해튼을 가로로 가로질러 브루클린까지 이어주는 지하철 L선과 다양한 노선이 만나는 지점이라 항상 사람들로 붐비곤 한다. 공원 여기저기에서 열정적인 거리 공연이 펼쳐지는데, 다양한 뉴요커들을 만나볼 수 있어 매우 매력적이다. 이곳의 또 다른 매력은 11월 중순부터 크리스마스이브까지만 열리는 홀리데이 마켓! 추운 날씨에도 크리스마스 분위기를 만끽하는 뉴요커들로 마켓은 항상 만원이다. 소중한 이들에게 선물할 수 있는 작은 소품들부터 예술작품, 맛있는 음식까지 다양한 제품들을 만나볼 수 있다. 매년 시작 날짜가 조금씩 다르니 홈페이지를 참고하고 방문하자.

Data 지도 228p-A
가는 법 지하철 N, Q, R, 4, 5, 6, L선 타고 유니언 스퀘어 역 하차

Tip 홀리데이 마켓 일정 확인 urbanspacenyc.com/union-square-holiday-market/

〈가십걸〉 주인공들이 다니던
뉴욕 대학교 New York University

뉴욕의 명문 사립대학으로 줄여서 NYU라고 부르곤 한다. 우리나라의 대학처럼 넓고 특색 있는 캠퍼스를 기대하고 NYU를 찾는다면 실망할지도 모른다. 사실 NYU는 특별한 캠퍼스가 따로 없다. 워싱턴 스퀘어 파크 주변의 여러 건물들 중 짙은 보라색 NYU 깃발이 휘날리는 그곳이 바로 NYU! 이렇게 캠퍼스와 대학로의 특별한 경계가 따로 없기 때문에 주변의 거리 곳곳에서 젊은 뉴요커들의 캠퍼스 생활을 엿볼 수 있다. 유니언 스퀘어와도 가깝고, 그리니치 빌리지도 도보로 걸어갈 수 있는 거리에 위치해 있기 때문에 일부러 찾아가지 않아도 NYU 주변을 둘러볼 수 있다. 예술 분야에서 강세를 보이고 있는 NYU의 근처에는 그들의 특성을 반영하는 독특한 느낌의 맛집과 숍이 많다. 특히 이스트 빌리지 근처로 이동하면 화려한 벽화들과 자유로운 분위기를 만끽할 수 있다.

Data 지도 228p-C
가는 법 지하철 R선 타고 8th St-NYU역 하차
주소 70 Washington Square S, New York, NY 10012
홈페이지 www.nyu.edu

젊음이 느껴지는
이스트 빌리지 East Village

뉴욕 대학교 근처에 있어 젊은 뉴요커들로 가득한 이스트 빌리지. 그들의 주머니 사정에 맞게 저렴하면서도 독특하고 맛있는 음식점들이 자리 잡고 있다. 트렌드에 민감한 그들을 위한 타투 숍이나 골목골목마다 그려진 그래피티들, 오래된 서점, 개성 넘치는 간판들이 정겹게 느껴지는 곳. 이스트 빌리지 입구에 있는 네모난 조각의 이름은 '알라모Alamo'다. 토니 로젠탈의 작품으로 800kg의 입체 큐브를 파이프 한 개로 바닥에 고정한 것인데, 1967년에 세워진 뉴욕 최초의 공공미술 조각 작품이다. 힘차게 돌리면 큐브가 돌아간다. 혼자 힘으로는 역부족이니 지나가던 뉴요커에게 눈빛으로 도움을 청해보자.

Data 지도 228p-D
가는 법 지하철 6선 타고 아스톨 플레이스 역 하차 또는 R선 타고 8th St-NYU역 하차

Cosy한 아메리칸 레스토랑
ABC 키친 ABC Kitchen

모던하면서 코지한 느낌을 주는 레스토랑, ABC 키친. 아메리칸 음식을 주메뉴로 하고 있다. 활기찬 분위기 때문에 젊은 뉴요커들이 즐겨 찾는 곳이다. 런치 프리픽스 메뉴를 33달러에 이용할 수 있다. 인기메뉴로는 짭조름한 게살에 상큼한 레몬을 곁들여 바삭한 토스트에 올려주는 크랩 토스트와 버섯, 파마산 치즈, 오레가노를 조리한 피자에 살짝 익힌 달걀을 올린 머시룸 피자가 있다. 할라피뇨를 곁들인 와규 치즈버거도 인기메뉴 중 하나. 전반적으로 가볍고 부담 없이 즐길 수 있는 메뉴들로 구성되어 있다. 셰프 장조지 브랜드로, 식당과 맞닿은 매장 ABC 마켓에서는 다양한 인테리어 소품을 구입할 수 있다. 런치와 디너를 가리지 않고 항상 만석이니 예약은 필수다.

Data **지도** 228p-B
가는 법 지하철 N, Q, R, 4, 5, 6, L선 타고 유니언 스퀘어 역 하차, 도보 5분 **주소** 35 E 18th St, New York, NY 10003
전화 212-475-5829 **운영시간** 브런치 토~일 11:00~15:00 / 런치 월~금 12:00~15:00 / 디너 월~수 17:30~22:30, 목 17:30~23:00, 금~토 17:30~23:30, 일 17:30~22:00
가격 런치 프리픽스 33달러, 머시룸 피자 20달러, 크랩 토스트 16달러, 음료 7달러~ **홈페이지** www.abckitchennyc.com

달콤한 초콜릿 세상
맥스 브레너 Max Brenner

눈으로 보기만 해도 달콤한 초콜릿 냄새가 솔솔 풍겨오는 곳. 초콜릿 셰이크부터 초콜릿 퐁뒤, 초콜릿 피자까지 어린 시절, 상상 속에서 꿈꾸던 초콜릿 세상이 바로 당신의 눈앞에 펼쳐진다. 이름만 들었을 때, 그 맛이 의심되는 초콜릿 피자는 한 번 맛보면 잊을 수 없는 매력적인 메뉴다. 바나나와 마시멜로, 땅콩버터 중에서 토핑을 선택할 수 있는데 개인적으로 땅콩버터는 너무 찐득해서 추천하지 않는다. 각종 과일과 쿠키, 마시멜로를 세 가지 초콜릿에 찍어 먹는 초콜릿 퐁뒤도 인기메뉴. 맥스 브레너에서는 초콜릿이 전혀 들어가지 않은 메뉴도 판매하고 있으니 일행 중에 초콜릿을 좋아하지 않는 사람이 있더라도 걱정하지 말자.

Data 지도 228p-A
가는 법 지하철 N, Q, R, 4, 5, 6, L선 타고 유니언 스퀘어 역 하차, 도보 1분 **주소** 841 Broadway New York, NY 10003
전화 646-467-8803
운영시간 월~목 09:00~24:00, 금~토 09:00~02:00, 일 09:00~23:00 **가격** 피자 하프 9.25달러, 홀 17.95달러, 리소토 20.95달러, 초콜릿 퐁뒤 22.95달러, 셰이크 7.95달러
홈페이지 www.maxbrenner.com

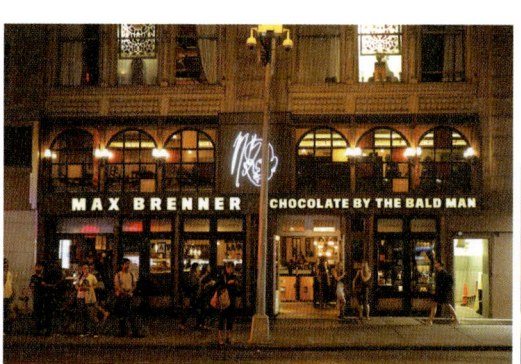

커피는 아트다
조 디 아트 오브 커피 Joe The Art Of Coffee

라테 맛이 좋기로 소문이 자자한 집. 'JOE'라고 쓰여 있는 조그만 가게 안이 사람들로 북적인다. 감각적인 인테리어와 아기자기한 소품들도 눈에 띈다. 라테를 주문하면 아주 곱고 미세한 우유 거품이 한가득 담겨 나오는데, 한 모금 마셔보면 진하면서도 부드러운 그 맛에 감탄할 것이다. 옆을 둘러보면 독특한 패션의 뉴요커가 에스프레소를 주문해 받자마자 선 채로 원샷하는 모습도 발견할 수 있다. 커피도 아트로 승화시킨 조 디 아트 오브 커피. 줄여서는 '조 커피'라고 귀엽게 부르기도 한다. 조 커피의 커피 향은 모든 풍경을 라테처럼 부드럽게 그려주는 매력이 있다.

Data 지도 228p-A
가는 법 지하철 N, Q, R, 4, 5, 6, L선 타고 유니언 스퀘어 역 하차, 도보 4분 **주소** 9 East 13th Street New York, NY 10003 **전화** 212-924-3300 **운영시간** 월~금 07:00~20:00, 토~일 08:00~20:00

베트남을 그대 품 안에
사이공 마켓 Saigon Market

맛도 양도 가격도 빠지지 않는 훌륭한 맛집으로 퓨전 베트남요리 음식점이다. 이곳이 유명한 이유는 중독성 있는 음식 맛 때문! 기름지고 느끼한 뉴욕 음식에 질려간다면 사이공 마켓으로 가자. 번자오는 새우, 치킨, 소고기 중 하나를 선택할 수 있는 메뉴로, 타이음식 팟타이라고 생각하면 된다. 수엉누엉(폭찹)도 우리나라의 돼지갈비와 비슷한 맛으로 짭조름해서 밥과 함께 먹으면 든든한 식사가 된다. 큐브 모양의 볼루락은 이곳의 베스트 메뉴. 입에 넣고 한입 씹으면 육즙이 가득 나와 마치 스테이크를 먹는 기분을 느낄 수 있다. 거의 모든 요리마다 함께 나오는 소스는 새콤하면서도 달콤한 맛인데, 요리에 뿌려 먹거나 찍어 먹으면 감칠맛을 더해준다. 런치 시간에 방문하면 저렴한 가격에 식사할 수 있다.

Data 지도 228p-A
가는 법 지하철 N, Q, R, 4, 5, 6, L선 타고 유니언 스퀘어 역 하차, 도보 2분 **주소** 93 University Place, New York, NY 10003 **전화** 212-982-3691 **운영시간** 일~수 11:30~23:00, 목~토 11:30~24:00 **가격** 번자오 12.5달러, 볼루락 23.5달러, 수엉누엉(폭찹) 13달러 **홈페이지** www.saigonmarketnyc.com

아이스크림 한 송이 어떠세요?
아모리노 Amorino

유럽에서 유명한 젤라토 프랜차이즈 아모리노. 아기 큐피드상을 가리키는 말로, 매장 곳곳에서 아기 큐피드를 만날 수 있다. 겨울에는 핫초코도 인기지만 일단 오면 젤라토를 꼭 먹어봐야 한다. 컵보다는 콘을 선택하길! 꽃 모양으로 젤라토를 담아주는데 콘을 선택하면 마치 꽃 한 송이를 들고 있는 기분이 든다. 가짓수는 정해지지 않았지만 너무 많은 종류를 선택하면 맛을 잘 느낄 수 없으니 세 개 정도가 가장 적당하다. 좋은 재료를 사용하기에 인공적인 맛이 느껴지지 않는 것이 특징. 마지막 마무리로 휘핑크림을 꼭 올려야 진정한 꽃모양이 완성된다는 점을 잊지 말자.

Data 지도 228p-A
가는 법 지하철 N, R선 타고 8th St-NYU역 하차, 도보 5분
주소 60 University Pl, New York, NY 10003
전화 212-253-5599 **운영시간** 일~목 11:00~23:00, 금~토 11:00~24:00 **가격** 콘 6.5~8달러 **홈페이지** www.amorino.com

응답하라, 아이스크림!
모모푸쿠 밀크 바 Momofuku Milk Bar

추운 날에도 생각나는 진하면서 달콤한 모모푸쿠 밀크 바의 시리얼 밀크 아이스크림. 우유로 만든 다양한 메뉴가 있지만 가장 인기 많은 메뉴는 시리얼 밀크! 컵에 담긴 소프트 아이스크림은 별로 특별할 것이 없어 보이지만, 콘프레이크 크런치 토핑을 만나면 얘기가 달라진다. 바삭바삭한 콘프레이크가 아이스크림을 360도 감싸면 먹방 고수들은 다 안다는 그 맛! 단짠단짠의 콤보가 완성된다. 매장엔 간판이 없다. 오직 밀크, 한 단어만 있으니 온갖 집중력을 발휘하여 찾아내야 한다. 그러나 포기하지 말자, 궁극의 디저트를 위하여!

이스트 빌리지 지점
Data 지도 228p-D **가는 법** 지하철 L선 타고 3rd Ave역 하차, 도보 3분 **주소** 251 E 13th St, New York, NY 10003
전화 347-577-9504 **운영시간** 매일 09:00~24:00
가격 시리얼 밀크 5.75달러 **홈페이지** www.milkbarstore.com

미드타운 지점
Data 지도 135p-C **가는 법** 지하철 F선 타고 57th St역 하차, 도보 3분
주소 15 W 56th St, New York, NY 10019 **전화** 347-577-9504
운영시간 일~화 08:00~23:00, 수~토 08:00~24:00

에브리타임, 에브리데이
라파예트 그랜드 카페 앤 베이커리
Lafayette Grand Café & Bakery

아침을 시작하는 브런치부터 런치, 디너까지 언제 와도 만족스러운 레스토랑. 정성 가득한 프렌치 요리를 선보이는 곳이다. 특히 이곳의 베이커리 메뉴는 맛있기로 소문이 자자하다. 때문에 아침 일찍부터 아침 식사를 즐기는 이들도 많다. 브런치 추천 메뉴는 스모크드 살몬 에그 베네딕트. 구운 연어와 달걀에 장밋빛 소롱 소스를 곁들인 메뉴다. 훈제 연어와 소스가 부드럽게 어우러지는데, 입에 넣자마자 살살 녹는 느낌. 또 다른 추천메뉴 블랙 마카로니는 런치나 디너 때 즐길 수 있는 식사메뉴로 블랙 마카로니에 새우, 토마토, 마늘로 조리한 파스타다. 토마토소스와 쫄깃한 마카로니의 조화가 자꾸만 입맛을 끌어당긴다. 그 외에도 페투치니 면을 볶아낸 파스타와 팬케이크도 많이 찾는 메뉴다. 라파예트 요리가 전체적으로 많이 짠 편이다. 주문할 때 미리 서버에게 얘기해두자.

Data 지도 228p-C
가는 법 지하철 6선 타고 블리커 스트리트 역 하차, 도보 2분. 또는 지하철 N, R선 타고 8th St-NYU역 하차, 도보 5분
주소 380 Lafayette St, New York, NY 10003
전화 212-533-3000
운영시간 월~금 07:30~23:00, 토~일 08:00~23:00
가격 스모크드 살몬 베네딕트 23달러, 블랙 마카로니 파스타 26달러, 샐러드 14달러~ **홈페이지** www.lafayetteny.com

포슬포슬한 컵케이크
버터 레인 Butter Lane

이스트 빌리지에 위치한 작은 컵케이크집. 다양한 종류의 아이싱과 컵케이크를 선보이고 있다. 버터 레인에서 컵케이크를 선택할 때, 기억해야 할 두 가지가 있다. 빵과 아이싱이다. 어떤 빵에 어떤 아이싱을 올릴지만 결정하면 되는데, 가장 인기 있는 컵케이크는 초코 케이크에 크림치즈 아이싱을 올린 조합이다. 초코 케이크에 라즈베리 아이싱도 반응이 좋다고 한다. 이곳의 케이크는 촉촉하기보다는 포슬포슬한 느낌에 가까운데, 한 입 먹을 때마다 컵케이크 가루가 떨어질 정도다. 그러나 위에 올려진 아이싱이 정말 부드러워서 포슬포슬한 케이크와 하모니를 이룬다. 버터 레인은 뉴요커들 사이에서 컵케이크 클래스로도 유명한 곳이다. 2시간에 75달러를 지불하면 강사와 함께 직접 컵케이크를 만들어 볼 수 있다. 집에 갈 때는 버터 레인만의 레시피와 직접 만든 컵케이크 한 상자를 주는데, 특별한 시즌에는 일찍 예약해야 참가할 수 있다.

Data 지도 228p-D
가는 법 지하철 6선 타고 아스톨 플레이스 역 하차, 도보 10분. 또는 지하철 L선 타고 1st Ave 역 하차, 도보 10분
주소 123 E 7th St, New York, NY 10009
전화 212-677-2880
운영시간 월~목·일 11:00~22:00, 금~토 11:00~23:00
가격 컵케이크 3.25달러
홈페이지 www.butterlane.com

마음까지 따뜻하게
카페 모가도르 Cafe Mogador

모로칸 스타일의 레스토랑. 샐러드에 들어가는 채소들이 신선하며 식감이 좋다. 이곳의 베스트 브런치 메뉴는 할루미 에그. 다른 브런치 식당의 에그 베네딕트와는 또 다른 특별함이 있다. 톡 터지는 고소한 맛의 수란과 올리브, 채소들의 조화가 훌륭하다. 수란을 좋아하지 않는다면 포슬포슬 부드러운 오믈렛을 추천한다. 기본 오믈렛에 기호에 따라 원하는 재료를 추가할 수 있는데 치즈와 버섯을 추가하는 것이 가장 무난하다. 달콤한 음식이 먹고 싶다면 블루베리 팬케이크도 굿 초이스. 건강과 맛에 민감한 젊은 뉴요커들로 북적이는, 그렇지만 여유롭게 브런치를 즐길 수 있는 레스토랑이다. 유기농 우유와 달걀을 사용하기에 더 믿음직스럽다.

Data 지도 228p-D
가는 법 지하철 6선 타고 아스톨 플레이스 역 하차, 도보 5분
주소 101 Saint Marks Pl, New York, NY 10009
전화 212-677-2226
운영시간 일~목 09:00~01:00, 금~토 09:00~02:00, 브런치는 16:00까지만 제공
가격 할루미 에그 12달러, 오믈렛 11달러(재료 추가 시 75센트씩 추가), 블루베리 팬케이크 12달러
홈페이지 www.cafemogador.com

100년의 전통을 자랑하는
베니에로 Veniero`s

모양은 투박하고 단순하지만 그 맛을 보면 모두가 엄지손가락을 치켜든다는 전설의 디저트 가게. 100년의 전통을 자랑하며 국내 티비 프로그램에도 소개된 적이 있는 이스트 빌리지의 대표 베이커리다. 번호표를 뽑고도 한참 대기해야 할 정도로 사람들이 넘쳐나는 이곳! 약간 어두운 조명과 멋없는 인테리어가 당신의 고개를 갸우뚱하게 하더라도 빵 맛을 의심하지 말라! 1894년부터 시작된 베니에로의 역사가 디저트에 고스란히 담겨 있다. 가격은 저렴하지만 질 좋은 재료를 사용하기로 유명하기에 더욱더 뉴요커들의 사랑을 받는 집. 치즈케이크는 조각으로도 판매한다. 딸기 쇼트케이크도 베스트 메뉴 중 하나! 신선한 과일을 그대로 올린 미니 타르트도 놓치면 아쉬울 디저트다.

Data 지도 228p-D
가는 법 지하철 6선 타고 아스톨 플레이스 역 하차, 도보 6분, 1번가 애비뉴와 2번가 애비뉴 사이에 위치 **주소** 342 East 11th Street, New York, NY 10003 **전화** 212-674-7070 **운영시간** 일~목 08:00~24:00, 금~토 08:00~01:00 **가격** 조각 케이크 7달러부터, 6인치 케이크 16.5달러부터 **홈페이지** www.venierospastry.com

매력적인 라멘의 맛
이푸도 ippudo

일본어로 쓰여 있는 간판에 감각적인 인테리어가 돋보이는 곳. 동양적인 느낌을 가득 담은 매장에 서양인들로 붐비는 모습이 조금 어색하다. 저녁이 되면 매장 내 조명은 더욱 어두워지고 분위기는 더욱더 흥겨워진다. 입구를 바 형태로 꾸며두어서 간단한 음료를 즐기며 웨이팅을 할 수 있다. 가격은 토토라멘보다 비싼 편. 카라카 라멘은 부드러우면서도 매콤한 맛이 한국인 입맛에 딱이다. 알카마루 모던은 돼지 육수로 깊은 국물 맛을 낸 것이 특징이다.

Data 지도 228p-C
가는 법 지하철 6선 타고 아스톨 플레이스 역 하차, 도보 3분 **주소** 65 4th Ave, New York, NY 10003 **전화** 212-388-0088 **운영시간** 월~토 11:00~21:30, 일 11:00~22:30(평일 15:30~17:00은 브레이크 타임) **가격** 런치 라멘 14달러~, 디너 라멘 15달러~ **홈페이지** www.ippudony.com

BUY

빨간 간판의 매력에 빠져보세요
스트랜드 Strand

뉴욕 최대의 중고서점. 빨간 바탕에 하얀 글씨가 상징인 스트랜드는 유니언 스퀘어 근처에 자리하고 있다. 웬만한 영화나 드라마의 원작은 이곳에서 모두 찾아볼 수 있을 정도! 책뿐 아니라 달력이나 컵, 에코백, 카드 등 여러 기념품도 함께 판매한다. 서점엔 높이 있는 책을 꺼내려 사다리를 오르는 뉴요커와 책장에 기대 책 읽기에 푹 빠진 뉴요커들로 가득하다. 미리 구입하려는 책을 인터넷 홈페이지에서 검색해 재고여부와 위치를 파악한 후 방문하면 편리하게 책을 구입할 수 있다. 소설책은 작가의 이름을 제대로 알고 오면 찾기 쉽다는 점을 알아두자. 중고책뿐 아니라 새 책들도 판매하고 있다. 2층에 화장실이 있으니 알아두면 좋다.

Data 지도 228p-A
가는 법 지하철 N, Q, R, 4, 5, 6, L선 타고 유니언 스퀘어 역 하차, 도보 2분 주소 828 Broadway, New York, NY 10003
전화 212-473-1452 운영시간 월~토 09:30~22:30, 일 11:00~22:30 홈페이지 www.strandbooks.com

 Tip 사다리 주변을 조심할 것! 책이 떨어질 수도 있다.

조던 마니아라면 당연히
플라이트 클럽 Flight Club

슈즈 마니아라면 꼭 방문해야 할 곳! 쉽게 구할 수 없는 나이키, 조던 슈즈들이 한쪽 벽면을 빼곡하게 채우고 있다. 희귀 제품은 300만 원도 훌쩍 넘는 가격대가 책정되어 있으나, 괜찮은 가격대의 제품도 있으니 가벼운 마음으로 둘러보자. 슈즈 외에도 독특한 디자인의 모자, 의류도 판매 중인데 판매된 모자의 자리에 새빨간 'SOLD OUT' 캡을 씌워둔다. 마니아 공간인 만큼, 스웨그 넘치는 뉴요커들이 즐겨 찾는 공간. 제품 구경하는 재미도, 사람 구경하는 재미도 쏠쏠하다.

Data 지도 228p-C
가는 법 지하철 N, Q, R, 4, 5, 6, L선 타고 유니언 스퀘어 역 하차, 도보 5분
주소 812 Broadway, New York, NY 10003
전화 888-937-8020
운영시간 12:00~20:00
홈페이지 www.flightclub.com

뉴욕의 대형서점
반즈 앤 노블 Barnes & Noble

미국에서 가장 큰 체인 서점. 매장 내에 스타벅스가 있어 책을 읽으며 티타임을 즐길 수 있다. 새 책을 구입하고 싶다면, 현재 미국의 서점 동향이 궁금하다면 반즈 앤 노블로 향하자. 곳곳에 비치된 컴퓨터로 원하는 책을 빠르고 쉽게 찾을 수 있다.

Data 지도 228p-B
가는 법 지하철 N, Q, R, 4, 5, 6, L선 타고 유니언 스퀘어 역 하차, 도보 2분
주소 33 E 17th St, New York, NY 10003
전화 212-253-0810
운영시간 10:00~22:00
홈페이지 www.barnesandnoble.com

마니아라서 더 당당한 곳
포비든 플래닛 Forbidden Planet

가게 이름을 듣는 순간 느낌이 오는 곳. 만화부터 공상 과학 소설, 장난감, 피규어 등 세계의 다양한 수집품을 판매하는 곳이다. 마블 코믹스, 스타워즈 시리즈를 좋아하는 사람이라면 꼭 방문해보길. 어른, 아이 할 것 없이 모두를 만화 속 주인공으로 만들어 주는 포비든 플래닛. 미국에서만 구할 수 있는 제품들도 많이 보유하고 있으며, 피규어와 제품의 퀄리티도 우수해 소장, 전시용으로 구입하는 것도 좋다.

Data 지도 228p-A
가는 법 지하철 N, Q, R, 4, 5, 6, L선 타고 유니언 스퀘어 역 하차, 도보 4분 주소 832 Broadway, New York, NY 10003
전화 212-473-1576
운영시간 일~화 09:00~22:00, 수~토 09:00~24:00
홈페이지 www.fpnyc.com

슈즈백화점
DSW Designer Shoe Warehouse

여러 종류의 디자이너 슈즈를 판매하는 곳. 스티브 매든, 나인 웨스트, 빈스 카뮤토 등의 대중적인 브랜드부터 럭셔리 브랜드의 슈즈까지 다양한 제품들을 직접 신어보고 구입할 수 있다. 구두 하나를 구입하더라도 비슷한 높이, 디자인, 색상까지 다양하게 비교할 수 있어 더욱 좋은 곳. 마음에 드는 제품이 있다면 직원에게 따로 부탁할 필요 없이 직접 꺼내 신어볼 수 있다. 매장 가장 안쪽의 클리어런스 코너에 가면 사이즈별로 최저가 할인을 적용해 판매 중인데 잘 찾아보면 매우 저렴한 가격에 좋은 제품을 만날 수 있다. 슈즈 외에 가방이나 모자 등도 판매하고 있다.

Data 지도 228p-A
가는 법 지하철 N, Q, R, 4, 5, 6, L선 타고 유니언 스퀘어 역 하차, 도보 2분 주소 40 E 14th St, New York, NY 10003
전화 212-674-2146
운영시간 월~토 10:00~21:30, 일 10:00~20:00
홈페이지 www.dsw.com

스테이셔너리의 모든 것
페이퍼 프레젠테이션 Paper Presentation

스테이셔너리 전문 매장. 색깔, 재질, 크기가 제각각인 종이들부터 카드, 파티 소품까지 다양한 문구류를 판매하는 곳이다. 입체적인 뉴욕 소품들도 판매하고 있는데 타 기념품 숍에 비해 합리적인 가격의 제품들이 많다. 크리스마스나 할로윈 시즌에 방문하면 독특한 시즌 소품들을 구입할 수 있다. 연도별로 다른 생일 카드나 심플하면서도 고급스러운 감사카드 등 다양한 카드를 판매하고 있다.

Data 지도 228p-A
가는 법 지하철 F, M선 타고 14th St역 하차 후 도보 6분, 또는 지하철 1선 타고 18th St역 하차 후 도보 6분 주소 23 W 18th St, New York, NY 10011 전화 212-463-7035 운영시간 월~금 09:00~19:30, 토~일 11:00~18:00 홈페이지 www.paperpresentation.com

리빙에 대한 창의적 시각
ABC 카펫 앤 홈 ABC Carpet & Home

카펫, 러그, 가구, 주방 소품부터 화장품까지 다양한 품목을 판매하는 리빙 브랜드. 창의적이고 실험적인 디자인, 기능의 제품이 많다. 특히 카펫과 러그는 빈티지하고 앤티크한 느낌의 제품이 많은데, 원단부터 디자인까지 고급스럽다. 가격 또한 매우 고가의 제품이 많은데, 그만큼 쉽게 만나기 힘든 브랜드나 디자이너의 제품들이다. 유니언 스퀘어에 위치한 매장은 ABC 키친과 바로 옆에 붙어 있는데, ABC 키친에서 사용하는 식기와 소품을 ABC 카펫 앤 홈에서 구입할 수 있다.

Data 지도 228p-B
가는 법 N, Q, R, 4, 5, 6, L선 타고 유니언 스퀘어 역 하차, 도보 5분 주소 888 Broadway, New York, NY 10003 전화 212-473-3000 운영시간 월~토 10:00~19:00, 일 12:00~18:00 홈페이지 www.abchome.com

New York By Area

05

소호 & 차이나타운 & 리틀 이태리

SOHO & CHINATOWN & LITTLE ITALY

패션 트렌드가 궁금하다면 소호로 향하자.
개성 넘치는 뉴요커들의 옷차림과 신상품
디스플레이에서 그 해답을 찾을 수 있다. 소호
근처의 차이나타운과 리틀 이태리에서는
작지만 이국적인 풍경을 느낄 수 있다.

Soho & Chinatown & Little Italy
PREVIEW

트렌드를 이끄는 소호를 지나 이제는 점점 작아져 가는 리틀 이태리와 뉴욕 안의 작은 중국 차이나타운까지, 분위기가 확연히 다른 세 지역을 여유롭게 돌아보자.

SEE

각자의 색깔이 분명한 세 지역, 소호와 차이나타운 그리고 리틀 이태리. 도보로 15분 이내의 거리에 위치해 있으면서도 마치 다른 나라를 다니는 것처럼 간판의 언어도, 느낌도 다르다. 특별히 즐길 거리는 없지만, 그 거리를 걸으며 구경하면서 또 다른 여행의 재미를 찾을 수 있다.

EAT

지역별 문화가 다른 만큼 접할 수 있는 음식도 다양하다. 마약 옥수수로 유명한 카페 하바나의 그릴드 콘 옥수수부터 뉴욕 피자, 브런치, 차이나타운의 요리까지 기분에 따라 골라 먹어보자.

BUY

SPA 브랜드부터 명품브랜드까지 소호거리에 입점해 있는 숍들을 다 돌아보자면 하루가 모자랄지도 모른다. 관심 있는 브랜드의 위치를 미리 알아두고 동선을 정하는 것이 좋다. 특색 있는 뉴욕의 서점을 둘러보는 일정은 어떨까.

 어떻게 갈까?

소호는 가까이에 여러 라인의 지하철이 있어 이동에 편리하다. 지하철 R선 프린스 스트리트 역에 하차하거나, 6선을 타고 스프링 스트리트 역에 하차하면 된다. 또 B, D, F, M 선을 타고 브로드웨이 라파예트 스트리트 역에 하차해도 바로 소호 거리로 갈 수 있다. 소호에서 노리타를 지나면 리틀 이태리와 차이나타운이 나온다. 이 지역은 지하철 J, N, Q, R, Z, 6선을 타고 커널 스트리트 역에서 하차하거나 B, D선을 타고 그랜드 스트리트 역에서 하차하면 가깝다.

 어떻게 다닐까?

구분상으로는 세 개 지역이지만 멀어야 도보로 15분 정도 걸리는 지역들이다. 두 발로 걸으며 지역마다 바뀌는 분위기를 직접 느껴보자. 둘러볼수록 다른 매력이 느껴지는 소호와 차이나타운, 리틀 이태리 지역이다.

Soho & Chinatown & Little Italy
ONE FINE DAY

오늘 코스의 시작인 소호. 소호엔 쇼핑을 위한 숍이 대부분이라 아침 일찍 가면 오히려 심심한 느낌이 든다. 모처럼 늦잠을 즐기다가 브런치로 일정을 시작해보자. 여러 브랜드들이 밀집된 소호는 여러 브랜드를 비교하며 본격적인 쇼핑을 즐기기에 편리하다. 소호를 지나 노리타를 거쳐 차이나타운과 리틀 이태리를 쭉 둘러보자.

루비스에서 브런치 즐기기   도보 2분   맥널리 잭슨에서 책 구경하기   도보 7분   블루밍데일즈, 탑 샵에서 쇼핑하기

도보 5분   차이나타운 구경하기   도보 3분   오프닝 세레모니 둘러보기   도보 3분

리틀 이태리 걸어보기   도보 8분   카페 하바나에서 간식 먹기   도보 10분   락 우드 뮤직홀에서 재즈 공연 즐기기

명품과 빈티지의 조화
소호 Soho

모두가 바쁘게 오가는 거리, 소호. 패션을 좀 안다는 젊은 뉴요커들이 쇼핑을 즐기는 유명한 쇼핑거리다. SPA 브랜드부터 명품 브랜드까지 모두 모여 있어 한 자리에서 다양한 브랜드를 비교하며 쇼핑을 즐길 수 있다. 덕분에 관광객들도 즐겨 찾는 쇼핑명소. 쇼핑 중간에 즐길 수 있는 맛있는 간식거리도 많은 곳. 가끔 길에서 작은 벼룩시장이 열리기도 하니 주의 깊게 살펴보자. 리틀 이태리의 북쪽 North of Little Italy의 줄임말인 노리타와 노호까지 모두 걸어서 돌아볼 수 있다. 프린스 스트리트 쪽에는 숍들이 가득하고, 그 양옆으로 들어가면 소문난 맛집이 많다.

Data 지도 248p-A
가는 법 지하철 N, R선 타고 프린스 스트리트 역 하차. 또는 6선 타고 스프링 스트리트 역 하차. 또는 B, D, F, M선 타고 브로드웨이-라파예트 스트리트 역 하차

뉴욕에서 만나는 작은 이탈리아
리틀 이태리 Little Italy

이탈리아 이민자들이 모여 살면서 1930년대에 가장 번성했던 거리. 지금은 차이나타운이 점점 자리를 넓히며 그 범위가 줄어들고 있다. 열정적이고 화끈한 이탈리아 사람들의 거리답게 온통 흥겨움으로 가득하다. 고향의 맛을 그리워하는 뉴요커들을 위한 이탈리안 가정식 음식점과 베이커리가 많고, 부분적으로 정통 이태리풍의 레스토랑들이 남아 있다. 차이나타운과 길 하나를 사이에 두고 있을 뿐인데 분위기가 확연히 다르다. 리틀 이태리의 매력은 크리스마스 시즌에 빛을 발한다. 반짝이는 장식품으로 거리와 외부 테이블을 장식해두며 모두가 해피 크리스마스를 기다리고 있다.

Data 지도 248p-C
가는 법 지하철 J, N, Q, R, Z, 6선 타고 커널 스트리트 역 하차. 또는 B, D선 타고 그랜드 스트리트 역 하차, 도보 3분

작은 콘서트가 열리는
락우드 뮤직 홀 Rockwood Music Hall

보다 액티브한 뉴욕의 밤을 즐기고 싶다면, 좋은 공연과 맥주의 조화를 원한다면 락우드 뮤직 홀을 선택하자. 작고 아담한 공간에 무대와 오락공간이 모두 자리 잡은 이곳! 덕분에 공연을 아주 가까이서 감상할 수 있다. 재즈공연이 대부분이지만 가끔은 컨트리, 팝, 크로스오버 등의 공연을 하기도 한다. 젊은 뉴요커들이 즐겨 찾는 공간으로 음료와 스낵의 가격도 매우 저렴하고 드레스 코드도 자유로운 편이라 부담이 없다. 무료인 공연도 많지만 입장료를 내야 하는 공연도 있으니 참고해두자. 입장료가 있다고 해도 10~15달러 정도로 저렴하다.

Data 지도 248p-D
가는 법 지하철 F선 타고 2nd Ave역 하차, 도보 4분
주소 196 Allen St, New York, NY 10002
운영시간 18:00~공연시간에 따라 다름 전화 212-477-4155
홈페이지 www.rockwoodmusichall.com

거리 곳곳에 가득한 중국 분위기
차이나타운 ChinaTown

소호에서 겨우 10분 걸었을 뿐인데 간판부터 사람까지 온통 중국으로 가득한 곳이 나타난다. 꽤 오래 전부터 이곳에 자리 잡기 시작해 점차 범위를 넓혀가는 차이나타운이다. 맥도날드 간판도, 은행 간판도 중국어로 되어 있어 신기하기만 하다. 언뜻 보면 브랜드 제품과 같은 모양을 하고 있지만 진품인지 가품인지 알 수 없는 향수, 시계들은 구경만 하도록 하자. 차이나타운에서는 맛있는 중국 음식들을 즐기기만 해도 충분하다. 속까지 꽉 찬 딤섬과 감칠맛 나는 각종 요리들로 가득한 차이나타운. 정신없이 북적이는 분위기이지만 그래도 가끔은 이런 색다른 곳도 나쁘지 않다.

Data 지도 248p-C
가는 법 지하철 J, N, Q, R, Z, 6선 타고 커널 스트리트 역 하차. 또는 B, D선 타고 그랜드 스트리트 역 하차, 도보 3분

패션피플의 단골집
루비스 카페 Ruby`s Cafe

소호의 패션피플들이 사랑하는 카페. 최근에는 인기 걸그룹이 방문했다고 해서 한국인 사이에서도 유명해진 곳이다. 가게가 작고 아담해 식사 시간에 딱 맞춰 방문한다면 오랜 웨이팅도 감수해야 한다. 대표적인 메뉴는 파니니에 고기 패티, 갖은 야채를 곁들인 브론테 버거다. 쫄깃한 파니니 빵의 겉면을 바삭하게 구워주는데 아보카도나 샐러드, 베이컨 등 원하는 사이드 메뉴를 추가로 주문해 함께 즐길 수 있다. 두툼한 패티를 한 입 베어 물면 달콤하면서도 감칠맛이 나는 게 우리나라의 떡갈비와 비슷한 맛인데 아메리칸 스타일의 다른 재료들과 잘 어우러져 만족스러운 맛을 낸다. 브론테 버거 외에도 파스타 메뉴가 유명한데, 통통한 새우가 가득 들어 있는 쉬림프 파스타가 특히 맛있다.

Data 지도 248p-C
가는 법 지하철 6선 타고 스프링 스트리트 역 하차, 도보 1분. 또는 지하철 N, R선 타고 프린스 스트리트 역 하차, 도보 3분
주소 219 Mulberry St, New York, NY 10012
전화 212-925-5755
운영시간 일~목 09:00~23:00, 금~토 09:00~24:00
가격 브론테 버거 12달러, 파스타 13달러부터
홈페이지 www.rubyscafe.com

자꾸 생각나는 그 맛
카페 하바나 Cafe Habana

마약 옥수수라고 불리는 그릴드 콘을 파는 곳. 단돈 3.5달러면 매콤한 양념이 뿌려진 그릴드 콘을 맛볼 수 있다. 잘 구워진 노란 옥수수 위에 뿌려진 하얀 치즈가루와 양념 때문에 살짝 기침을 하게 될 수도 있지만 한 번 맛을 본다면 그 정도 수고쯤은 기꺼이 감수하게 된다. 신나게 옥수수를 뜯고도 조금 부족한 것 같다면 쿠반 샌드위치를 주문해보자. 맛있게 양념된 돼지고기를 멕시칸 스타일로 쭉쭉 찢어 햄, 스위트치즈, 토마토, 피클 등과 함께 빵에 담아낸 음식이다. 왼쪽 매장은 레스토랑, 오른쪽의 작고 협소한 매장은 포장 전용 매장이다. 포장 전용 매장에도 10명 정도 앉을 수 있는 공간이 있으니 빠르고 간편하게 음식을 즐기고 싶다면 포장 전용 매장을 이용하자. 소호에서 쇼핑을 즐기다 출출해졌을 때 먹는 그릴드 콘은 정말 별미다. 작은 공간에 옹기종기 앉아 맛보는 옥수수맛은 당신을 자꾸 소호로 이끌 것이다.

Data 지도 248p-D
가는 법 지하철 N, R선 타고 프린스 스트리트 역 하차, 도보 5분. 또는 지하철 6선 타고 스프링 스트리트 역 하차, 도보 3분
주소 17 Prince St, New York, NY 10012 **전화** 212-625-2001
가격 그릴드 콘 3.5달러, 쿠반 샌드위치 9.5달러
운영시간 09:00~24:00
홈페이지 www.cafehabana.com

뉴요커를 애태우는
도미니크 앙셀 Dominique Ansel Bakery

시도 때도 없이 뉴요커들을 줄 서게 한다는 마성의 디저트 가게. 이미 국내에 잘 알려진 크로넛부터 쿠키샷, 앙증맞은 케이크들까지 다양한 디저트를 판매하는 곳이다. 크루아상을 도넛 모양으로 여러 겹 쌓은 크로넛은 오픈과 동시에 판매되는데, 늦어도 아침 7시 전에 줄을 서야 먹을 수 있다고 한다. 그렇게 오전에 크로넛이 불티나게 팔리면 다음은 쿠키샷 차례다. 쿠키샷은 컵 모양으로 구운 쿠키에 주문 즉시 우유를 따라주는 디저트인데, 우유를 쪼로록 마시면 쿠키컵 가장 안쪽에 있던 초콜릿이 녹으며 달콤함을 선사한다. 그리고 우유가 스며들어 촉촉해진 쿠키컵을 조각내 먹으면 된다. 오후 3시 이후부터만 판매하기 때문에 쿠키샷 또한 줄을 서야 먹을 수 있다. 그 외에도 주문 즉시 토치로 달궈주는 프로즌 스모어 또한 인기메뉴. 기발하면서도 맛있는 디저트 때문에 도미니크 앙셀은 항상 만원이다.

Data 지도 248p-A
가는 법 지하철 C, E선 타고 스프링 스트리트 역 하차, 도보 2분 **주소** 189 Spring St, New York, NY 10012 **전화** 212-219-2773 **운영시간** 월~목 08:00~19:00, 금~토 08:00~20:00, 일 09:00~20:00 **가격** 쿠키샷 4.25달러, 미니 케이크 6.5달러, 프로즌 스모어 7달러 **홈페이지** www.dominiqueansel.com

동심을 자극하는
슈가 스위트 선샤인 Sugar Sweet Sunshine

이름만으로도 달콤한 느낌이 솔솔 풍겨오는 곳. 관광객을 전혀 찾아볼 수 없는, 로컬 뉴요커들의 숨은 컵케이크 맛집. 투박한 데커레이션에 저렴한 가격이지만 컵케이크 맛은 절대 무시할 수 없는 슈가 스위트 선샤인이다. 이곳에서 가장 인기 있는 메뉴는 선샤인과 밥. 이름부터 사랑스러운 선샤인은 바닐라 케이크 위에 바닐라 버터크림을 얹은 컵케이크. 크림 색상이 알록달록 다양하지만 모두 맛은 같다. 밥은 바닐라 케이크 위에 초콜릿 아몬드 버터크림을 얹은 컵케이크로 불량식품 같은 비주얼을 자랑한다. 슈가 스위트 선샤인 컵케이크는 빵이 부드럽다는 것이 특징. 폭신한 빵 위에 부드럽게 앉아 있는 버터크림들이 조화를 이루는 맛이다. 컵케이크 외에도 레드벨벳, 커피, 바나나 등 다양한 푸딩 종류를 판매하고 있다.

Data 지도 248p-D
가는 법 지하철 F선 타고 델런시 스트리트 역 하차. 또는 지하철 J, M, Z선 타고 에식스 스트리트 하차, 도보 3분 **주소** 126 Rivington St, New York, NY 10002 **전화** 212-995-1960 **운영시간** 월~금 08:00~22:00, 토 10:00~23:00, 일 10:00~19:00 **가격** 컵케이크 2.25달러 **홈페이지** www.sugarsweetsunshine.com

비긴 어게인의 뉴욕감성
카페 지탄 Cafe Gitane

파란 지붕에 파란 테이블, 그리고 앙증맞은 파라솔. 어, 어디서 본 것 같다는 생각이 드는 이곳은 영화 〈비긴 어게인〉의 촬영장소다. 두 주인공이 "뉴욕 곳곳에서 녹음을 진행하자"며 의지를 다지던 바로 그 카페. 소호의 자유로움과 포근함을 함께 담고 있는 이곳은 뉴요커에게 사랑받는 브런치 맛집. 간단하게 크루아상과 팽 오 쇼콜라에 커피 한 잔 해도 좋지만 따뜻하고 바삭한 토스트에 아보카도를 가득 올린 아보카도 토스트와 독특한 모양으로 유명한 쿠스쿠스를 먹어보자. 추운 날, 정성스레 내어주는 강아지 발바닥 모양의 핫 초콜릿 한 모금이면 몸이 사르륵 녹는 마법을 경험할 수 있다.

Data 지도 248p-D
가는 법 지하철 N, R선 타고 프린스 스트리트 역 하차. 또는 6선 타고 스프링 스트리트 역 하차. 또는 B, D, F, M선 타고 브로드웨이 라파예트 스트리트 역 하차, 도보 4분 주소 242 Mott St, New York, NY 10012
전화 212-334-9552
운영시간 08:30~24:00
가격 아보카도 토스트 7.25달러, 쿠스쿠스 14달러, 핫 초콜릿 4달러 홈페이지 www.cafegitanenyc.com

딤섬의 재발견
놈 와 티 팔러 Nom Wah Tea Parlor

뉴요커들이 오랜 시간 즐겨 찾는 차이나타운 맛집, 놈 와 티 팔러. 줄여서 놈 와라고 부르기도 한다. 놈 와는 1920년, 도이어 스트리트에 베이커리와 찻집으로 문을 열었는데 중국식 딤섬도 판매했었다. 그 뒤로 동네에서 입소문을 타게 되면서 중국인뿐 아니라 뉴요커들도 놈 와를 찾게 되었고, 지금까지도 차이나타운의 도이어 스트리트에서 맛있는 딤섬과 중국 요리를 선보이고 있다. 오랜 전통을 가진 딤섬이 놈 와의 인기 메뉴인데, 다양한 딤섬이 제공되는 스팀드 딤섬 샘플러 메뉴가 있다. 샘플러에는 포함되지 않지만 스터프드 에그플랜트도 유명한 메뉴. 새우와 쪽파를 튀겨 내 가지에 채워 넣고, 소스를 부어낸 음식이다. 쫄깃쫄깃한 새우와 가지, 소스의 조화가 훌륭하다. 양이 부족하다 싶으면 셰프 스페셜의 새우 볶음밥과 간장소스 볶음면도 좋은 선택이다. 저렴한 가격에 든든하고 맛있는 식사를 즐길 수 있는 곳.

Data 지도 248p-C
가는 법 지하철 J, N, Q, R, Z, 6선 타고 커널 스트리트 역 하차, 도보 9분. 또는 B, D선 타고 그랜드 스트리트 역 하차, 도보 9분
주소 13 Doyers St, New York, NY 10013 **전화** 212-962-6047
운영시간 매일 10:30~22:30 **가격** 스팀드 딤섬 샘플러 11달러, 스터프드 에그플랜트 4.5달러, 쉬림프 덤플링 4.5달러
홈페이지 www.nomwah.com

당신이 뉴욕을 만났을 때
카츠 델리카드슨 Katzs Delicatessen

클린턴 전 대통령, 제이크 질렌할 같은 유명인들이 즐겨 찾는 곳. 원래는 유대인 식당으로 문을 열었고 지금은 많은 뉴요커들이 몰리는 맛집이 되었다. 유대인들이 즐겨먹던 카츠 패스트라미 샌드위치가 이곳의 인기 메뉴! 패스트라미는 소고기의 특정 부위를 양념한 후 소금, 마늘을 비롯한 양념에 문질러 훈제한 고기다. 이 패스트라미를 어마어마한 두께로 넣어 만들어주는 샌드위치가 19.95달러. 주문하러 가면 이것저것 고기를 잘라 맛을 보여준다. 이곳에서 만든 피클, 머스터드소스와 먹으면 더 맛있다. 영화 〈해리가 샐리를 만났을 때〉를 촬영한 장소로도 유명하다. 당시 그들이 앉았던 자리엔 사진처럼 천장에 표시가 달려 있다. 서빙을 받는 자리와 자신이 직접 가져다 먹을 수 있는 자리가 구분되어 있다. 식당 입장 시 주는 노란 표를 잘 두었다가 나갈 때 카운터에서 계산해야 한다.

Data 지도 248p-D
가는 법 지하철 F선 타고 2nd Ave역 하차, 도보 3분 **주소** 205 East Houston St, New York, NY 10002 **전화** 212-254-2246
운영시간 월~수 08:00~22:45, 목 08:00~02:45, 금 08:00~24:00, 토 24시간, 일 ~22:45 **가격** 카츠 패스트라미 샌드위치 19.95달러 **홈페이지** katzsdelicatessen.com

미국 최초의 피자가게
롬바르디스 피자 Lombardi's Pizza

리틀 이태리에 위치한 유명한 피자가게. 이곳은 미국 최초의 피자가게로 알려져 있는데, 100년이 넘는 전통을 이어온 맛집답게 항상 사람들로 가득하다. 주문할 때는 피자 사이즈를 먼저 정하고 토핑을 선택하면 된다. 토핑을 너무 많이 올리면 오히려 맛을 해칠 수 있으니 3개 정도가 가장 적당하다. 미국 맛집을 평가하는 자갓 서베이에서도 '지상 최고의 맛!'이라 평가했으니 아무리 입 아프게 설명해도 부족할 정도다. 12인치 피자는 6조각, 16인치 피자는 8조각으로 되어 있다. 대부분의 사람들은 오리지널 마르게리타 피자에 토핑을 추가하지만 화이트 피자도 괜찮은 맛이다. 마르게리타와 화이트 피자를 반반씩 주문해서 먹을 수도 있다.

Data **지도** 248p-D **가는 법** 지하철 6선 타고 스프링 스트리트 역 하차, 도보 5분 **주소** 32 Spring St New York, NY 10012 **전화** 212-941-7994 **운영시간** 일~목 11:30~23:00, 금~토 11:30~24:00 **가격** 12인치 21.50달러, 16인치 24.50달러, 토핑 각각 5달러(현금 결제만 가능) **홈페이지** firstpizza.com

세계 패션을 선도하는
오프닝 세레모니 Opening Ceremony

뉴욕에서 론칭되었던 편집숍. 현재는 뉴욕을 넘어 홍콩, 유럽, 전 세계의 패셔니스타들이 오프닝 세레모니를 주목하고 있다. 남성복, 여성복, 그리고 신발, 액세서리까지 감각적이고 다양한 제품들을 한 곳에서 만나볼 수 있다는 점이 가장 매력적이다. 오프닝 세레모니만의 독특함이 가득 담긴 힙한 매장 인테리어가 포인트. 친구처럼 편안하고 친근한 직원들이 쇼핑을 적극적으로 도와주는 점도 만족스럽다.

Data **지도** 248p-C
가는 법 지하철 J, N, Q, R, Z, 6선 타고 커널 스트리트 역 하차, 도보 2분 **주소** 35 Howard St, New York, NY 10013
전화 212-219-2688 **운영시간** 월~토 11:00~20:00, 일 12:00~19:00 **홈페이지** www.Openingceremony.com

패셔니스타가 되고 싶다면
탑샵 Top Shop

젊은 여성 패션의 트렌드를 이끄는 영국의 SPA 브랜드숍. 국내에서도 서인영, 원더걸스 소희, 소녀시대 제시카 등 여러 스타들이 입으며 유명세를 얻었다. 질에 비해 가격은 비싼 편이지만 과감하고 트렌디한 디자인이 돋보인다. 의류 외에 신발, 액세서리, 화장품도 판매하는데 아기자기한 제품부터 독특한 제품까지 다양하게 판매하고 있다. 새로운 디자인이 자주 출시되는 것이 장점이다. 남성 의류 매장 탑 맨Top Man도 함께 입점해 있어서 커플쇼핑에도 안성맞춤인 곳. 매장에서는 연말부터 연초까지 1층에서 이월상품을 최대 80%까지 할인판매한다.

Data **지도** 248p-C **가는 법** 지하철 N, R선 프린스 스트리트 역 하차. 또는 6선 타고 스프링 스트리트 역 하차. 또는 B, D, F, M선 타고 브로드웨이-라파예트 스트리트 역 하차. 블루밍데일즈 근처 쇼핑거리에 위치 **주소** 478 Broadway, New York, NY 10013 **전화** 212-966-9555 **운영시간** 월~토 10:00~21:00, 일 11:00~20:00 **홈페이지** www.topshop.com

뉴요커들의 조용한 북 카페
맥널리 잭슨 McNally Jackson

소호에 위치한 서점 겸 북 카페. 아기자기한 서점 안쪽으로 들어가면 귀여운 책 모양 조명이 가득 달린 북 카페가 보인다. 책 구입 외에도 간단한 커피타임을 즐기는 뉴요커들로 가득한 곳. 유명 작가를 직접 만나거나 그들과 함께하는 다양한 이벤트가 열린다. 신경 써서 꾸며둔 인테리어와 귀여운 소품들이 눈길을 끈다. 전반적으로 따뜻한 분위기의 북 카페.

Data **지도** 248p-C **가는 법** 지하철 6선 스프링 스트리트 역 하차, 도보 3분. 또는 N, R선 프린스 스트리트 역 하차, 도보 3분 **주소** 52 Prince St, New York, NY 10012 **전화** 212-274-1160 **운영시간** 월~토 10:00~22:00, 일 10:00~21:00 **홈페이지** www.mcnallyjackson.com

시간이 쌓인 공간
머서 스트리트 북스 앤 레코드
Mercer Street Books & Records

25년이 넘은 중고서점. 영화 〈그 여자 작사, 그 남자 작곡〉에서 두 주인공이 발걸음을 멈추고 얘기를 나누었던 그곳이다. 작은 서점 문을 열면 포근한 냄새와 함께 잔잔한 음악이 들려온다. 활짝 웃어주는 마음씨 좋은 주인할아버지와 깨끗하게 정리된 헌책, LP판이 당신을 기다리는 곳. 헌 책이라도 새 책만큼 깨끗한 책들이 많다. 책을 사면 끼워주는 책갈피에서 이곳만의 아날로그적 감성이 묻어나온다.

Data 지도 248p-A
가는 법 지하철 6선 블리커 스트리트 역 하차, 도보 3분. 또는 B, D, F, M선 타고 브로드웨이-라파예트 스트리트 역 하차, 도보 4분 주소 206 Mercer St, New York, NY 10012
전화 212-505-8615
운영시간 월~목 10:00~22:00, 금~토 10:00~24:00, 일 11:00~22:00
홈페이지 www.mercerstreetbooks.com

가치 있는 예술서적
타센 스토어 뉴욕 TASCHEN Store New York

독일의 예술서적 전문 출판사 타센. 미술, 디자인, 사진, 영화 등 다양한 예술 분야의 책을 출판, 판매하고 있다. 타센의 책은 도서 그 자체의 가치를 넘어 하나의 작품으로 평가될 정도로 훌륭한 퀄리티를 자랑하는데, 타센 스토어 뉴욕에서 그 책들을 만나볼 수 있다. 정말 구입이 가능한 건지 의문이 들 정도로 커다랗고 무거운 책부터 독특한 아이디어가 돋보이는 책까지 다양한 분야의 서적이 준비되어 있다. 책 페이지를 촬영하는 것은 금지되어 있으니 이 점 주의하자.

Data 지도 248p-A
가는 법 지하철 N, R선 타고 프린스 스트리트 역 하차, 도보 2분 주소 107 Greene St, New York, NY 10012
전화 212-226-2212
운영시간 월~토 11:00~19:00, 일 12:00~19:00
홈페이지 www.taschen.com

따뜻한 마음이 모이는 곳
하우징 웍스 북 스토어 카페
Housing Works Book Store Cafe

중고 의류, 가구를 판매하는 곳으로 유명한 하우징 웍스 재단이 운영하는 북 스토어 카페. 중고 서적을 판매한다. 수익금들을 에이즈 환자나 홈리스를 위해 사용한다니 같은 서적도 이곳에서 구입하면 더 뿌듯한 마음이 든다. 책뿐 아니라 각종 음반들도 판매하며 정가에서 50~70% 정도 할인된 가격이다. 2층으로 이루어진 북 스토어 카페는 높은 천장과 멋있는 계단이 포인트. 독서를 사랑하는 뉴요커들의 꾸준한 방문으로 늘 붐비고 있다. 가끔 크고 작은 행사나 모임이 열리기도 한다.

Data 지도 248p-A
가는 법 B, D, F, M선 타고 브로드웨이-라파예트 스트리트 역 하차. 또는 지하철 N, R선 타고 프린스 스트리트 역 하차, 도보 3분 **주소** 126 Crosby St, New York, NY 10012
전화 212-334-3324
운영시간 월~금 09:00~21:00, 토~일 10:00~17:00
홈페이지 www.housingworks.org/bookstore

언제나 크리스마스
크리스마스 인 뉴욕 It's Always Christmas in New York

365일, 뜨거운 한여름에도 크리스마스인 이곳! 크리스마스 소품을 판매하는 숍이다. 유럽의 작은 가게에서 볼 법한 아기자기한 크리스마스 소품들이 많고, 캐릭터 상품과 카드도 다양하게 판매하고 있다. 구경만 해도 크리스마스의 설렘과 즐거움이 느껴지는 곳. 초콜릿 퐁뒤와 와플, 음료와 같은 간단한 간식거리도 함께 판매하고 있다. 여러 사람이 즐겨 찾는 리틀 이태리의 명소.

Data 지도 248p-C
가는 법 지하철 J, N, Q, R, Z, 6선 타고 커널 스트리트 역 하차. 또는 B, D선 타고 그랜드 스트리트 역 하차, 도보 5분 **주소** 133 Mulberry St, New York, NY 10013
전화 212-693-1600
운영시간 10:00~21:00

New York By Area
06

로어 맨해튼
LOWER MANHATTAN

미국을 밝히는 독립의 횃불 자유의 여신상과 세계의 경제를 움직이는 월 스트리트, 그리고 9·11 테러의 비극이 일어난 원 월드 트레이드 센터까지. 뉴욕의 희망과 절망을 그대로 겪은 곳. 뉴요커의 냉철한 이성과 감성이 공존하는 지역이다.

Lower Manhattan
PREVIEW

뉴욕의 역사와 문화를 간직하고 있는 로어 맨해튼. 맨해튼의 가장 아래쪽에 위치한 지역이다. 이곳에는 9.11 테러 이후 재건된 원 월드 트레이드 센터와 1분 1초를 다투는 뉴욕 증권 거래소가 자리하고 있다. 로어 맨해튼에서 페리를 타면 자유의 여신상이 있는 리버티 아일랜드, 스테이튼 아일랜드로 이동할 수 있다.

SEE
9·11 테러의 아픔을 안고 있는 그라운드 제로와 월 스트리트 주변을 돌아본다. 그 후엔 페리를 타고 시원한 바람을 맞으며 자유의 여신상과 맨해튼 주변의 섬들을 둘러보자.

EAT
복합 쇼핑몰 브룩필드 플레이스에는 다양한 뉴욕 맛집이 입점해 있다. 식사부터 디저트까지 편하게 풀코스로 즐겨보자. 뉴욕을 사로잡은 담백한 스시, 노부도 로어 맨해튼에서 만나볼 수 있다.

BUY
자유의 여신상이 있는 리버티 섬의 기프트 숍에서 마그넷을 비롯한 다양한 뉴욕 기념품을 구입할 수 있다. 특히 왕관 모양의 머리띠는 이곳의 인기 소품! 로어 맨해튼에 위치한 시내 아웃렛 센추리 21에서는 저렴한 쇼핑을, 브룩필드 플레이스에서는 고급 브랜드의 쇼핑을 즐길 수 있다.

어떻게 갈까?
자유의 여신상부터 돌아보는 이번 코스의 시작점은 배터리 파크다. 지하철 4, 5선을 타고 보울링 그린 역 혹은 1선 타고 사우스 페리 역 하차 후 2분 정도 걸으면 배터리 파크에 도착한다. 월 스트리트 먼저 둘러보고 싶다면 지하철 1, R선을 타고 렉터 스트리트 역에서 하차하거나 2, 3, 4, 5선을 타고 월 스트리트 역에서 하차하면 된다.

어떻게 다닐까?
자유의 여신상을 보러갈 때 페리를 타는 것을 제외하면 모두 도보로 걸을 수 있는 코스다. 가까운 지역에 관광지가 모여 있어 이동이 쉽다. 페리부터 원 월드 트레이드 센터, 9·11 박물관을 입장할 때 소지품 검사가 이루어지니 간단한 소지품만 지참하는 것이 편하다.

Lower Manhattan
ONE FINE DAY

자유의 여신상 방문을 시작으로 월 스트리트를 거닐며 천천히 로어 맨해튼을 둘러본다.
원 월드 트레이드 센터 관람을 마친 뒤에는 센추리 21에서의 쇼핑으로 하루를 마무리한다.

자유의 여신상 둘러보기 — 도보 1분 — 배터리 파크 거닐기 — 도보 5분

도보 10분 — 트리니티 교회의 아름다움 감상하기 — 도보 10분 — 보울링 그린에서 황소상 만져보기

브룩필드 플레이스에서 쇼핑과 식사하기 — 도보 3분 — 그라운드 제로와 원 월드 트레이드 센터 둘러보기 — 도보 6분 — 센추리 21에서 알뜰쇼핑하기

뉴욕의 새로운 희망
원 월드 트레이드 센터 One World Trade Center

9·11 테러로 순식간에 무너져버린 세계무역센터. 2014년, 그 자리에 다시 뉴요커들의 꿈을 담아 새로운 원 월드 트레이드 센터를 지었다. 9·11 테러 당시 비행기와 충돌했던 세계 무역 센터의 자리에 지어진 오피스 타워다. 비행기와의 충돌에도 끄떡없도록 튼튼하게 지어졌다는 이 빌딩은 그때의 비극과 아픔을 극복한 뉴욕의 새로운 희망을 보여주고 있다. 100층에는 뉴욕의 전경을 내려다볼 수 있는 전망대가 있다. 인터넷으로 미리 예매 후 방문하면 편하게 입장해 관람할 수 있다. 그러나 내려다보이는 뷰가 미드타운의 다른 전망대에 비해 아쉬운 감이 있으니 참고할 것. 별칭인 프리덤 타워로 불리기도 한다.

Data 지도 266p-A
가는 법 지하철 E선 타고 월드 트레이드 센터 역 하차. 또는 N, R선 타고 코틀랜드 스트리트 역 하차. 또는 4, 5선 타고 풀턴 스트리트 역 하차 후 도보 5분 **주소** 285 Fulton St, New York, NY 10007 **전화** 844-696-1776 **운영시간** 09:00~20:00(매표소는 08:30 오픈) **요금** 성인 34달러, 65세 이상 32달러, 어린이 28달러
홈페이지 www.oneworldobservatory.com

아픔을 간직한 곳
그라운드 제로 Ground Zero

빌딩이 무너져버린 자리를 그라운드 제로라 부르며 지금도 9월 11일이 되면 그때의 비극을 떠올리는 뉴욕. 이 사건 때문에 미국의 출입국 심사가 더욱더 까다로워졌으며 오랜 시간 동안 로어 맨해튼의 복구가 이루어졌다. 과거에는 3천 명의 희생자들을 기리는 사진과 꽃들이 가득 놓여 있었으나 원 월드 트레이드 센터의 건축을 위해 잔해는 철거되었다. 그리고 9월 11일 기념관의 오픈과 함께 그 자리는 새로운 추모의 장소로 다시 태어났다. 무너진 쌍둥이 빌딩을 상징하는 노스 풀 North Pool과 사우스 풀 South Pool은 북미에서 가장 큰 인공 폭포다. 폭포의 둘레에는 희생자들의 이름을 새겨두었는데, 알파벳 순서가 아닌 그곳에 있었으리라 추정되는 사람들의 이름을 새겨둔 것이다. 바로 앞에는 9·11 테러의 현장과 구조과정, 희생자와 유족들의 이야기를 자세히 볼 수 있는 기념관과 박물관(National September 11 Memorial & Museum)이 위치해 있다.

911 박물관

Data 지도 266p-C
가는 법 지하철 D선 타고 월드 트레이드 센터 역 하차하면 바로 앞. 또는 N, R선 타고 코틀랜드 스트리트 역이나 4, 5선 타고 풀턴 스트리트 역 하차 후 도보 5분
주소 200 Liberty Street, New York, NY 10281
전화 212-312-8800
운영시간 일~목 09:00~20:00, 금~토 09:00~21:00
요금 성인 24달러, 65세 이상과 학생 18달러, 17세 이하 15달러
홈페이지 www.911memorial.org

뉴욕에서 제일 오래된 교회
트리니티 교회 Trinity Church

1697년에 세워진 뉴욕에서 가장 오래된 교회. 영화 〈다빈치 코드〉와 〈내셔널 트레저〉의 배경이 되었다. 이 교회의 지하는 9·11 테러당시 희생되었던 사람들과 저명인사들의 묘지가 연결되어 있다. 경제 관련 건물들로 가득한 월 스트리트 한가운데서 그 역사를 꾸준히 이어오는 트리니티 교회. 예배당의 스테인드글라스가 특히 아름답다. 실제로 예배가 이루어지는 교회이니 예배 시간을 미리 확인하고 방문한다면 예배에 참석할 수 있다.

Data 지도 266p-C
가는 법 지하철 4, 5선 타고 월 스트리트 역 하차 또는 N, R선 타고 렉터 스트리트 스테이션 하차 후 도보 1분. 또는 1선 타고 렉터 스트리트 하차 후 도보 2분
주소 74 Trinity Pl, New York, NY 10006
전화 212-602-0800
운영시간 08:00~18:00
홈페이지 www.trinitywallstreet.org

세계 경제의 중심
월 스트리트 Wall Street

뉴욕을 뉴 암스테르담이라고 불렀던 1653년, 이곳에 이민해온 네덜란드인이 인디언의 침입을 막기 위하여 쌓은 성벽Wall에서 유래한 이름이다. 뉴욕을 세계 경제의 중심으로 만드는 데 가장 큰 몫을 하고 있는 거리. 월 스트리트에 뉴욕 증권거래소가 세워지면서 그 역할이 돋보이게 되었으며 제1차 세계대전 후 외국 증권시장으로서의 월 스트리트의 영향력은 매우 커졌다. 현재는 이곳 주가의 동향이 전 세계 경제에 큰 영향을 주고 있다.

Data 지도 266p-C
가는 법 지하철 4, 5선 타고 월 스트리트 역 하차

세계 최대 규모의 증권 거래소
뉴욕 증권거래소 New York Stock Exchange

미국 및 세계 최대 규모의 증권거래소. 제2차 세계대전 후 1960년대의 미국경제 성장을 배경으로 주식 붐을 일으키고, 1975년 수수료 자유화로 증권계의 재편성을 거쳐 세계 증권시장의 흐름을 주도하고 있다. 미국뿐만 아니라 많은 외국기업이 이 증권거래소에 상장하여 거액의 기업자금을 조달한다. 9·11 테러 이후 차량이 통제되고 있다.

Data 지도 266p-C
가는 법 지하철 4, 5선 타고 월 스트리트 역 하차 또는 J, Z선 타고 브로드 스트리트 역 하차 후 도보 2분 **주소** 11 Wall Street New York, NY 10005 **전화** 212-656-3000
운영시간 월~금 09:30~16:00 **홈페이지** www.nyse.com

부를 가져다주는 황소가 있는
보울링 그린 Bowling Green

뉴욕의 가장 오래된 시민 공원이다. 1989년, 이탈리아 출신의 작가 아투로디 모디카는 청동으로 황소 조각 Charging Bull을 만들었다. 그리고 거액의 돈을 들여 만든 이 황소를 12월 15일 밤, 크레인을 동원해 뉴욕 증권거래소 앞에 설치했다. 당시 뉴욕

Data 지도 266p-C
가는 법 지하철 4, 5선 타고 보울링 그린 역 하차, 바로 앞

증권거래소 앞의 크리스마스트리 옆에 홀연히 황소조각을 두고 사라진 그는 이 작품을 뉴요커에게 주는 크리스마스 선물이라고 주장하며 증권 시작의 폭락으로 주춤거리는 뉴욕의 자본주의에 응원의 메시지를 보냈다. 하지만 당국에 의해 무허가 설치로 판정받아 철거되었다. 이에 많은 뉴요커들이 항의를 했고 결국 뉴욕공원 관리국이 이 황소 조각을 작가에게서 장기 임대해 보울링 그린의 북쪽 끝에 설치하였다. 이 황소 조각을 만지면 부를 얻을 수 있다는 믿음 때문에 관광객들은 길게 줄을 서 차례를 기다린다. 공원에서는 작은 벼룩시장이 열리기도 한다.

무료로 즐기는 페리
스테이튼 아일랜드 페리 Staten Island Ferry

스테이튼 아일랜드와 맨해튼을 오가는 주요 교통수단으로, 무료로 운행된다. 자유의 여신상 섬에는 들르지 않으나 비교적 가깝게 지나가며 사진을 찍을 수 있다. 리버티 섬에 들어가지 않고도 무료로 자유의 여신상을 볼 수 있다는 장점으로 최근 관광객들이 많이 이용하고 있다. 러시아워 시간대에는 15~30분 간격으로 나머지는 1시간 간격으로 24시간 운행된다.

Data 지도 266p-C
가는 법 지하철 1선 타고 사우스 페리 역 하차. 또는 지하철 R선 타고 화이트 홀 스트리트 사우스 페리 역 하차
주소 4 South St, New York, NY 10301

Tip 강바람이 쌀쌀하니 따뜻한 겉옷을 준비할 것. 맨해튼에서 스테이튼 아일랜드로 향할 때 배의 오른쪽에서 보면 자유의 여신상이 보인다.

자유의 여신상으로 가는 길
배터리 파크 Battery Park

맨해튼의 남쪽 끝에 있는 공원. 자유의 여신상이 있는 리버티 섬으로 떠나는 페리가 물살을 가르는 곳이다. 산책로가 잘 가꾸어져 있는 배터리 파크는 영미 전쟁당시 항구를 지킨 대포가 설치되었던 곳이다. 이 공원 안에 있는 클린턴 요새에서 자유의 여신상 페리 티켓을 구입할 수 있다. 인터넷으로 예매했다면 이곳의 매표소에서 표를 교환하면 된다. 공원 곳곳을 둘러보면 특이한 모양의 조각상들을 발견할 수 있다. 그중 하나인 WTC Sphere는 원래 세계무역센터 플라자의 분수대 앞에 있던 조각이다. 그러나 9 · 11 테러로 인해 이렇게 기괴한 모양으로 변하게 되었고, 그때의 슬픔을 생각하며 배터리 파크로 옮겨놓았다. 그 외에도 한국 전쟁을 치른 군인들을 기리기 위한 동상과 추모 공간도 마련되어 있다. 브루클린 방향으로 고개를 돌리면 작게 브루클린 브리지도 볼 수 있다.

Data 지도 266p-C
가는 법 지하철 4, 5선 타고 보울링 그린 역 하차, 또는 1선 타고 사우스 페리 역 하차 후 도보 2분

세계를 비추는 자유
자유의 여신상 Statue of Liberty

미국 독립 100주년에 프랑스에서 선물한 동상. 자유의 나라, 이민의 나라 미국을 상징하고 있다. 오른손에는 횃불을 왼손에는 독립 선언서를 들고 있는데, 여신상 제일 아래에서 횃불까지의 높이는 93미터나 된다고 한다. 왕관의 7개의 뿔은 7대주를 상징한다. 정식 명칭은 세계를 비추는 자유(Liberty Enlightening the World). 이런 의미에서 횃불을 높게 들고 있다. 자유의 여신상 내부에는 계단과 엘리베이터도 설치되어 있다. 에펠탑을 설계한 작가가 만들었으며, 그의 어머니를 모델로 조각했다고 알려진다. 1984년 유네스코 세계문화유산으로 지정되었다. 꼭대기의 왕관 부분에는 전망대와 선물가게도 있다. 구리로 만들어졌지만 프랑스에서 미국으로 건너오면서 바닷바람에 산화되어 푸른색으로 변했다고 한다. 내부에 입장하려면 인터넷으로 예약해야 하는데 경쟁이 치열하니 미리 서둘러 예약을 하도록 하자. 이때, 출발지를 뉴저지가 아닌 뉴욕으로 지정해야 배터리 파크에서 탑승할 수 있다. 페리는 오전 9시부터 운행을 시작한다.

Data 지도 266p-C
가는 법 지하철 4, 5선 타고 보울링 그린 역 하차, 또는 1선 타고 사우스 페리 역 하차 후 도보 2분. 배터리 파크에서 페리 탑승
요금 성인 18달러, 4~12세 9달러, 62세 이상 14달러, 4세 미만 무료 **홈페이지** www.statuecruises.com

뉴욕을 사로잡은 스시
노부 Nobu

뉴욕에서 만나는 일식은 어떤 맛일까. 뉴욕엔 까다로운 뉴요커의 입맛을 사로잡은 일식집 노부가 있다. 깔끔한 인테리어와 군더더기 없는 담백한 맛이 노부의 장점. 애피타이저는 서양인들도 쉽게 즐길 수 있도록 토마토나 파프리카, 아스파라거스 같은 샐러드들로 만들어진다. 스시와 사시미, 롤은 개당 가격으로 원하는 만큼 다양하게 주문할 수 있다. 신선한 재료를 사용해서 더 맛있는 노부! 뉴욕에서 느끼한 양식들만 먹었다면 한 끼 정도는 노부에서 담백한 일식을 만나는 것도 좋겠다.

Data 지도 266p-C
가는 법 지하철 E선 타고 챔버스 스트리트 역 하차 후 도보 3분. 또는 N, R선 타고 코틀랜드 스트리트 역, 2, 4, 5선 타고 풀턴 스트리트 역 하차 후 도보 1분 **주소** 195 Broadway, New York, NY 10007
전화 212-219-0500 **운영시간** 월~금 11:45~14:15, 17:45~22:15, 토 17:45~23:00, 일 17:45~22:15 **가격** 런치 스페셜(돈부리) 17달러~, 초밥 개당 5달러~
홈페이지 www.noburestaurants.com

뉴욕 맛집은 다 모여라!
허드슨 잇츠 Hudson Eats

복합 쇼핑몰 브룩필드 플레이스에 위치한 푸드 코트. 푸드 코트라기엔 럭셔리한 인테리어가 돋보이는 곳이다. 이곳에는 뉴욕에서 인정받은 맛집 여러 곳이 입점해 있는데, 각기 다른 음식들을 한 곳에서 맛볼 수 있다는 장점이 있다. 점심시간에는 근처의 직장인들로 많이 붐비는 편이다.

Data 지도 266p-A 주소 230 Vesey St, New York, NY 10281 전화 212-978-1698 운영시간 월~토 ~21:00, 일 ~19:00 (오픈시간은 매장별로 다르지만 주로 오전) 홈페이지 www.brookfieldplaceny.com

블루 리본 스시 바
정갈하고 담백한 맛으로 인정받은 블루 리본 스시 바. 든든하게 한 끼를 즐기려는 월 스트리트 직장인들이 주로 찾는 곳이다.

스프링클
알록달록 달콤한 컵케이크와 간단한 음료를 파는 곳. 렉싱턴 애비뉴 지점까지 가지 않고도 가까운 곳에서 맛있는 디저트를 즐길 수 있다.

눔 팡
캄보디아식 샌드위치. 색다르면서도 왠지 낯설지 않은 맛이다. 가장 무난한 메뉴는 풀 포크드 샌드위치. 빵 사이에 가득 채운 야채와 새콤달콤한 소스, 돼지고기의 조화가 꽤 괜찮은 맛을 선사한다. 고수를 싫어한다면 "No cilantro(노 실랜트로)"라고 말할 것.

타르티너리
간단한 브런치 메뉴와 신선한 샐러드, 수프를 파는 곳. 토스트와 수프를 세트로 한 런치 메뉴를 판매한다. 소호 본점과 플라자 호텔 푸드 홀에서도 만날 수 있다.

BUY

편리한 복합 쇼핑몰
브룩필드 플레이스 Brookfield Place

원 월드 트레이드 센터 맞은편에 위치한 복합 쇼핑몰. 백화점까지 가지 않아도 보테가 베네타, 버버리, 구찌 등 명품 브랜드를 한 곳에서 편리하게 둘러볼 수 있다는 장점이 있다. 명품 브랜드 외에도 랩 원피스로 유명한 디자이너 브랜드 DVF와 폴 스미스도 입점해 있다. 신차 출시 프로모션 기간에는 건물 외부와 로비에서 폭스바겐, BMW 등 여러 브랜드의 차를 둘러볼 수도 있다. 브룩필드 플레이스의 또 다른 장점은 푸드 코트 '허드슨 잇츠'와 외부 테이블이 있다는 것. 쇼핑 후 간단한 식사와 관광까지 함께 즐길 수 있다는 점에서 관광객들의 많은 관심을 받고 있다.

Data 지도 266p-A
가는 법 지하철 E선 타고 월드 트레이드 센터 역 하차.
또는 N, R선 타고 코틀랜드 스트리트 역, 하차 후 도보 7분
주소 230 Vesey St, New York, NY 10281 **전화** 212-978-1698
운영시간 월~토 10:00~21:00, 일 11:00~19:00
홈페이지 www.brookfieldplaceny.com

창고세일을 연상케 하는
센추리 21 Century 21

센추리 21 다운타운 지점. 원 월드 트레이드 센터와 매우 가깝다. 다른 지점보다 이른 시간에 오픈하기 때문에 일찍부터 쇼핑을 즐길 수 있다. 맨해튼에 위치한 센추리 21 지점 중에서 가장 큰 규모라 다양한 품목의 제품을 갖추고 있다. 1층엔 주로 화장품과 향수, 보석 제품을 판매 중이고, 2층에서 남성 셔츠와 타이를 판매한다. 꼼꼼하게 잘 찾아본다면 생 로랑, 지방시 등 고급 브랜드의 제품도 아주 저렴한 가격에 구입할 수 있다.

Data 지도 266p-C
가는 법 지하철 R선 타고 코틀랜드 스트리트 역 하차
주소 22 Cortlandt St, New York, NY 10007 **전화** 212-227-9092
운영시간 월~수 07:45~21:00, 목~금 07:45~21:30,
토 10:00~21:00, 일 11:00~20:00
홈페이지 www.c21stores.com

New York By Area

07

브루클린
BROOKLYN

맨해튼에서 다리 하나만 건너면 펼쳐지는 또 다른 느낌의 공간, 브루클린. 사실 브루클린을 잘 아는 사람들은 자유롭고 유니크한 이곳이 가장 뉴욕다운 지역이라 말하곤 한다.

Brooklyn
PREVIEW

맨해튼에서 이스트 강을 건너야 만날 수 있는 브루클린은 과거 어둡고 위험하다는 인식이 강했다. 그러나 윌리엄스버그와 덤보, 그린 포인트 등으로 중심으로 예술가들이 이주하면서 새로운 이미지를 만들고 있다. 불친절하고 어두운 분위기지만 그 이면엔 SWAG이 살아 있는 곳, 브루클린으로 떠나보자.

SEE

브루클린의 핫플레이스 윌리엄스버그에서 아티스트 플리마켓과 벼룩시장을 구경하며 간단한 식사를 즐기자. 낮에는 프로스펙트 파크를 걸으며 그 주변의 브루클린 미술관에서 작품 감상의 시간을 갖는다. 해 질 무렵 덤보와 브루클린 브리지를 걸어 맨해튼으로 돌아오는 순간은 잊지 못할 추억이 될 것이다.

EAT

전 세계 음식이 다 모인다는 브루클린의 푸드마켓 스모가스버그와 예약 없이 가기 힘든 피터 루거의 스테이크, 숨겨진 피자 맛집 포르니노까지 모두 브루클린에서 만나볼 수 있다.

BUY

윌리엄스버그 지역에서 쇼핑을 즐겨보자. 신인 아티스트들의 야심작을 판매 중인 아티스트 플리마켓에서 액세서리나 간단한 의류를 구입할 수 있다. 치즈 마니아라면 베드포드 치즈숍에서 여러 종류의 치즈를 구입해보자.

어떻게 갈까?

맨해튼에서 지하철 L선을 타면 금방 베드포드 애비뉴 역에 도착한다. 역 앞에서부터 물씬 풍기는 자유로운 느낌, 이곳이 브루클린! 브루클린 미술관에 가려면 지하철 2, 3선을 타고 이스턴 파크웨이 브루클린 미술관 역에서 하차해야 한다. 덤보와 브루클린 브리지는 지하철 A, C선 하이 스트리트 역, 또는 지하철 2, 3선 클라크 스트리트 역에 하차하거나 F선을 타고 요크 스트리트 역에서 하차하면 된다.

어떻게 다닐까?

맨해튼의 다른 지역은 도보로 관광이 가능한 거리였지만 브루클린 관광은 도보로 이동하기엔 많이 힘든 거리다. 브루클린에서 볼거리가 많은 세 구역으로 나누어 둘러보면서 지하철로 이동한다. 일단 한 구역에 도착하면 그곳은 도보로 이동할 만한 거리니 너무 겁먹지는 말자.

Brooklyn
ONE FINE DAY

윌리엄스버그의 푸드마켓 스모가스버그에서 간단한 간식을 먹으며 일정을 시작하자. 이후엔 프로스펙트 파크와 브루클린 뮤지엄으로 이동하는데, 일정이 촉박하거나 몸이 지친다면 과감히 건너뛰어도 괜찮은 코스다. 저녁엔 아름다운 야경을 감상하며 하루를 마무리하자.

윌리엄스버그 걸어보기 — 도보 3분 — **아티스트 플리마켓 구경하기** — 도보 3분 — **스모가스버그&이스트 리버 스테이트 파크에서 간단한 식사와 휴식 즐기기**

도보 3분 — **브루클린 뮤지엄에서 작품 감상하기** — 도보 15분 — **프로스펙트 파크&보타닉 가든에 산책하기** — 지하철 30분

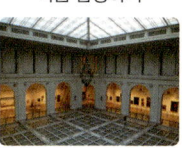 

브루클린 공립도서관 구경하기 — 지하철 15분+도보 12분 — **덤보에서 사진 찍기** — 도보 4분 — **브루클린 브리지를 걸어서 맨해튼으로 돌아오기**

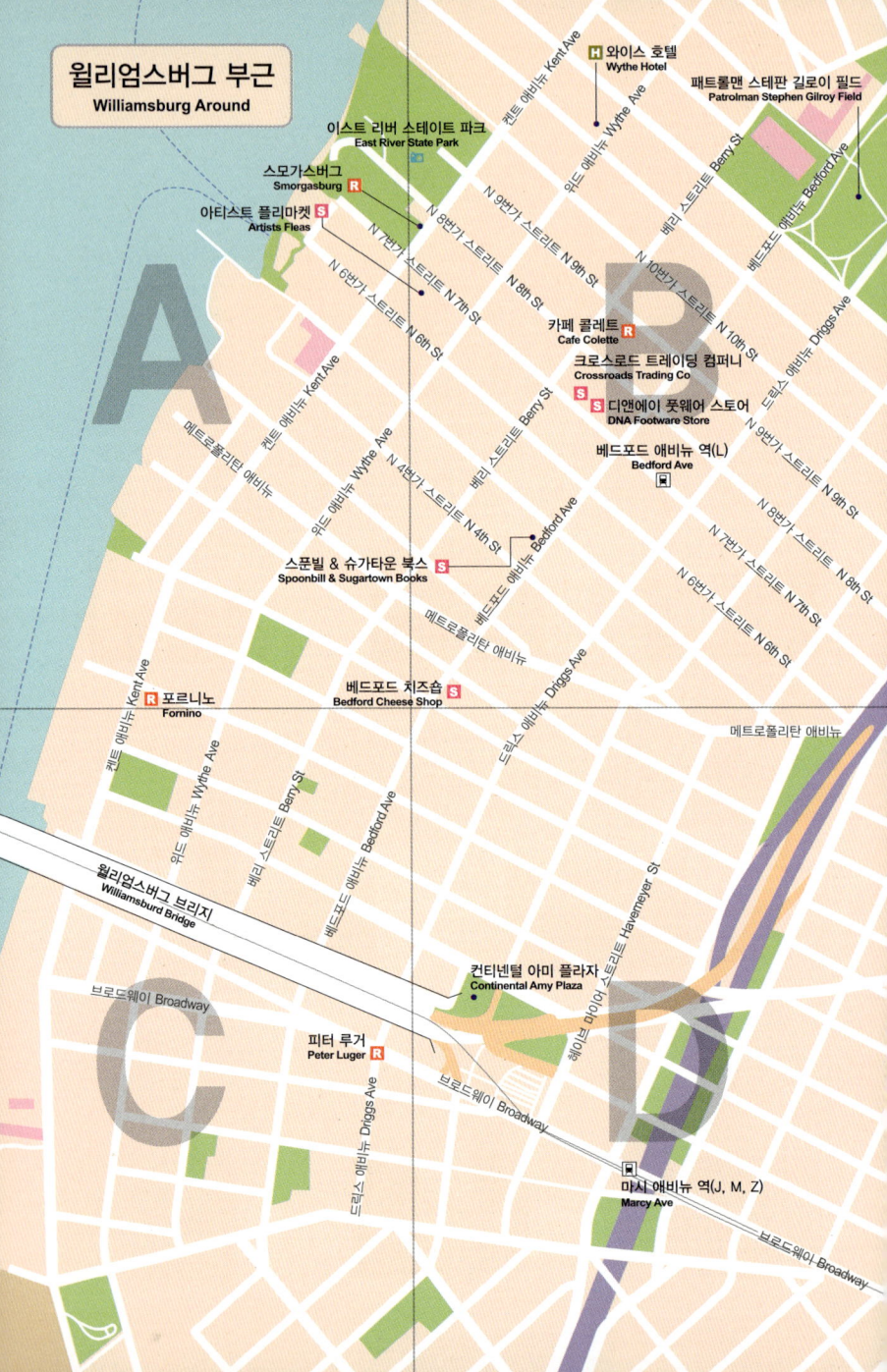

SEE

예술가들의 아지트
윌리엄스버그 Williamsburg

젊은 뉴요커들로 가득한 핫플레이스. 윌리엄스버그는 베드포드 애비뉴를 중심으로 이루어져 있다. 지하철 L선을 타면 맨해튼에서 10분 이내에 도착할 수 있다는 것이 큰 장점. 1990년대부터 이스트 빌리지에서 몰려온 젊은이들로 북적이면서 최신 유행 카페와 음식점, 갤러리들이 들어서기 시작했다. 클럽이나 바도 함께 생겨나면서 유동인구가 늘고, 윌리엄스버그를 중심으로 거주하는 예술가들이 많아졌다. 덩달아 부동산 가격도 가파르게 상승해 맨해튼 못지않게 비싼 가격을 형성하고 있다. 한국의 홍대처럼 자유분방한 느낌으로 가득한 거리. 꽃집 앞에 한 줄로 서 있는 꽃들도, 나이 지긋한 아저씨가 팔고 있는 낡은 책들도, 널찍하게 진열해놓은 신발들마저 윌리엄스버그의 분위기에 딱이다.

Data 지도 280p-B
가는 법 지하철 L선 타고 베드포드 애비뉴 역 하차

강과 맞닿아 있는 낭만적인 공원
이스트 리버 스테이트 파크 East River State Park

관광객들은 잘 모르는 이곳. 그렇기에 진짜 뉴요커들로 가득한 공원이다. 공원의 끝으로 걸어가면 이스트 강 너머로 맨해튼의 뷰를 감상할 수 있다. 따뜻한 날엔 공원에 앉아 가족, 친구들과 즐거운 시간을 보내거나 태닝을 하고 있는 뉴요커들을 볼 수 있고, 해가 지는 시간에 방문하면 강가에 비치는 아름다운 일몰을 감상할 수 있다. 브루클린의 여유로움과 맨해튼의 화려함을 한눈에 담을 수 있는 매력적인 공원이다. 푸드 마켓인 스모가스버그가 열리는 날엔 작은 공원이 사람들로 북적거린다.

Data 지도 280p-B
가는 법 지하철 L선 타고 베드포드 애비뉴 역 하차, 도보 5분
주소 90 Kent Ave, Brooklyn, NY 11211
전화 718-782-2731

베스트 포토 스폿
덤보 DUMBO

'Down Under the Manhattan Bridge Overpass'의 약자, 덤보로 불리는 곳. 맨해튼 브리지와 브루클린 브리지 사이에 위치한 곳인데 무한도전 촬영 장소로 유명해졌다. 건물 사이로 보이는 맨해튼 브리지의 모습이 근사하다. 이곳에서 사진을 찍을 때 알아둬야 할 점이 있다. 바로 다리 사이에 엠파이어 스테이트 빌딩이 쏙 들어가도록 촬영하는 것. 낮에 보면 클래식한 멋이 느껴지고, 밤에 보면 낭만적이다. 나름 유명한 포토 스폿이라 줄을 서서 사진을 찍어야 할 수도 있다. 실제로 차가 지나다니는 차도이니 주의하며 사진을 촬영해야 한다. 맨해튼 브리지 아래엔 작은 공원과 화장실이 있다.

Data 지도 281p-B
가는 법 지하철 A, C선 타고 하이 스트리트 역 하차. 또는 지하철 F선 타고 요크 스트리트 역 하차, 도보 6분

(Tip) 쉽게 찾기 힘들다면 지도 어플에 76 Front Street, Brooklyn, NY 11201을 검색해보자. 워싱턴 스트리트와 프론트 스트리트가 만나는 지점에서 사진을 찍으면 가장 잘 나온다.

보물이 넘치는 주말 시장
덤보 플리 DUMBO Flea

맨해튼에 사는 뉴요커도 기꺼이 브루클린으로 발걸음하게 만드는 그곳, 브루클린 플리. 아주 오래된 앤티크 가구와 소품, 서적 등 다양한 물건을 판매하는 벼룩시장이다. 참여하는 판매 부스가 꽤 많아서 이곳저곳 꼼꼼히 둘러보자면 하루가 부족할 정도. 매의 눈으로 찾아보면 꽤 유명하고 좋은 제품들을 아주 저렴한 가격에 구입할 수 있다. 레코드판에 관심이 많다면 레코드 부스를 공략해보자. 오래되었지만 상태 좋은 음반들이 꽤 많다. 한쪽에서는 음식을 판매 중이라 간단한 식사도 할 수 있다. 이전에는 윌리엄스버그에서 열렸었지만 덤보 근처로 이전하게 되면서 덤보 플리라고 부르게 되었다. 추후에도 장소와 시간이 바뀔 수 있으니 방문 전에 홈페이지를 참고하도록 하자.

Data 지도 281p-B
가는 법 지하철 F선 타고 요크 스트리트 역 하차, 도보 2분. 또는 지하철 A, C선 타고 하이 스트리트 역 하차, 도보 5분
주소 80 Pearl St, Brooklyn, NY 11201
운영시간 매주 일요일 10:00~17:00
홈페이지 www.brooklynflea.com

뉴욕의 낭만을 잇는 현수교
브루클린 브리지 Brooklyn Bridge

뉴욕의 로맨틱함을 더해주는 곳, 맨해튼과 브루클린을 이어주는 브루클린 브리지다. 뉴욕을 가보지 않은 사람도 한 번쯤은 들어봤다는 바로 그 다리. 그곳을 당신의 두 발로 직접 걸어볼 수 있다. 15년의 공사기간을 거쳐 1883년 개통될 당시 세계 최장의 다리였다. 최초로 철 케이블을 사용한 현수교로, 도시적인 디자인의 다리라며 높은 평가를 받았었다. 낮에 건너면 브루클린 브리지의 아치를 잘 볼 수 있고, 저녁에 건너면 맨해튼 남쪽의 아름다운 야경을 감상할 수 있다. 다리에 나무로 인도가 만들어져 있어 직접 걸어볼 수 있다는 것이 장점이다. 다리 끝까지 걸어서 30분 정도 소요되며, 이때 브루클린에서 맨해튼 방향으로 건너는 것을 추천한다. 저녁엔 자전거로 통근하는 뉴요커들이 지나다니니 잘 살펴보고 도보전용 라인으로 걷자. 어쩌면 브루클린은 이 브리지 덕에 뉴욕에서 가장 낭만적인 장소인지도 모른다.

Data 지도 281p-A
가는 법 지하철 A, C선 타고 하이 스트리트 역 하차, 도보 4분. 또는 지하철 F선 타고 요크 스트리트 역 하차, 도보 7분

브루클린의 휴식처
프로스펙트 파크 Prospect Park

뉴욕 속 진짜 자연을 느낄 수 있는 곳으로 미국에서 가장 큰 공원 잔디밭이 있다. 주말이면 공원 내부에서 버스가 운행될 정도로 매우 넓은 곳. 브루클린 중심부에 위치한 공원으로, 걸어서 브루클린 뮤지엄과 보타닉 가든까지 갈 수 있다. 센트럴 파크를 설계한 설계사가 프로스펙트 파크도 맡았었는데 완성되기까지 약 30년이란 시간이 걸렸다고 한다. 그래서인지 센트럴 파크보다 훨씬 좋다고 말하는 뉴요커들도 많다. 공원 입구에는 작은 시장이 열리기도 하는데 구경하는 재미가 있다.

Data 지도 281p-C
가는 법 지하철 B, Q, S선 타고 프로스펙트 파크 역 하차. 또는 F, G선 타고 15th St 프로스펙트 파크 역 하차 주소 95 Prospect Park West, New York, NY 11215 전화 718-965-8951 운영시간 05:00~01:00 홈페이지 www.prospectpark.org

살아 있는 자연 학습장
브루클린 보타닉 가든 Brooklyn Botanic Garden

1910년에 개장한 식물원으로 프로스펙트 파크와 맞닿아 있다. 매년 약 백만 명의 관광객이 찾는 관광명소로, 10개가 넘는 가든과 온실이 있다. 이곳은 전 세계에서 모인 식물들로 가득한데, 그중에서도 일본정원이 가장 잘 알려져 있다. 벚꽃이 절정인 4, 5월 즈음이면 벚꽃길이 매우 아름답다. 식물원 중간 중간 카페가 있어 간단한 식사를 할 수 있다. 계획 없이 그저 걷기엔 너무 넓으니 동선을 정리해 둘러보는 것이 효과적이다.

Data 지도 281p-D
가는 법 지하철 B, Q, S선 타고 프로스펙트 파크 역 하차. 또는 지하철 2, 3, 4선 타고 이스턴 파크웨이 브루클린 뮤지엄 역 하차 주소 990 Washington Ave, Brooklyn, NY 11225 전화 718-623-7200 운영시간 화~금 08:00~18:00, 토~일 10:00~18:00, 월 휴무 요금 성인 12달러, 65세 이상 6달러, 학생 6달러, 12세 미만 무료 홈페이지 www.bbg.org

Tip 매주 화요일 무료입장, 토요일 오전 10시부터 낮 12시까지 무료입장(행사일 제외)

근사하고 아름다운 외관의
브루클린 공립도서관 Brooklyn Public Library

1901년, 철강왕 카네기의 기부금으로 만들어진 도서관. 외관이 굉장히 독특하고 아름다운데 이는 펼쳐진 책의 모양을 형상화한 것이라고 한다. 때문에 날씨가 좋은 날에는 도서관 앞에서 웨딩촬영이나 스냅 촬영을 하는 뉴요커들의 모습을 볼 수 있다. 매년 150만 명 이상이 이용하는 대규모의 도서관이다. 내부 또한 감각적인 인테리어로 꾸며져 있으며 현대적 시설 덕분에 근사한 아트 빌딩을 보는 기분이다. 아무리 아름다운 건물이라도 관광지가 아닌 도서관이니 조용히 둘러봐야 한다는 점, 명심하자.

Data 지도 281p-D
가는 법 지하철 2, 3, 4선 타고 이스턴 파크웨이 브루클린 뮤지엄역 하차, 도보 3분 **주소** 10 Grand Army Plaza, Brooklyn, NY 11238 **전화** 718-230-2100 **운영시간** 월~목 09:00~21:00, 금~토 10:00~18:00, 일 13:00~17:00 **홈페이지** www.bklynpubliclibrary.org

여유롭게 감상이 가능한
브루클린 미술관 Brooklyn Museum

맨해튼의 유명 박물관들을 능가하는 대규모의 미술관이다. 소장 작품이 백만 점이 넘는다고 해서 '밀리언 뮤지엄'이라고도 불린다. 맨해튼보다 저렴한 땅값 덕분일까. 작품들이 좁은 공간 안에 다닥다닥 붙어 있는 다른 미술관들과는 달리, 넓은 전시실에 시원시원하게 전시되어 있다. 브루클린 미술관의 고대 이집트 전시는 그 내용이 충실하다는 평가를 받고 있다. 4층에는 과거 인테리어를 그대로 재현해놓은 인테리어 전시룸이 있다. 브루클린 박물관답게 브루클린에 관한 흥미로운 작품도 전시하고 있다. 가장 아름다운 전시실은 유럽회화 전시실로, 가운데 홀을 두고 가장자리에 둥글게 그림들을 전시해놓았다. 브루클린만의 유쾌하고 자유로운 분위기가 느껴진다.

Data 지도 281p-D
가는 법 지하철 2, 3, 4선 타고 이스턴 파크웨이 브루클린 뮤지엄역 하차, 도보 3분 **주소** 200 Eastern Pkwy, New York, NY 11238 **전화** 718-638-5000 **운영시간** 수·금·토·일 11:00~18:00, 목 11:00~22:00, 월·화·추수감사절·크리스마스·1월 1일 휴관 **요금** 성인 16달러, 62세 이상과 학생 10달러, 19세 미만 무료 **홈페이지** www.brooklynmuseum.org

EAT

뉴욕의 대표 푸드마켓,
스모가스버그 Smorgasburg

2011년 브루클린 벼룩시장에서 시작된 푸드마켓, 스모가스버그. 이제는 브루클린에 사는 뉴요커뿐 아니라 맨해튼의 뉴요커, 그리고 관광객들까지 즐겨 찾는 명소가 되었다. 매주 토요일엔 윌리엄스버그에서, 일요일엔 프로스펙트 파크에서 열리는데 겨울에는 실내로 장소가 바뀐다. 그래서 봄, 여름, 가을이라면 더더욱 가봐야 하는 곳! 가볍게 먹을 수 있는 애피타이저부터 한 끼 식사를 할 수 있는 요리, 독특한 메뉴들까지 직접 다 먹어볼 수 없을 만큼 다양하고 많은 음식들이 준비되어 있다. 게다가 아름다운 이스트 리버 뷰까지 즐길 수 있는 곳, 윌리엄스버그에서 열리는 스모가스버그로 당신을 초대한다.

Data 지도 280p-B
가는 법 지하철 L선 타고 베드포드 애비뷰 역 하차, 도보 5분 **주소** 90 Kent Ave., Brooklyn, NY 11211
운영시간 매주 토요일 11:00~18:00(4~11월은 공원 야외매장에서, 12~3월은 실내에서 진행) **홈페이지** www.smorgasburg.com

빅 모츠! 모차렐라 치즈를 쭉쭉 늘여서 그 자리에서 바로 만들어주는 치즈 요리. 쫀득한 생치즈의 맛이 최고!

스모가스버그에서 가장 긴 줄을 자랑하는 라멘버거! 빵이 아닌 라면에 패티를 끼워준다. 우리 입맛에는 맞지 않을 수도 있으니 딱 하나만 사서 맛보길.

스모가스버그는 오전 11시부터 오후 6시까지 열린다. 입구에서는 스모가스버그의 머그컵과 에코백을 판매하고 있다.

뭘 먹어야 잘 먹었다고 소문이 날까? 일단 음식 종류를 쭉 탐색해보자.

바삭바삭한 감자튀김을 파는 곳! 자체개발한 색다른 소스 때문에 인기가 많다.

또 다른 맛집 발견! 쫄깃한 랍스터 롤을 판매하는 곳.

원하는 음식을 다 구입했다면 자리를 잡아보자. 모르는 사람 곁이어도 괜찮다. 다들 그렇게 어울려서 즐거운 식사를 즐긴다.

스모가스버그를 충분히 즐겼다면 디저트로 아이스크림을 먹어보자. 상큼한 라즈베리 맛이 가장 맛있다.

예약 없이 가기 힘든 핫 플레이스
피터 루거 Peter Luger

한국 여행객들 사이에서 베스트 스테이크로 소문난 피터 루거! 미슐랭에 여러 번 선정된 맛집이다. 예약하지 않으면 기본 한 시간 이상 기다려야 먹을 수 있고, 그것도 운이 좋아야 가능하므로 예약은 필수. 브루클린과 그레이트 넥 두 개 지점이 있는데, 브루클린 지점이 방문하기에 좋다. 바쁜 탓에 서버들이 조금 불친절하지만 환상적인 스테이크의 맛에 그것조차도 너그럽게 용서된다. 스테이크를 배부르게 즐기고 싶다면 인원수에 맞춰서, 그렇지 않다면 스테이크는 인원수보다 적게 시키고 사이드 메뉴를 주문하는 것이 좋다. 느끼함을 줄이기 위해 슬라이스 토마토와 양파를 주문해 함께 먹으면 찰떡궁합! 두꺼운 베이컨구이는 짭짤하긴 하지만 맛이 좋다. 계산을 마치고 주는 동전 모양의 초콜릿은 피터 루거의 상징이다. 특정 신용카드만 가능하므로 현금을 꼭 챙기자.

Data 지도 280p-C
가는 법 지하철 J, M선 타고 마시 애비뉴 역 하차, 도보 12분
주소 178 Broadway, Brooklyn, NY 11211
전화 718-387-7400
운영시간 월~목 11:45~21:45, 금~토 11:45~22:45, 일 12:45~21:45
가격 싱글 스테이크 52달러, 2인 스테이크 105달러, 3인 스테이크 160달러
(가격 변동이 잦음) **홈페이지**
www.peterluger.com

> **Tip** 스테이크는 기름이 펄펄 끓는 뜨거운 그릇에 나오니 미디엄이나 미디엄 웰던으로 주문하는 것을 추천! 서빙된 이후에도 천천히 익기 때문이다. 뉴욕 시내의 마트에서 피터 루거 소스를 구입할 수 있다.

윌리엄스버그의 맛집
카페 콜레트 Cafe Colette

브루클린 윌리엄스버그에 위치한 레스토랑. 브런치부터 저녁식사, 칵테일까지 한 곳에 즐길 수 있도록 다양한 메뉴를 갖추고 있다. 날씨가 좋을 때는 실외 가든을 오픈하는데 그곳에서 햇살을 만끽하며 즐기는 브런치 타임을 적극 추천한다. 모든 메뉴가 다 맛있지만 이곳의 스콘과 커피는 단연 최고! 브런치는 오직 주말에만 주문할 수 있는데 오픈시간부터 오후 4시까지 이용 가능하다. 카페 콜레트는 현지 뉴요커들 사이에서 유명한 곳인데, 감각적인 인테리어 외에도 맛있는 음식, 친절한 스태프들로 좋은 평가를 받고 있다. 저녁시간이 되면 동그란 실내조명에 하나둘씩 불이 켜지며 로맨틱한 분위기를 연출한다. 마치 영화 속에 등장할 것만 같은 카페 콜레트. 브런치뿐 아니라 저녁시간, 친구와 칵테일 한 잔을 마시며 뉴욕의 밤을 즐기기에도 안성맞춤인 레스토랑이다.

Data **지도** 280p-B
가는 법 지하철 L선 타고 베드포드 애비뉴 역 하차, 도보 4분 **주소** 79 Berry St, Brooklyn, NY 11249
전화 347-599-1381
운영시간 월~금 11:00~24:00, 토~일 10:00~01:00
가격 브런치 메뉴 10달러~, 칵테일 메뉴 10달러~, 커피 3달러~ **홈페이지** www.cafe-colette.com

브루클린을 사로잡은 피자
포르니노 Fornino

브루클린 뉴요커들 사이에 유명한 피자집이 있다는 소문을 듣고 찾아간 곳. 브루클린에만 세 개의 지점을 가지고 있다. 매우 다양한 종류의 피자가 있어 처음 메뉴판을 접하면 당황스러울지 모른다. 더 퍼스트 제너레이션엔 마르게리타에 토핑을 다르게 올린 피자들이 주메뉴이고, 세컨드 서드 제너레이션으로 갈수록 다양하고 색다른 피자들이 소개되어 있다. 어떤 재료가 들어갔는지 자세히 쓰여 있으니 신중하게 보고 메뉴를 선택하도록 하자. 메뉴 고르기가 망설여진다면 가장 기본인 마르게리타 클래식 메뉴를 추천한다. 화덕에 구워낸 쫄깃한 도우, 감칠맛 나는 토마토소스, 모차렐라 치즈의 조화가 매력적이다. 신선한 야채로 그릇을 가득 채워주는 시저샐러드와 함께 먹으면 더욱 맛있다.

Data 지도 280p-A
가는 법 지하철 L선 타고 베드포드 애비뉴 역 하차, 도보 12분 **주소** 291 Kent Ave, Brooklyn, NY 11249
전화 718-384-6004
운영시간 일~목 12:00~23:00, 금~토 12:00~24:00
가격 마르게리타 스몰 12달러, 라지 20달러, 시저샐러드 10달러
홈페이지 www.fornino.com

BUY

다양한 치즈를 한 곳에서
베드포드 치즈숍 Bedford Cheese Shop

치즈를 전문으로 판매하는 숍으로 치즈를 사랑하는 당신이라면 꼭 방문해야 할 곳! 다양한 치즈와 식재료를 판매하고 있다. 여러 종류의 치즈를 시식할 수 있어서 주말이면 이곳을 찾는 뉴요커로 발 디딜 틈이 없다. 피클이나 잼, 버터 같은 간단한 식료품도 함께 판매하고 있는데 다른 가게에서 찾기 힘든 맥주 버터나 고추맛 과자 등 독특한 제품도 많이 있으니 천천히 둘러보자. 직원들도 친절하고 물건 구경하는 재미도 있지만 치즈 특유의 냄새를 싫어한다면 과감하게 패스하자.

Data 지도 280p-B
가는 법 지하철 L선 타고 베드포드 애비뉴 역 하차, 도보 6분
주소 265 Bedford Ave, Brooklyn, NY 11211
전화 718-599-7588
운영시간 월~토 09:00~21:00, 일 08:00~20:00
홈페이지 www.bedfordcheeseshop.com

아티스트의 반짝이는 물건들로 가득한
아티스트 플리마켓 Artists Fleas

아티스트가 직접 디자인하고 만든 제품과 빈티지 제품을 판매하는 마켓. 윌리엄스버그만의 자유로움과 독특함을 가득 담은 제품들이 많다. 직접 디자인하고 만든 반지, 팔찌 같은 액세서리부터 독특한 수첩, 게임판, 옷까지 종류도 다양하다. 자신들이 직접 디자인한 제품들이라 사진촬영을 거부하는 매장들이 대부분이다. 꼭 사진촬영을 하고 싶다면 웃으며 "사진 촬영해도 괜찮냐"고 먼저 물어보자.

Data 지도 280p-B
가는 법 지하철 L선 타고 베드포드 애비뉴 역 하차, 도보 3분
주소 70 North 7th Street New York, NY 11211
전화 917-488-4203
운영시간 토~일 10:00~19:00
홈페이지 www.artistsandfleas.com

브랜드 신발을 다양하게, 더 싸게!
디엔에이 풋웨어 스토어 DNA Footware Store

다양한 브랜드의 신발을 판매하는 곳. 신발가게라기엔 고급스럽고 클래식한 인테리어 때문에 너무 비싸지 않을까, 하는 망설임은 거두자. 세일을 진행할 땐 그야말로 화끈하게 깎아주기 때문이다. 헌터부츠와 탐스, 미네통카, 버켄스탁, 핏 플랍 등의 브랜드 슈즈를 널찍한 공간에 예쁘게 디스플레이해두었다. 같은 제품도 맨해튼의 다른 슈즈숍에 비해 저렴하게 판매하는 편이고, 특히 탐스 같은 경우는 국내에서 찾기 힘든 독특한 디자인도 많이 보유하고 있다. 브랜드별로 대략적인 가격을 알아온 후에 이곳과 비교하면 더 만족스러운 쇼핑을 즐길 수 있다.

Data 지도 280p-B
가는 법 지하철 L선 타고 베드포드 애비뉴 역 하차, 도보 1분
주소 133 North 7th St. Brooklyn, NY 11211
전화 718-599-1118 **운영시간** 월~토 10:00~21:00,
일 11:00~20:00 **홈페이지** www.dnafootwear.com

작고 귀여운 동네 서점
스푼 빌 & 슈가타운 북스
Spoonbill & Sugartown Books

1999년, 이곳 윌리엄스버그에 오픈한 스푼빌 슈가타운 서점은 20년 가까운 시간 동안 그 자리를 지키고 있다. 많이 낡아 보이지만 그래서 더 끌리는 작은 곳. 예술과 문학에 관련된 다양한 중고서적들이 자리하고 있다. 다른 서점에 비해 크진 않지만 꽤 많은 뉴요커들이 즐겨 찾는 곳으로, 중고서적 외에 새 책도 판매하고 있다. 특별히 구하고 싶은 서적이 있다면 홈페이지에 방문해 재고 여부를 알아볼 수 있다. 예술가가 많이 거주하는 윌리엄스버그의 특성 때문일까, 독특한 디자인의 책들을 만나볼 수 있어 이곳으로 향하는 시간이 더 기대된다.

Data 지도 280p-B
가는 법 지하철 L선 타고 베드포드 애비뉴 역 하차, 도보 3분
주소 218 Bedford Ave, Brooklyn, NY 11211
전화 718-387-7322 **운영시간** 10:00~22:00
홈페이지 www.spoonbillbooks.com

SLEEP

브루클린의 느낌을 가득 담은
와이스 호텔 Wythe Hotel (3.5성)

브루클린의 핫 플레이스, 윌리엄스버그에 위치한 호텔. 2012년에 오픈한 곳으로 개성 넘치는 독특한 인테리어로 주목받고 있다. 사실 이곳은 1901년에 지어진 공장이었으나 호텔로 리모델링하면서 공장이 가지고 있던 올드한 느낌과 현대적인 인테리어를 조화시켰다. 객실의 창을 통해 감상할 수 있는 이스트 리버의 뷰와 맨해튼의 스카이라인은 숙박객을 200%을 감동시키는 포인트! 호텔 1층에 위치한 레스토랑 레이너드는 브런치로 유명한 곳이니 숙박 후 조식을 즐기기에도 좋다. 젊음이 느껴지는 윌리엄스버그에서 독특한 휴식을 즐기고 싶은 당신에게 추천하는 곳.

Data 지도 280p-B
가는 법 지하철 L선 타고 베드포드 애비뉴 역 하차, 도보 8분
주소 80 Wythe Ave, Brooklyn, NY 11249
전화 718-460-8000
요금 300달러~ **홈페이지** www.wythehotel.com

| Special in |

워싱턴 D.C.
WASHINGTON, D.C.

뉴욕이 미국의 수도라고 잘못 알고 있는 사람들이 많다. 사실 백악관과 국회의사당이 있는 미국의 수도는 워싱턴 D.C.다. 뉴욕에서 차로 4시간 정도 이동하면 워싱턴 D.C.에 도착한다. 이때 메가버스를 미리 예약하면 저렴한 가격에 편안하게 다녀올 수 있다. 여러 관광명소들이 도보로 이동할 수 있을 정도로 가까운 거리에 모여 있으니 새벽 버스로 출발한다면 당일치기가 가능하다. 세계를 움직이는 미국, 그 미국의 수도 워싱턴 D.C.에서 뉴욕과는 또 다른 분위기를 느낄 수 있다.

SPECIAL IN
워싱턴 D.C.

Washington, D.C.
PREVIEW

깨끗하게 정리된 도로, 조용한 분위기의 워싱턴 D.C.는 미국의 수도답게 정부 주요기관들이 밀집되어 있다. 화려한 뉴욕과는 또 다른 모습의 미국을 만나볼 수 있는 도시이다.

SEE

중고등학생 자녀를 둔 가족여행객들에게 가장 추천하고 싶은 코스다. 스미소니언 자연사 박물관의 19개 전시관을 비롯해 국회의사당과 백악관을 직접 아이의 두 눈으로 볼 수 있는 좋은 기회. 미국의 수도 워싱턴 D.C.의 관광명소 곳곳을 두 발로 걸으며 아이의 시야를 넓혀주자. 동, 서관으로 나뉜 내셔널 갤러리에서 수준 높은 미술 작품들을 감상할 수 있다.

EAT

워싱턴 D.C.의 맛집들은 관광지에서 거리가 조금 떨어져 있기 때문에 관광지에서 식사를 해결하는 것이 가장 편리하다. 여행의 출발점인 유니언 스테이션(기차역, 버스터미널) 안에 여러 프랜차이즈 음식점과 레스토랑들이 입점해 있으니 포트밸리나 치폴레에서 샌드위치나 부리토를 포장해 먹어도 좋다.

BUY

워싱턴 D.C.의 쇼핑환경은 뉴욕만큼 좋지 않다. 쇼핑은 뉴욕에서 하도록 하자.

어떻게 갈까?
뉴욕에서 워싱턴 D.C.까지 비행기로는 1시간, 버스로는 4시간이 소요된다. 그러나 버스에 탑승하면 국회의사당 근처의 유니언 스테이션에 하차하기 때문에 버스로 이동하는 것이 관광에 훨씬 편리하다.
메가버스 예약 www.megabus.com(편도 7달러부터)

어떻게 다닐까?

워싱턴 D.C.의 주요 명소들은 모두 도보로 이동이 가능한 거리에 모여 있다. 지도를 참고해 이동하면 매우 쉽게 길을 찾을 수 있다. 뉴욕과 달리 깨끗하고 쾌적한 지하철 시설을 갖추고 있으니 지하철을 이용해도 좋다. 관광 범위 안에서는 택시를 이용해도 10달러 미만의 가격이 나오는 거리이니 피곤하다면 택시를 이용하는 것도 추천.

Washington, D.C.
ONE FINE DAY

영화 속에서만 보던 그 건물들을 실제로 볼 수 있는 코스. 국회의사당에서 출발해 여러 박물관, FBI 빌딩을 거쳐 링컨기념관에서 마무리하는 여정이다. 꽤 먼 거리를 걸어야 하기 때문에 식사는 관광지 근처에서 해결하는 것이 좋다. 편한 운동화에 카메라까지 완벽하게 준비되었다면 이제 출발하자!

국회의사당 둘러보기 — 도보 12분 — 항공우주박물관 관람하기 — 도보 9분 — 내셔널 갤러리에서 그림 감상하기

포드극장 구경하기 — 도보 4분 — FBI(미국 연방 수사국) 본부 빌딩 앞에서 사진 찍기 — 도보 11분 — 자연사 박물관 관람하기 — 도보 10분

도보 12분 — 백악관 구경하기 — 도보 11분 — 워싱턴 기념탑 촬영하기 — 도보 18분 — 링컨 기념관 구경하기

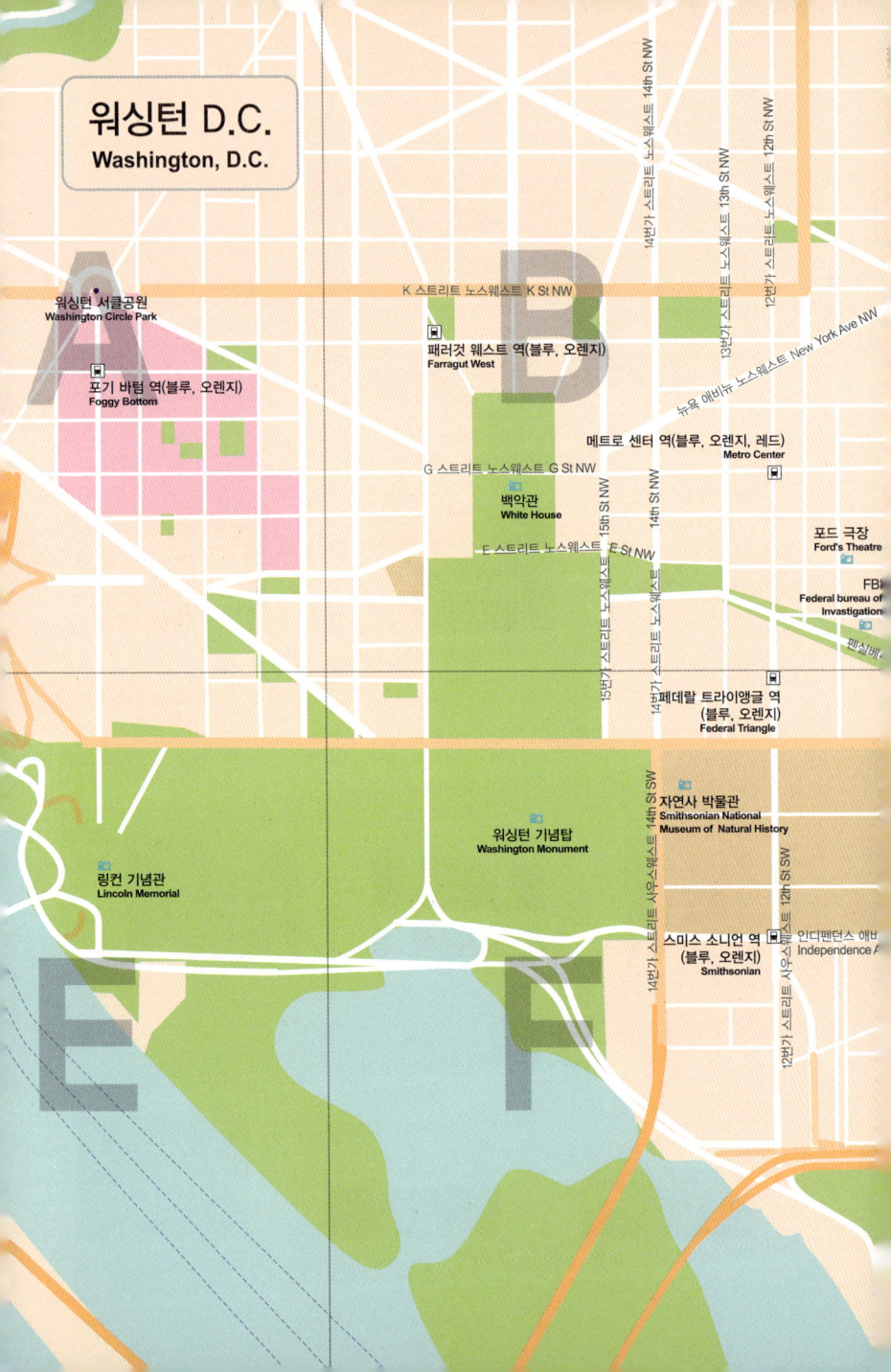

SEE

미국을 상징하는 대표적 건물
국회의사당 United States Capitol

미국을 상징하는 대표적인 건물. 꼭대기가 돔으로 장식된 네오클래식 양식의 건물이다. 돔 정상에는 청동으로 제작된 자유의 여신상이 있다. 국회가 소집된 기간을 제외하고는 특별히 방문을 제한하지 않으며 회의장 내부 관람이 가능하다. 투어를 원하는 날짜에 맞춰 미리 인터넷으로 예약을 해야 한다. 당일 예약은 거의 어렵다. 간혹 가능하더라도 오랜 시간을 기다려야 하니 미리 예약하고 방문하도록 하자.

Data 지도 301p-H
가는 법 지하철 블루, 오렌지 선 타고 캐피톨 사우스 메트로 역 하차, 도보 8분 주소 United States Capital, First St SE, washington, DC 20004
전화 202-226-8000
운영시간 월~토 08:30~16:30, 일요일·추수감사절·크리스마스·1월 1일·대통령 취임식 당일 휴무
요금 무료 홈페이지 www.visitthecapitol.gov

우주와 항공의 역사를 한눈에!
항공우주박물관 National Air and Space Museum

세계에서 가장 큰 항공우주박물관. 항공과 우주개발의 역사를 보여주기 위해 설립된 곳으로 전 세계에서 사용되었던 비행기와 우주선, 엔진, 로켓 등 이 분야에 관련된 자료들 5만 점을 소장하고 있다. 또 우주의 여러 행성과 지구의 모습을 담은 각종 사진과 교육 자료도 소장하고 있어 어린아이들이 매우 좋아하는 박물관이다.

Data 지도 301p-G
가는 법 지하철 블루, 그린, 오렌지, 옐로우 선 타고 랜펀트 플라자 역 하차, 도보 6분
주소 600 Independence Ave SW, Washington, DC 20560 전화 202-633-2214
운영시간 10:00~17:30
요금 무료 홈페이지 airandspace.si.edu

수준 높은 예술작품들을 감상할 수 있는
내셔널 갤러리 National Gallery of Art

시간적 여유가 없어 워싱턴 D.C.에서 단 한 곳의 박물관만 방문해야 한다면 내셔널 갤러리를 방문하길 바란다. 내셔널 갤러리는 1941년 개관한 미술관으로 세계적으로도 그 규모와 가치를 인정받고 있다. 서관에서는 고전미술 작품을 감상할 수 있고, 동관에서는 현대미술 작품을 감상할 수 있다. 야외 조각장도 있어 날씨가 좋을 때는 산책과 조각 감상을 함께 즐길 수 있다. 내셔널 갤러리에는 그 명성에 걸맞게 유명 작가들의 작품들로 가득 채워져 있다. 폴 세잔, 클로드 모네, 오귀스트 르누아르 등의 작품이 전시되어 있으며, 전시실 곳곳에서는 명작들을 그대로 재현해내는 모습도 발견할 수 있다. 갤러리 로비에서 간단한 짐과 의류를 보관해주니 편하게 맡겨놓고 작품을 감상해보자. 꼼꼼히 둘러보려면 하루가 모자랄 정도이니 미리 관심 있는 작품을 체크하고 방문하는 것이 좋다. 갤러리 내에 간단한 식사와 다과를 즐길 수 있는 카페와 식당이 있다. 겨울시즌인 11월부터 3월까지는 야외 조각장에서 로맨틱한 야외 스케이팅을 할 수 있다.

Data 지도 301p-G
가는 법 지하철 그린, 옐로우 선 타고 아치브스 역 하차, 도보 3분
주소 6th and Constitution Ave NW, Washington, DC. 20565 전화 202-737-4215
운영시간 월~토 10:00~17:00, 일 11:00~18:00 요금 무료
홈페이지 www.nga.gov

SPECIAL IN
워싱턴 D.C.

영화 속 최정예요원, 그들이 근무하는
미국연방수사국 FBI 본부
Federal Bureau of Invastigation

미국연방수사국. 제2차 세계대전의 발발과 함께 국내 첩보활동이 활발해지자 간첩죄를 수사하며 크게 활약하였다. 1947년 이후부터 치안행정에 매우 중요한 역할을 담당하게 되었다. FBI의 확고한 이미지는 존 애드거 후버 국장이 쌓은 것으로 건물에 그의 이름이 새겨져 있다. 여러 미국 영화, 드라마에서 자주 등장하는 기관이다. 과거에는 관광이 가능했지만 현재는 불가능하다. 포드 극장 바로 앞이니 일부러 많은 시간을 할애하기보다는 앞에서 기념사진 정도 찍으면 좋다.

Data 지도 301p-C
가는 법 지하철 블루, 오렌지 선 타고 페데랄 트라이앵글 역 하차, 도보 5분
주소 935 Pennsylvania Ave NW, Washington, DC 20535
전화 202-324-3000
홈페이지 www.fbi.gov

링컨 대통령의 마지막 흔적을 볼 수 있는
포드 극장 Ford's Theatre

링컨 대통령이 배우 존 윌크스 부스에게 피격당해 암살된 장소. 남부 연방을 지지하던 존 윌크스 부스는 포드 극장의 링컨 전용석으로 다가가 데린저식 권총을 겨누고 단 한 발로 그를 쏘았다. 12일이 지나 그는 체포되었고 총상으로 사망했다. 당시의 상황이 극장 내부에 자세히 전시되어 있으며 사망 당일 링컨 대통령의 일과를 볼 수 있다. 링컨 사망 이후로 이곳은 행정용으로 사용되다가 링컨에게 헌정된 박물관을 갖춘 극장으로 바뀌었다. 맞은편에 저격된 링컨이 옮겨져 숨을 거둔 피터슨 하우스가 있다.

Data 지도 301p-C
가는 법 지하철 블루, 오렌지, 레드 선 타고 메트로센터 역 하차, 도보 5분. 또는 블루, 오렌지 선 타고 페데랄 트라이앵글 역 하차, 도보 5분
주소 511 10th St NW, Washington, DC 20004
운영시간 09:00~16:30 전화 202-347-4833
요금 무료 홈페이지 www.fordstheatre.org

미국 대통령이 살고 있는 곳
백악관 White House

워싱턴 D.C.에서 가장 오래된 건물. 재건될 때 건물 외관을 하얗게 칠해서 백악관이라는 이름이 붙여졌다. 백악관은 관저로서의 기능을 수행할 뿐만 아니라 예산국 등 직속관청도 이 건물 안에 있기 때문에 대통령직 그 자체를 의미하는 경우가 많다. 일반인은 외교관 응접실, 여러 행사가 열리는 이스트룸 등 8개의 방이 공개되고 있다. 최소 방문 2개월 전에는 미리 예약을 해야 방문에 편리하다. 투어 일정과 예약은 홈페이지 참고.

Data 지도 300p-B
가는 법 지하철 블루, 오렌지 선 타고 패러것 웨스트 역 하차, 도보 5분 **주소** 1600 Pennsylvania Ave NW, Washington, DC 20500 **전화** 202-456-1111 **홈페이지** www.whitehouse.gov

동식물부터 보석까지 한 곳에서
자연사 박물관
Smithsonian National Museum of Natural History

여러 동물과 자연에 관한 자료뿐 아니라 광물, 보석도 함께 전시하고 있는 박물관. 입구에 자리 잡은 커다란 코끼리는 이곳의 유명 전시 작품. 육지 동물부터 바다생물, 공룡들까지 하루를 꼬박 구경해도 다 보기 힘들 정도의 넓은 전시관에 빼곡하게 전시 작품들이 채워져 있다. 항공우주박물관과 더불어 아이들이 좋아하는 박물관 중 하나다.

Data 지도 300p-F **가는 법** 지하철 블루, 오렌지 선 타고 페데랄 트라이앵글 역 하차, 도보 4분 **주소** 10th St& Constitution Ave NW, Washington, DC 20560 **전화** 202-633-1000 **운영시간** 10:00~17:30 **요금** 무료 **홈페이지** www.mnh.si.edu

SPECIAL IN 워싱턴 D.C.

워싱턴 D.C.의 상징
워싱턴 기념탑 Washington Monument

미국 초대 대통령 조지 워싱턴을 기념하기 위해 세운 탑. 백악관의 남쪽에 위치하며 높이가 자그마치 169m나 된다. 워싱턴 D.C. 내셔널 몰 근처 어디서나 보이는 상징적인 탑이다. 37년에 걸쳐 세웠기 때문에 하단과 상단의 돌 색깔이 다르다. 탑 꼭대기까지 엘리베이터를 이용해 올라갈 수 있으며 이곳 전망대에서 워싱턴 D.C.의 관광 명소들을 감상할 수 있다. 뾰족하고 길쭉한 모양이 연필 같다고 해서 '펜슬타워'라고 부르기도 한다.

Data 지도 300p-F
가는 법 지하철 블루, 오렌지 선 타고 스미스 소니언 역 하차, 도보 6분 **주소** 2 15th St NW, Washington, DC 20007
전화 202-426-6841 **운영시간** 09:00~17:00(여름엔 09:00~22:00)
요금 전망대 무료. 현장 발매는 선착순(오전 8시 30분부터), 인터넷 예매는 티켓 수수료 장당 1.5달러 **홈페이지** www.nps.gov/wamo

유명 연설들이 탄생한 그곳
링컨 기념관 Lincoln Memorial

미국의 제16대 대통령 에이브러햄 링컨을 기리기 위한 기념관으로 마틴 루터 킹이 "I Have a Dream"이란 유명 연설을 했던 곳이기도 하다. 기념관의 계단에서 호수와 함께 워싱턴 기념탑을 감상할 수 있다. 마치 고대 그리스 사원 같기도 한 건물 외관은 실제로 그것의 외관을 따온 것. 36개의 육중한 도리스식 기둥은 그 당시의 연방의 일부였던 36개의 주를 상징한다고 한다. 중앙에 링컨이 앉아 있는 동상이 있다.

Data 지도 300p-E
가는 법 지하철 블루, 오렌지 선 타고 포기 바텀 역 하차, 도보 20분 **주소** 2 Lincoln Memorial Cir NW, Washington, DC 20037 **전화** 202-426-6841 **운영시간** 24시간 **요금** 무료
홈페이지 www.nps.gov/linc

Theme
몬탁 Montauk

영화 〈이터널 선샤인〉에서 주인공들이 처음 만나고 다시 재회하는 곳, 몬탁. 기억은 사라져도 사랑은 그대로 남는다는 스토리를 보여주며 전 세계 많은 사람들을 울렸던 이 영화를 기억하는 당신이라면 꼭 한 번쯤은 가보고 싶었을 곳이다. 케이트 윈슬렛이 짐 캐리에게 말했던 "Meet me in Montauk"처럼 당신도 영화의 주인공이 되어 몬탁으로 떠나보자. 영화 주인공들이 탔던 기차, LIRR을 타고 맨해튼에서 3시간을 달리면 몬탁에 도착한다. 하루에 4~5번만 운행하니 미리 시간표를 참고하고 계획을 세우는 것이 좋다. 겨울의 몬탁엔 대부분의 상점들이 영업을 하지 않는다. 뉴욕에서 출발할 때 간단한 도시락을 챙겨 떠나도록 하자.

뉴욕에서 가장 오래된 등대
몬탁 포인트 등대
Montauk Point Lighthouse

뉴욕에서 가장 오래된 등대, 몬탁 포인트 라이트 하우스. 고독하면서도 서정적인 분위기를 띄며 오랫동안 사랑받아온 몬탁의 랜드마크다. 뉴요커들은 이곳에서 특별한 결혼식을 하거나 이벤트를 하기도 한다. 내부는 작은 박물관처럼 꾸며져 있는데 기념품도 구입할 수 있다. 등대 꼭대기에 올라가면 탁 트인 바다가 보이는 아름다운 뷰를 감상할 수 있다.

Data 가는 법 몬탁 역에서 택시를 타고 '몬탁 포인트 라이트하우스'에 간다고 말하면 된다. 차로 15분 소요 주소 2000 Montauk Highway Montauk, NY 11954 전화 631-668-2544 운영시간 주로 평일 10:30~17:30, 주말 10:30~16:30(날씨와 시즌에 따라 바뀜. 홈페이지 참고 필수) 요금 성인 10달러, 62세 이상 8달러, 12세 이상 4달러 홈페이지 www.montauklighthouse.com

영화의 감동이 그대로 남아 있는
몬탁 해변 Montauk Beach

영화 〈이터널 선샤인〉에서 주인공들이 해변 한 가운데에 놓인 침대에서 아침을 맞이하던 그 장면을 기억하는가. 하얗게 눈으로 덮인 해변에서 연하늘색으로 부서지는 파도들. 그곳에 놓인 침대에서 눈을 뜨며 깜짝 놀라던 짐 캐리. 몬탁 해변이 당신을 영화 속 그 장면으로 데려다줄 것이다. 날씨만 좋다면 가을에도 꽤 많은 관광객이 찾아와 바다낚시를 즐기거나 한가롭게 누워 바닷소리를 듣기도 한다.

Data 가는 법 몬탁 포인트 등대 바로 앞에 위치

여행준비 컨설팅

멀고도 가까운 꿈의 도시 뉴욕. 쓰는 말도, 문화도 전혀 다른 그 도시를 완벽하게 즐길 수 있는 방법은 바로 꼼꼼한 여행준비다. 잊지 말자. 미리미리 준비하는 여행은 당신에게 가장 행복한 추억을 선물한다는 사실을.

D-80

MISSION 1 여행 일정을 계획하자

1. 여행의 스타일을 결정하자

여행 스타일을 결정할 때 가장 먼저 고려해야 할 것 두 가지. 자신이 선호하는 관광지와 동행인이다. 미술작품에 관심이 많은 당신이라면 박물관 중심의 관광을, 쇼핑이나 뮤지컬 공연에 관심이 많다면 그것과 관련된 여행 스타일을 정하자. 함께하는 동행인의 나이, 체력과 관심사에 따라 당신의 여행 스타일은 또 달라질 수 있다.

2. 출발일을 정하자

뉴욕은 사계절 모두 매력적인 도시지만 당신이 원하는 관광지가 가장 빛나는 계절을 고려하는 것이 중요하다. 온통 초록빛인 센트럴 파크 잔디밭에 누워 일광욕을 즐기고 싶은 당신이라면 여름을, 록펠러 센터 아이스링크의 크리스마스를 꿈꾸는 당신이라면 겨울을 택하자. 봄, 가을은 뉴욕을 걸어서 여행하기에 가장 좋은 계절이다.

3. 여행기간을 결정하자

보통 5일이면 빠듯하게 뉴욕을 다 돌아볼 수 있다. 하지만 구석구석 여유 있게 둘러보며 여러 가지 모습의 뉴욕을 즐기고 싶다면 최소 1주일에서 2주일의 여행을 추천하고 싶다. 물론 한 달 가까이 머무른다면 뉴욕뿐 아니라 근교의 워싱턴 D.C.와 몬탁으로 당일치기 여행도 가능하다.

D-70

MISSION 2 비행기 티켓을 예매하자

1. 언제 구입해야 할까

여행기간을 정했다면 가장 빨리 해야 하는 것이 비행기 티켓을 예매하는 일이다. 7, 8월 여름휴가 기간과 12월 크리스마스 기간은 뉴욕 여행 성수기로 최소 2개월 전에는 비행기 티켓을 예매하는 것이 좋다. 5월은 미국 대학교 졸업식 기간으로, 유학생들의 가족이 많이 방문하기 때문에 비행기 티켓을 구하기가 힘들 수도 있다. 따라서 이 기간에 여행을 염두에 두고 있다면 미리 준비하자.

2. 어디서 구입하는 것이 저렴할까

요즘은 컴퓨터 앞에 앉아 여러 조건의 항공권을 비교해볼 수 있다. 대표적인 인터넷 쇼핑몰의 해외항공권 카테고리나 메이저 여행사 홈페이지에서 한 번에 항공권 발권까지 끝낼 수 있다. 각 회사의 프로모션, 할인 기간에는 더 저렴하게 구입할 수 있으니 인터넷 발권을 추천한다.

3. 어떤 티켓을 구입할까

우리나라 인천공항에서 뉴욕 JFK공항까지 직항으로 운행하는 항공사는 두 곳. 국적기 아시아나와 대한항공이다. 그 외의 항공사를 통해 뉴욕으로 오려면 최소 한 곳에서 두 곳 이상 경유해야 한다. 비행기 사이의 대기시간이 길지 않고 가격이 저렴하다면 경유 노선을 추천한다. 그러나 장시간 비행을 원하지 않고 가격에 크게 구애받지 않는 여정이라면 직항도 괜찮다.

4. 주의할 점은 무엇일까

1) 공항세와 택스 포함 여부를 확인하자

가격 비교 사이트 중에서 공항세와 택스가 '미정'으로 표시되었는지 확인해보자. 반드시 모든 비용이 포함된 가격인지 확실하게 체크하고 구입해야 한다.

2) 티켓의 조건을 체크하자

티켓의 환불, 취소 조건을 꼼꼼하게 체크해야 한다. 본인의 사정으로 부득이하게 비행기 스케줄을 바꿔야 하거나 환불해야 할 때 어느 정도의 수수료를 물어야 하는지, 언제까지 취소가 가능한지 확인해야 한다. 또 티켓의 유효기간, 예를 들어 왕복 1개월 이내의 티켓인지 3개월 티켓인지 여정에 맞춰 확인하고 마일리지 적립 가능 여부도 확인해야 한다.

3) 좌석 확약 여부를 확인하자

마지막으로 내 좌석이 확약되었는지 확인하자. 혹시 '예약 완료'가 아닌 '대기' 상태라면 항공사에 다시 전화해서 확약 여부를 확인해야 한다. 또, 인터넷으로 좌석을 미리 지정할 수 있는지 여부도 확인하는 것이 좋다.

4) 항공권을 확인하자

탑승자 본인의 이름이 영어로 잘 표기되었는지 확인해야 한다. 여권, 또는 ESTA와 스펠링이 하나라도 다르다면 탑승, 입국이 거부될 수도 있다. 또 항공편이 맞게 기입되어 있는지, 입출국 날짜가 제대로 되어 있는지 미리 항공권이나 e-ticket을 꼼꼼하게 살펴보자.

MISSION 3 여행예산을 짜자

1. 어디서 숙박할까

어떤 숙소에서 얼마나 숙박하느냐에 따라 당신의 예산이 결정된다. 여행에서 가장 큰 두 가지는 바로 항공권 가격과 숙박비! 유스호스텔은 1박에 보통 50달러이며, 한인 민박의 도미토리는 평균 55달러의 비용을 받고 있다. 호텔은 1박에 90달러부터 500달러까지 위치와 그 등급에 따라 가격이 제각각이다. 당신의 여행 스케줄과 스타일을 고려해 숙박비 예산을 책정하자.

2. 식비를 계산하자

식도락의 천국 뉴욕! 수백, 수천 가지의 맛있는 음식들을 모두 먹어보고 싶지만 당신의 예산을 먼저 고려해보자. 샌드위치나 부리토처럼 간단한 음식의 경우는 7달러에서 10달러 가격이면 배불리 먹을 수 있지만, 작은 식당이라도 간다면 택스와 팁을 포함해 한 끼에 25달러는 주어야 한다. 근사한 레스토랑에 간다면 100달러가 훨씬 넘는 식사도 많다. 현명하게 메뉴를 분배해서 알찬 식사를 즐기도록 하자.

3. 교통비를 알아보자

뉴욕 시내 대중교통 MTA. MTA를 이용할 때는 얇은 카드를 사용하는데, 카드를 구입해 일정금액을 충전해 차감하며 탑승하거나 무제한 이용권을 구입해 제한 없이 대중교통을 이용할 수 있다. 버스와 지하철 편도 1회 요금은 2.75달러이다. 그러나 1회권 티켓을 따로 구입할 경우에는 3달러를 지불해야 한다. MTA는 7일 무제한 이용권과 30일 무제한 이용권을 판매하고 있다. 7일 무제한 이용권은 31달러, 30일 무제한 이용권은 116.50달러다. 미리 여행 책을 보면서 반드시 대중교통을 이용해야 하는 날짜를 계산하고 교통비를 계산해보자. 참고로 무제한 이용권을 개시했을 경우 중간에 일시정지는 할 수 없다. 혹시 무제한 이용권 이용 중, 카드에 문제가 생겨 기계가 읽지 못한다면 겁내지 말고 부스로 이동해 직원에서 천천히 상황을 설명하자.

4. 관광지 입장료를 알아보자

뉴욕의 공원이나 관광지는 입장료를 받지 않는 곳이 대부분이다. 그러나 박물관의 경우엔 입장료가 있다. 달력을 펼쳐놓고 방문하고자 하는 날에 기부입장이나 무료입장이 되는지 체크하면 입장료를 계산하기 편하다. 주로 박물관 입장료는 20달러 정도다.

5. 여권을 확인하자

여권의 유효기간이 여행 시작일로부터 6개월 이상 남는지, 그리고 여권이 전자여권인지 확인해야 한다. 2008년부터 한국인이 미국을 여행할 때 여행비자 대신 전자여행허가증을 받아 자유롭게 여행할 수 있도록 바뀌었다. 그런데 그 전자여행허가증인 ESTA를 발급받으려면 반드시 전자여권이 필요하다. 일반여권을 가지고 있다면 전자여권으로 다시 발급받도록 하자.

MISSION 4 숙소를 예약하자

1. 뉴욕에는 어떤 숙소가 있을까

1) 고급 호텔
타임스 스퀘어가 있는 미드타운 근처에는 아스토리아 월도프 호텔, 호텔 플라자, 더블유 호텔과 같은 고급 호텔들이 많이 있다. 영화에서도 종종 등장하는 호텔인 만큼 인테리어가 화려하고 아름다우며 관광하기에도 편리한 위치에 자리 잡고 있다. 하루 숙박 금액이 적게는 250달러부터 많게는 1,000달러에 육박하는 호텔이다.

2) 중급 호텔
중급 호텔 또한 관광에 좋은 위치에 자리 잡고 있다. 시설이나 인테리어, 서비스 면에서는 고급 호텔에 비해 많이 부족하지만 편하게 숙박하기에는 부담이 없는 곳들이다. 주로 3성급 호텔로 120달러에서 200달러 정도면 숙박할 수 있다.

3) 한인 민박
한국말로 의사소통이 가능해 더 마음이 편한 숙박업소. 나 홀로 여행을 가더라도 마음 맞는 사람들을 만나 좋은 인연을 만들 수 있다는 장점이 있다. 지역에 따라 아주 저렴한 가격에 숙박이 가능한 곳도 있고, 따뜻한 한식을 제공해주는 곳도 있다. 그러나 예약 시 가장 중요하게 고려할 점은 숙소의 후기다. 광고성이 짙거나 의심되는 후기는 날카로운 눈으로 가려내자. 대부분의 한인 민박이 미드타운의 지하철역 근처 안전한 지역에 위치해 있으며 도미토리부터 원룸형식, 2베드룸 등 여러 가지 형태로 운영되고 있다. 평균적으로 1박에 60달러 정도의 가격을 받고 있다.

4) 유스호스텔
대부분 위치는 좋은 곳에 있지 않지만 저렴한 가격에 숙박할 수 있다는 장점이 있다. 대부분 같은 방을 쓰는 사람들이 외국인이므로 외국인 친구를 사귈 수도 있다. 하지만 보안이나 위생 면에서 만족스럽지 못할 수도 있다.

2. 어떻게 예약할까

호텔은 주로 인터넷을 통해 쉽게 예약할 수 있다. 시간적 여유가 된다면 비딩(경매) 제도를 이용해 저렴한 가격의 호텔 숙박을 노려보자.

호텔 가격 비교 예약 사이트
오비츠 www.orbitz.com
익스피디아 www.expedia.com
아고다 www.agoda.com
부킹닷컴 www.booking.com

호스텔 가격 비교 예약 사이트
호스텔닷컴 www.hostels.com
호스텔부커스 www.hostelworld.com
호스텔월드 www.hostelworld.com

한인 민박은 주로 자신들의 홈페이지나 인터넷 카페, 이메일을 통해 예약을 받고 있다. 중개 사이트인 한인텔(www.hanintel.com)을 이용해도 된다.

MISSION 5 ESTA(전자여행허가증) 발급받기

1. ESTA는 무엇일까

2008년부터 비자 대신 전자여행허가를 받으면 90일 이하의 기간에 관광 및 사업 목적으로 자유로이 출입국이 가능하다. esta.cbp.dhs.gov/esta에 접속해 신청하면 된다. 신청 후 실시간으로 입국 허가 여부를 통보받을 수 있으며, 대기상태로 승인이 보류될 수 있으므로 최소 여행 출발 일주일 전에는 신청해야 한다. 단, 취업, 투자, 유학 등이 목적이거나 90일을 초과해 체류해야 할 경우 목적에 맞는 다른 비자를 발급받아야 한다는 사실을 명심하자. 일반여권에 유효기간이 남아 있는 미국 비자를 소지하고 있다면, 전자여권을 새로 발급받을 필요가 없다.

필요정보 유효기간 6개월 이상 남은 전자여권과 개인정보, 비행기 편명, 출발 도시, 미국 내 체류지 주소(숙소 주소), 발급 수수료 14달러(신용카드 결제)

2. ESTA 신청 시 주의할 점

언어 선택에서 '한국어'를 선택하면 안내사항과 질문이 한국어로 바뀐다. 정보를 기입할 때, 이름과 성, 여권번호는 절대 틀리면 안 된다. 신청서 작성 시 빨간색으로 별표가 되어 있는 부분은 빠짐없이 기입하자. ESTA 신청서 질문 사항에 당신의 병력이나 범죄 경력 등을 묻는 질문이 있다. 거짓으로 답해서 허가가 나더라도 후에 미국에 도착해서 입국이 거절되는 경우도 있다. 신청서 작성이 끝나면 당신의 신청 번호가 화면에 나타나는 신청번호를 따로 적어두도록 하자. 보통 몇 분에서 이틀 사이에 신청 허가가 뜬다. 혹시 ESTA가 거절된다면 미국 대사관에 방문해 비자를 받아야 한다. 허가가 완료된 신청서는 2부 정도 프린트를 해두었다가 비행기 리턴 티켓과 함께 보관해두자. 미국 입국 심사를 받을 때 필요한 순간이 생길 수도 있다.

MISSION 6 여행정보를 수집하자

1. 책을 펴자
여행 책을 펴고 당신이 떠날 뉴욕을 미리 경험해보자. 책에서 안내하는 주의사항과 미리 준비해야 할 준비물들을 빠짐없이 체크하자.

2. 나만의 여행코스를 짜자
책에 나와 있는 코스와 정보를 토대로 나만의 여행코스를 다시 만들어보자. 책에는 없지만 평소에 가고 싶었던 장소를 추가하고, 책에는 있지만 가보지 않아도 되는 곳은 과감하게 패스하자.

3. 구글과 친해지자
우리나라 블로그나 사이트도 좋지만, 보다 정확한 정보는 구글에 많이 나와 있다. 퍼레이드 시간이나 뮤지컬 행사 기간같이 매년 조금씩 바뀌는 정보는 구글에서 검색하자. 자세한 약도를 얻고 싶을 때도 구글에서 영어로 검색해볼 수 있다.

4. 뉴욕 노래를 다운받자
꽤 오랜 시간을 걸어 다녀야 하는 뉴욕에서 음악은 당신의 좋은 친구가 될 것이다. 듣기만 해도 뉴욕을 떠올리게 하는 노래 몇 곡을 다운받아 미리 들어보자. 어느덧 당신의 마음은 뉴욕의 거리에 가 있을 것이다.

추천 노래
Jay Z - Empire State Of Mind(Feat. Alicia Keys)
Frank Sinatra - New York New york
Norah Jones - New York City

5. 어플을 다운받자
뉴욕을 여행할 때 유용한 어플. 지하철, 버스 노선도 같은 경우는 출발 전에 미리 다운받아 이용하도록 하고, 나머지 어플은 필요한 시기에 맞춰 다운받아 이용하도록 하자. WI-FI가 되는 환경에서 미리 다운받아놓는 것을 잊지 말 것!

NYC TIP 팁 계산할 때 유용한 어플. 팁의 퍼센티지를 선택할 수 있고 사람 수로 나누어주기도 한다.

NYC Bus&Subway Maps 뉴욕 시내 지하철과 버스 노선도를 볼 수 있다. 지도를 다운받아 확대해서 볼 수 있다.

YELP 식당과 카페, 바 등 여러 지역 상점의 정보를 제공한다. 후기를 보면 가고자 하는 식당의 맛이나 분위기 서비스가 어떤지 알 수 있다.

Central Park Conservancy 넓고 넓은 센트럴 파크에서 길을 잃지 않도록 도와준다. 센트럴 파크에서 열리는 공연이나 이벤트도 알려준다.

The American Museum of Natural History 자연사 박물관 내에서 유용하다. 박물관 내 자신의 위치를 알려주며 이동하고자 하는 전시실로 안내해준다.

TKTS 현재 TKTS에서 어떤 공연의 티켓을 판매하는지, 공연 스케줄이나 할인율을 볼 수 있다.

Groupon 뉴욕에서 저렴하게 구입해서 즐길 수 있는 상품들이 많다. 관광지 입장권이나 식사 이용권 등이 판매된다.

Trip advisor New York City 인터넷 연결 없이 스마트폰의 GPS만으로 지도를 이용할 수 있다. 각종 명소가 링크되어 있어 길 찾기에 매우 편리하다.

D-10

MISSION 7 여행자보험을 가입하자

1. 여행자보험은 왜 가입할까?
말이 잘 통하지 않는 낯선 도시에서 혹시 소지품을 도난당하거나 사고라도 난다면? 또는 급하게 병원에 가야 할 일이 생긴다면? 이러한 일들에 대비하기 위해 가입해야 하는 것이 여행자보험이다. 특히 미국은 잠깐 진료만 받더라도 많은 병원비가 청구되기 때문에 이를 보장해주는 보험에 가입하는 것이 좋다.

2. 똑똑하게 비교하고 가입하자
국내에는 많은 여행자보험 상품이 있다. 금액, 보장 면에서 어떤 회사의 상품이 자신에게 잘 맞는지 비교, 분석하고 가입하도록 하자. 보험 가격이 마냥 싸거나 비싸다고 해서 좋은 보험이 아니다.

3. 증빙서류를 챙기자
가입 시 받은 보험증서와 각종 안내물을 여행 가방에 잘 넣어두자. 뉴욕에서 도난을 당했을 때는 도난당한 장소에서 직원에게 확인을 받고 경찰서로 향하자. 경찰서에서 '폴리스 리포트'를 작성해야 하는데 이때, 'lost'가 아닌 'stolen'에 체크해야 한다. 도난당했다면 지체 없이 바로 가서 작성하는 것이 좋다.

D-5

MISSION 8 알뜰하게 환전하기

1. 현금
주거래 은행에 가능한 저렴한 환전 금액을 문의하자. 미리 환전을 하지 못했더라도 공항 또는 미국 공항에서 환전이 가능하다. 미국은 입국 시 1만 달러 이상의 현금을 보유할 수 없다. 최소 200달러 정도는 현금으로 보유하고 있어야 유용하게 사용할 수 있다.

2. 신용카드
보유한 신용카드가 해외에서 사용할 수 있는 카드인지 확실하게 확인하고 가져가도록 하자.

3. 현금카드
통장에 보유한 현금을 달러로 인출 가능한 카드다. 한인타운의 씨티은행 ATM기계에서 한국 씨티은행 계좌의 현금을 달러로 바꿔 인출할 수 있다. 그 외에도 거리 곳곳에 위치한 ATM에서 해외 사용 가능 현금 카드를 이용할 수 있다.

4. 각종 예약 확인하기
미리 예약해둔 숙소와 택시, 식당 등의 예약 여부를 확실히 확인해두고 떠나는 것이 좋다. 혹시 당신의 예약이 누락되었을지도 모르니 미리 연락을 취해 시간과 약속장소, 선금 확인 여부를 확실히 해두자.

MISSION 9 완벽하게 짐 꾸리기

뉴욕행 트렁크는 최대한 가볍게 꾸리자. 다 꾸린 후에는 반드시 짐의 무게를 재보는 것이 좋다. 이용하는 항공사의 미주구간 수하물 규정을 체크하고 그 무게에 맞도록 짐을 꾸리면 된다.

1. 꼭 가져가야 하는 준비물

여권 | 출국 시부터 반드시 필요한 물건. 사진이 나와 있는 부분의 복사본과 여권용 사진도 몇 장 챙기는 것이 좋다. 바나 클럽 방문 시 여권을 보여줘야 하는 상황이 생길 수도 있다.

전자여행허가증(ESTA) | ESTA를 발급받았다면 입출국 시 허가확인서를 요청할 수 있으므로 확인서를 인쇄하자. 잃어버리는 상황을 대비하여 2부 정도 인쇄해놓으면 좋다.

항공권 | 메일로 받은 e-ticket을 출력하여 준비한다. ESTA로 입국 심사를 받을 때 왕복 비행기표를 보여줘야 입국이 쉽다.

신용카드 | VISA, MASTER 등 해외에서 사용 가능한 신용카드를 준비한다. 사용 한도와 해외 사용 수수료를 꼼꼼하게 확인하고 라운지 이용 등의 서비스 혜택도 알아보자.

국제운전면허증과 국내운전면허증 | 렌터카 이용 계획이 있다면 반드시 국내운전면허증을 지참하고 운전해야 한다. 국내운전면허증이 없으면 무면허로 간주되니 주의할 것. 신청 당일 발급되며 유효기간은 1년이다.

국제학생증 | 관광지 입장권, 공연 스튜던트 러쉬 등 할인찬스가 많다. 구매 전 학생할인을 확인하자.

운동화 | 뉴욕에서 택시만 타거나 운전할 게 아니라면 운동화를 꼭 챙기자. 관광을 하면 반나절 이상을 걷게 될 것이다.

110V 어댑터 | 한국과 다른 전압을 사용하고 있는 미국에서 카메라와 휴대폰, 노트북을 충전할 때 반드시 필요한 것. 현지에서도 판매하지만 가격이 비싸니 한국에서 챙겨가자.

의류 | 계절에 맞는 옷 외에 여름엔 카디건, 겨울엔 수면양말이나 귀마개, 목도리 등을 챙기자.

가방 | 여행 시 가볍게 들고 다닐 수 있는 가방을 챙기는 것이 좋다. 너무 고가거나 화려한 가방은 소매치기의 표적이 될 수 있으니 주의하자.

세면도구 | 샴푸와 비누, 바디클렌저, 칫솔과 치약 등을 챙기자. 미국 편의점에서도 2~3달러의 저렴한 가격에 판매하고 있으니 굳이 많은 양을 챙겨 가지 않아도 된다.

비상약품 | 감기약과 소화제 진통제와 반창고, 연고 등은 꼭 챙기도록 하자.

휴대전화 | 요즘은 자동로밍이 되는 경우가 많다. 당신도 모르는 사이 데이터가 사용될 수 있으니 미리 해외 로밍 데이터 요금제에 가입하자.

가이드북 | 당신의 길잡이가 되어줄 가이드북 〈뉴욕 홀리데이〉를 잊지 말고 챙기도록 하자.

2. 가져가면 좋은 준비물

모자와 선글라스 | 강렬한 햇빛을 막아주고 패션 소품으로도 유용하다.

반짇고리와 옷핀 | 옷이나 가방의 단추가 떨어졌을 때 유용하다.

마스크팩 | 긴 비행 시간, 기내에서 피부를 진정시키자.

MISSION 10 뉴욕으로 입국하자

인천공항에서 출국하기

1. 탑승 수속하기
예매한 항공사의 카운터로 이동해서 여권과 e-ticket을 제출하고 보딩패스를 받는다. 보딩패스에는 탑승시간과 게이트, 좌석이 표시되어 있으니 잃어버리지 않도록 주의한다.

2. 짐 부치기
일반적으로 국적기의 이코노미석 미주구간 수하물 제한은 23kg 무게의 가방 2개이다. 항공사마다 기준이 다르니 집에서 미리 무게를 재보고 필요한 물건만 담아오는 것이 좋다. 칼이나 송곳처럼 뾰족한 물품과 100ml가 넘는 액체와 젤류는 기내에 들고 탑승할 수 없다.

3. 보안 검색과 출국 수속
여권과 보딩패스를 보여주면 출국 게이트 안으로 들어갈 수 있다. 이때 짐은 엑스레이를, 사람은 금속 탐지기를 통과하게 된다. 출국 심사대에서 간단한 출국 심사를 받고 통과하게 된다. 자주 출국을 하는 사람이라면 자동 출입국 심사 시스템에 등록하면 쉽고 빠르게 출입국을 할 수 있으니 참고하자.

4. 탑승
탑승 게이트로 출발 30분 전까지 도착하도록 하자. 국적기의 경우는 면세점을 지나 걸어서 갈 수 있지만, 외국 항공사의 경우엔 모노레일을 타고 이동해야 하니 더 여유 있게 출발하자.

뉴욕공항으로 입국하기

1. 입국심사
입국 심사대에 줄을 서고 차례를 기다리는 동안 미리 입국 신고서와 여권, 비자, 또는 전자여행 허가증(ESTA)와 왕복 e-ticket을 준비해두자. 심사대 앞에 서게 되면 긴장된 모습보다는 밝게 웃으며 인사를 하는 것이 더 좋다. 이때, 경우에 따라 간단한 몇 가지 질문을 받게 되는데 당황하지 말고 천천히 답하도록 하자. 특히 출장이 아닌 순수 여행의 목적으로만 방문했다면 관광, 쇼핑 등을 즐기러 왔다고 대답하면 된다. 만약 알아듣지 못할 질문을 받는다면 한국말이 가능한 통역을 불러달라고 요청하자. 현금을 얼마나 가져왔는지 묻기도 하지만 전혀 이상한 질문이 아니다. 당신이 정말 여행을 하러 온 것인지 확인하는 질문이니 대략 얼마를 가져왔으며, 신용카드를 가지고 왔다면 신용카드도 가져왔다고 대답하면 된다. 입국 신고서에 적힌 주소가 호텔이나 유스호스텔이 아니라면 집주인과의 관계를 물어볼 수도 있다. 따라서 거주자의 간단한 정보를 미리 숙지해두는 것이 좋다. 당황해서 횡설수설할수록 괜히 의심을 받게 되니 침착하게 입국심사를 받도록 하자.

2. 수하물 찾기
당신이 탑승했던 항공편이 표시된 레일로 이동하자. 수하물이 분실되었다면 배기지 클레임 태그를 가지고 항공사에 분실신고를 하면 된다. 이때를 대비해 당신이 머무를 숙소의 주소와 연락 가능한 연락처를 반드시 알아두자. 후에 수하물을 찾게 되면 당신의 숙소로 배달해주는 경우가 많다.

3. 맨해튼으로 들어가기
❶ 에어트레인
지하철 티켓과는 별개로 일회권을 구입해 이용하는 열차. 에어트레인으로 지하철역까지 이동 후 지하철을 이용할 수 있다.

❷ 슈퍼셔틀
택시와 버스의 중간개념. 예약된 사람들을 동선에 따라 목적지까지 데려다주는 소형 밴 서비스.

❸ 뉴욕 에어포트 서비스
슈퍼셔틀보다 조금 더 큰 버스. 그랜드 센트럴역이나 포트 어서리티 터미널, 펜 스테이션, 브라이언트 파크에 내려주는 서비스.

❹ 택시
맨해튼 진입 시 가장 편리한 교통수단. 옐로캡이나 한인택시를 이용하는 것이 가장 안전하다. 블랙 링컨 차량 택시는 절대 타지 않도록 하자. 톨게이트 요금은 택시 요금과 별개로 손님이 지불해야 한다.

※ 자세한 내용은 051p 참고

| 꼭 알아야 할 뉴욕 필수 정보 |

NO. 1
이건 알아두자, 뉴욕에 대한 기본 상식
뉴욕은 미국 최대의 도시로서 미국의 상업, 금융, 무역의 중심지다. 흔히 미국의 경제적 수도라고 부르곤 한다. 교외 지역을 포함하여 1,600만 명이 넘는 방대한 인구를 수용하는 대도시로 면적은 1,213㎢이다.

시차는 한국과 약 14시간 차이가 나며, 서머타임 기간에는 서머타임이 적용된다.

기후는 한국과 매우 흡사하지만 봄과 가을이 한국에 비해 짧고 여름과 겨울이 긴 편이다. 여름은 섭씨 30°를 웃도는 매우 더운 날씨이며 매우 습하다. 겨울은 기온이 영하로 내려가는 추운 날이 많으며 눈이 많이 내린다.

언어는 영어를 사용하고 있다.

전화 휴대폰 로밍이 가능한 지역이며, 스마트폰의 경우 현지 통신사에서 유심카드를 구입해 충전 후 사용할 수 있다.

통화 미국달러(USD)를 사용한다. 1USD는 약 1,150원 정도다(2016년 9월 기준).

전압 110V/60Hz를 사용한다. 어댑터를 이용해 쉽게 우리나라 전자제품을 이용할 수 있다.

NO.2
뉴욕 총영사관

가는 법 지하철 N, Q, R선 타고 렉싱턴 애비뉴 59th St역 하차, 도보 5분 **주소** 460 Park Ave, 6th Fl, New York, NY 10022 **전화** 646-674-6000, 212-692-9120 **운영시간** 월~금 09:00~12:00, 13:30~16:00

알아두면 편리한 뉴욕정보

1. 뉴욕에는 공중화장실이 거의 없다
마약 거래 등의 위험 때문에 지하철역에 있는 공중화장실들이 폐쇄된 것이다. 화장실이 급하다면 가까운 스타벅스와 맥도날드, 백화점을 이용하자. 타임스 스퀘어에서는 맥도날드, 토이저러스에 공중화장실이 있다. 정말 급할 때는 가까운 음식점에 들어가 사정을 말하고 화장실을 이용하자. 뉴욕에서 화장실을 지칭하는 단어는 Rest Room, Bath Room이다.

2. Please만 붙이면 더 기분 좋은 여행
음식을 주문할 때는 그냥 "원 햄버거"만 하지 말고 플리즈를 붙여 "원 햄버거 플리즈"라고 말하자. 길을 묻거나 모르는 것을 질문할 때도 "익스큐즈 미"로 시작하는 것이 훨씬 좋다. 낯선 언어라도 공손하게 사용한다면 그 배려는 당신에게 더 큰 기쁨으로 돌아온다.

3. 늦은 밤의 지하철은 위험하다
늦은 시간에는 지하철을 타지 않도록 한다. 24시간 운행되는 뉴욕 지하철은 늦은 밤부터 새벽까지 노숙자들로 위험하다.

4. 함부로 지갑을 꺼내지 말자
지하철에서 공연하거나 구걸하는 사람들에게 함부로 돈을 주지 않도록 한다. 다른 이들로부터 표적이 될 수 있다.

5. 황당한 사고를 겪었을 때
뉴욕에서는 관광객들을 상대로 한 사기사건이 종종 일어나고 있다. 길을 지나는 당신에게 CD를 불쑥 건네주며 자신의 앨범을 선물하겠다고 이름을 알려 달라 해놓고는 당신이 사인된 CD를 받아들면 돈을 요구하는 식이다. 그럴 때는 단호하게 "노 땡스"라고 말하며 그곳을 벗어나는 것이 좋다. 그들의 말에 휘둘리게 되면 필요 없는 과도한 지출을 해야 한다.
또 다른 사례로 지나가던 당신과 부딪혀 안경이 깨졌다며 안경 수리비를 청구하는 경우다. 미리 깨진 안경을 들고 나와 당신에게 억지 부리는 것이다. 그럴 때는 당황해서 수리비를 물어주지 말고, 경찰에게 가자고 하는 것이 낫다. 당신이 단호하게 경찰서로 가자고 한다면 괜찮다며 돌아서는 경우가 대부분이다.
이 외에도 당신이 생각했을 때, 당신의 잘못이 없는 황당한 사고를 겪는다면 당장 가까운 경찰서로 가자고 하는 것이 좋다. 관광객이라는 이유로 당황하지 말자.

INDEX

SEE & ENJOY

LOVE 조각상	069, 149
TKTS	148
가고시안 갤러리	205
구겐하임 미술관	182
국회의사당	302
그라운드 제로	268
그랜드 센트럴 터미널	069, 141
그리니치 빌리지	206
내셔널 갤러리	303
노이에 갤러리	181
뉴욕 공립 도서관	139
뉴욕 대학교	230
뉴욕 증권거래소	270
뉴욕 현대 미술관	056, 142
더 프레스 라운지	066, 149
덤보	069, 284
덤보 플리	284
데이비드 즈워너 갤러리	205
락우드 뮤직 홀	067, 250
록펠러 센터	147
루즈벨트 아일랜드 트램	183
르 뱅	066, 208
리틀 이태리	249
링컨 기념관	306
링컨 센터	176
매디슨 스퀘어 파크	145
매튜 마크스 갤러리	205
메리 분 갤러리	205
메트로폴리탄 미술관	057, 179
몬탁 포인트 등대	307
몬탁 해변	307
미국 포크 아트 박물관	178
미국연방수사국 FBI 본부	304
미트패킹	203
배터리 파크	271
백악관	305
보울링 그린	270
브라이언트 파크	140
브로드웨이	148
브루클린 공립도서관	287
브루클린 뮤지엄	287
브루클린 보타닉 가든	286
브루클린 브리지	054, 285
세인트 패트릭 성당	146
센트럴 파크	055, 069, 172
소호	249
스테이튼 아일랜드 페리	271
엠파이어 스테이트빌딩	055, 138
워싱턴 기념탑	306
워싱턴 스퀘어 파크	207
원 월드 트레이드 센터	267
월 스트리트	269
윌리엄스버그	282
유니언 스퀘어	229
유엔 본부	144
이스트 리버 스테이트 파크	283
이스트 빌리지	231
자연사 박물관	057, 177, 305
자유의 여신상	055, 272
차이나타운	250
첼시 갤러리	205
첼시 마켓	201
크리스토퍼 파크	207
클로이스터	178
타임스 스퀘어	055, 136
트리니티 교회	269
팻 캣	067, 208
페이스 갤러리	205
포드 극장	304
프로스펙트 파크	286
프릭 컬렉션	057, 180
플랫아이언 빌딩	145
하이라인 파크	203
항공우주박물관	302
휘트니 미술관	057, 204

EAT

9 스트리트 에스프레소	097
ABC 키친	086, 232
나이스 스트리트에스프레소	212
노부	093, 273
놈 와 티 팔러	092, 256
누가틴 앳 장 조지	086, 185
눔팡	093
도미니크 앙셀	089, 253
라파예트 그랜드 카페 앤 베이커리	087, 236
랍스터 플레이스	079, 210
롬바르디스 피자	094, 258
루비스 카페	079, 251
루크 랍스터	078, 190
르뱅 베이커리	089, 186
마레아	087, 184
매그놀리아 베이커리	212
맥스 브레너	078, 233

머레이스 베이글	095, 218	
모모푸쿠 밀크 바	089, 235	
밀푀유 베이커리 카페	089, 185	
반 리우웬 아이스크림	218	
버거 조인트	080, 151	
버터 레인	091, 237	
베니에로	239	
부베트	084, 213	
블루 보틀	097, 154	
사이공 마켓	092, 234	
세렌디피티 3	188	
셰이크 쉑	080, 150	
슈가 스위트 선샤인	091, 254	
슈니퍼스	081, 152	
스모가스버그	288	
스미스 앤 울랜스키	083, 151	
스텀프타운 커피 로스터스	097, 219	
스파티드 피그	081, 214	
스프링클	090, 189	
아마데우스 피자	155	
아모리노	235	
에사 베이글	095, 152	
올드 홈스테드	083, 209	
웨스트빌	079, 215	
이푸도	239	
조 디 아트 오브 커피	097, 234	
조셉 레오나드	085, 216	
조조	087, 187	
주니어스	089, 156	
카츠 델리카드슨	093, 257	
카페 모가도르	084, 238	
카페 지탄	255	
카페 콜레트	078, 291	
카페 하바나	079, 252	
코너 비스트로	081, 217	
타르탱	085, 217	
토토 라멘	155	
투 리틀 레드 헨스	091, 188	
팻 위치	211	
포르니노	094, 292	
피터 루거	082, 290	
할랄 가이즈	093, 153	
허드슨 잇츠	274	

BUY

5번가 애비뉴	109, 157	
ABC 카펫 앤 홈	243	
DSW	117, 242	
그리니치 레터프레스	118, 222	
그리니치 빌리지	109	
디엔에이 풋웨어 스토어	294	
디즈니 스토어	161	
딜런즈 캔디바	193	
레고 스토어	160	
마샬	105	
매디슨 애비뉴	109, 194	
맥널리 잭슨	114, 259	
머서 스트리트 북스 앤 레코드	115, 260	
메이시스	106, 158	
반즈 앤 노블	114, 241	
베드포드 치즈숍	293	
북마크	119, 221	
브룩필드 플레이스	275	
블루밍데일즈	106, 194	
빅토리아 시크릿	111, 162	
사봉	111	
삭스 핍스 애비뉴	107, 159	
세포라	111, 163	
센추리 21	105, 192, 275	
소호	109	
스타벅스	163	
스트랜드	115, 240	
스푼 빌 & 슈가타운 북스	294	
아티스트 플리마켓	293	
애플 스토어	193	
앤스로폴로지	113, 220	
어반 아웃피터스	221	
오프닝 세레모니	117, 258	
우드버리 커먼 프리미엄 아웃렛	104	
웨스트 엘름	113	
윌리엄 소노마	113	
저지 가든 몰	105	
크레이트 앤 배럴	113	
크리스마스 인 뉴욕	261	
타센 스토어 뉴욕	115, 260	
타임 워너 센터	191	
탑샵	111, 259	
탠저 아웃렛	104	
티제이 맥스	105	
페이퍼 프레젠테이션	119, 243	
포비든 플래닛	119, 242	
포터리반	113	
플라이트 클럽	117, 241	
하우징 웍스 북 스토어 카페		

INDEX

	115, 261
헨리 벤델	107, 159

SLEEP

더 로저 뉴욕	125, 164
더 로컬 뉴욕시티	126
더 플라자	124, 195
브로드웨이 호텔&호스텔	126
에이스 호텔	125, 165
와이스 호텔	125, 295
월도프 아스토리아 뉴욕	124, 164
제인 호텔	125, 223
포 시즌스 뉴욕	124, 165
호스텔링 인터내셔널 뉴욕	126

"당신의 여행 컬러는?"

최고의 휴가는 **홀리데이 가이드북 시리즈**와 함께~